KIRSTEN HILLING

99 Fragen und Antworten zur Energiearbeit mit Kristallschädeln

Weitere Bücher von Kirsten Hilling

Kristallschädel – Anleitung zur Energiearbeit mit Kristallschädeln, ISBN 978-3-89094-695-5, mit 8 Seiten Farbfotos zu den Kristallschädeln

Crystal Skulls – A Journey of Experience, Wisdom and the Divine, ISBN 978-3-89094-705-1, English Edition (IN ENGLISCH!) with 8 photo-pages of the Crystal Skulls and her owner.

ISBN 978-3-89094-718-1

Inhaltsverzeichnis

Widmung

Für
Kasper und Luca -
die beiden wichtigsten Männer
in meinem Leben

Einleitung

Erneut hat „Kasper“ mein Hauptkristallschädel Ende 2012, als ich eigentlich dachte, das Jahr ruhig und in vorweihnachtlicher Besinnlichkeit ausklingen zu lassen, eine Überrschung für mich bereit gehalten.
Da ich in unserem gemeinsamen Zusammenleben gelernt habe, mit welchem Durchsetzungsvermögen und mit welcher Dringlichkeit, „Kasper“ an der Umsetzung seiner Wünsche und Botschaften arbeitet, habe ich also alle meine Pläne umgeworfen und mich erneut auf ein spannendes Projekt eingelassen.
Das Ergebnis dieses gemeinsamen Projekts halten Sie gerade in Ihren Händen und ich lade Sie ein „Kasper“ und mir durch ein Potpourri an Fragen zum Thema Kristallschädel zu folgen.
Im Laufe meiner Kristallschädelseminare und in zahllosen Gesprächen mit Klienten und Kristallschädelhütern oder solchen, die es noch werden wollten, sind immer wieder Fragen zutage gekommen, die für die Menschen von großer Wichtigkeit waren und genau diesen Fragen bin ich in diesem Buch nachgegangen.
Das Thema Kristallschädel ist ein unerschöpfliches Thema. In unserem Zusammenleben mit Kristallschädeln und unserer Arbeit mit ihnen, treten im Laufe unserer gemeinsamen Entwicklung und unserem Bewusstwerdungsprozess immer wieder neue spannende Fragen auf, die uns beschäftigen und die wir gemeinsam mit anderen Kristallschädelhütern besprechen möchten, um zu sehen, welche Erfahrungen diese gemacht haben.
Es gibt Fragen, die man nicht eindeutig und allgemeingültig beantworten kann, da sie etwas mit den Erfahrungen des jeweiligen Hüters zu tun haben, aber es gibt auch Fragen, die man dem Basiswissen zuordnen kann, über das jeder Kristallschädelhüter verfügen sollte.

Kristallschädel dienen der eigenen persönlichen Entwicklung, dem Bewusstwerdungsprozess und aktivieren so unsere Selbstheilungskräfte. Wir sollten uns immer bewusst sein, wenn wir mit Kristallen oder Kristallschädeln arbeiten und bei uns oder bei einem Klienten Anzeichen einer Krankheit vermuten oder diese offensichtlich sind, hat das Aufsuchen eines Arztes oberste Priorität. Unsere Arbeit ersetzt in keiner Weise die Konsultation und Behandlung eines Arztes oder Therapeuten und wir sollten uns ebenfalls niemals erlauben, eigene Diagnosen zu stellen oder Heilversprechen abzugeben. Unsere Arbeit ist rein spiritueller

Natur, sie dient der Selbsterforschung und Selbstwahrnehmung, wodurch die Selbstheilungskräfte aktiviert werden und Heilung geschehen kann.
Ein weiterer wichtiger Punkt ist, dass wir uns bewusst darüber sein müssen, dass wir mit einem Kristallschädel ein kraftvolles energetisches Werkzeug in den Händen halten, welches niemals leichtfertig oder zu Show-Zwecken eingesetzt werden sollte. Generell sollten wir erst einmal selbst mit unserem neuen Schädel und seiner Energie vertraut sein, bevor wir ihn an anderen Menschen einsetzen.

Diese beiden Punkte sind bei der Arbeit mit Kristallschädeln von eklatanter Wichtigkeit. Ich erwähne sie deshalb so ausdrücklich bereits im Vorwort, da ich im Verlauf meiner Arbeit leider hin und wieder feststellen musste, dass sich offensichtlich nicht jeder, der mit Kristallschädeln arbeitet, darüber bewusst ist und anderen Menschen seltsam anmutende Botschaften und Hinweise übermittelt.
Diese Menschen handeln nicht nur grob fahrlässig, sondern sie werfen ein schlechtes Licht auf uns alle als Kristallschädelhüter und bringen die Kristallschädelarbeit in der Öffentlichkeit in ein falsches Licht, wo sie in keiner Weise hingehört.

Wenn man Fragen hat oder alleine mit einer erhaltenen Botschaft oder einer gemachten Erfahrung nicht zurechtkommt, sollte man dazu stehen und sich an andere Kristallschädelhüter wenden oder mit Menschen, die im Umgang mit Kristallschädeln geschult sind, kommunizieren, bevor man falsche Aussagen trifft und unrichtige Schlüsse zieht.

Ich freue mich, dass Sie zu den Menschen gehören, die Interesse daran haben den vielen Fragen zum Thema Kristallschädel nachzugehen und wünsche Ihnen viel Freude beim Lesen dieses Buches.

Das Buch ist bewusst in einzelne Fragen aufgeteilt, sodass man mal schnell bei der Frage, die einen besonders interessiert, nachlesen kann und das Buch auch nach einmaligem Lesen immer wieder als Nachschlagewerk benutzen kann.

Jetzt will ich Sie aber nicht länger vom Lesen abhalten, sondern wünsche Ihnen, dass Sie viele interessante und spannende Antworten auf Ihre Fragen finden.

Herzensgrüße

Ihre Kirsten Hilling mit Kasper, Dezember 2012

99 Fragen

1. Warum ist die Schädelform wichtig?

Eine bedeutende Frage, die ich in meinen Seminaren immer wieder gestellt bekomme und deren Verständnis grundlegend für die Arbeit mit Kristallschädeln ist, ist die Frage nach der Form der Kristallschädel. Worin liegt der Unterschied zwischen einem Kristallschädel und zum Beispiel einer Kristallspitze im Hinblick auf unseren Zugang zu ihnen bzw. die Arbeit mit ihnen?

Jede Spezies auf unserem Planeten hat ihre ureigene typische Schädelform, die als Matrix für ihr Bewusstsein dient. Der Schädel ist gleichsam Sitz des Gehirns, der biologischen Informationsverarbeitungs- und Steuerzentrale aller Lebewesen.

Gleichermaßen verbindet der Kopf mit seinen Stirn- und Kronenchakren als eine Art Schnittstelle unser physisches Alltagsbewusstsein mit anderen Dimensionen und Bewusstseinsebenen. Er übersetzt quasi Wahrnehmungen für unseren Verstand, die außerhalb der üblichen Sinnesreize des physischen Körpers liegen. Ebenso kann er andersherum als Sender fungieren.

Die Aspekte „Körper, Geist und Seele“ finden somit in unserem Kopfverstand zueinander.

Man glaubt, dass in Kristallschädeln Informationen gespeichert sind, und die Tatsache, dass unser eigener Kopf die gleiche Form wie ein Kristallschädel hat, lässt uns unbewusst leichter Kontakt herstellen um uns für die Energien zu öffnen.

Durch die Nachbildung unseres Schädels in Quarz erleichtern wir unserem Verstand mit dem Kristallbewusstsein in Resonanz zu gehen – gleiche Formen schwingen im Gleichklang – und ermöglichen so einen Datentransfer vom Schädel zum Mensch und umgekehrt.

Die Schädelform erinnert uns immer wieder daran, dass in den Kristallschädeln Informationen gespeichert sind und darauf warten, dekodiert zu werden. Auf der anderen Seite werden wir aber auch durch gerade diese Form daran erinnert, dass wir unseren Kopf und Verstand benutzen müssen, um Mittel und Wege zu finden diese Informationen aufzudecken und zu entschlüsseln.

Wenn wir in der Lage sind uns mehr zu öffnen, da gleiche Formen gleich schwingen und uns so Bewusstseinsebenen eröffnet werden, von denen wir bislang nichts gewusst haben, dienen Kristallschädel in ganz großem Maße auch als Dimensionstore, die uns den Zugang zu anderen Dimensionen spielend ermöglichen.

2. Wieso sind die Kristallschädel in der heutigen Zeit von so großer Bedeutung?

Wir befinden uns in einer hochenergetischen Zeit, durch die zahlreichen Portalöffnungen, die in 2012 stattgefunden haben, nicht zuletzt die wohl bekannteste und meist diskutierte Öffnung am 21.12.2012, sind die Energien auf der Erde massiv angestiegen, womit immense Chancen für einen globalen Bewusstseinsanstieg und somit einen Aufstieg von Mutter Erde, als auch ungeahnte Möglichkeiten der individuellen Evolution verbunden sind.
Wenn wir die Multi-Dimensionalität erkennen und leben, die eigentlich unser Ursprung ist und verstehen, dass alles was ist miteinander verbunden ist und in ständiger Kommunikation zueinander steht, und die bedingungslose Liebe die stärkste Kraft in diesem Universum ist, können wir aktiv dazu beitragen, dieses Zeitalter zu einem goldenen Zeitalter zu machen, in dem Liebe und Bewusstheit vorherrschen.

Parallel dazu hat in den letzten Jahren weltweit das Interesse an Kristallschädeln zugenommen. Immer mehr Menschen haben sich ihren Energien geöffnet und sind zu begeisterten Kristallschädelhütern geworden, die sich heute ein Leben ohne Kristallschädel nicht mehr vorstellen können.

Die Reise mit Kristallschädeln ist eine Reise der Selbsterforschung, der Selbsterkenntnis, der Transformation. Wir können feststellen, dass tiefgreifende, radikale und intensive Veränderungen stattfinden und Heilung auf allen Ebenen geschehen darf.
Die Erfahrung zeigt, dass Kristallschädel dann in unser Leben treten, wenn wir bereit sind für die Rückverbindung zu unserem wahren Selbst.
Wir werden häufig feststellen, dass unsere Kristallschädel unsere Emotionen spiegeln und sie erhöhen.
Das ist eine große Herausforderung, wird doch von uns ein Höchstmaß an Selbstreflektion, Selbstbeobachtung und vor allem schonungslose Wahrheit mit uns selbst gefordert. Diese Art der Interaktion macht Kristallschädel zu einem fantastischen Werkzeug zur Aktivierung unserer Selbstheilungskräfte und gibt uns die große Chance zur persönlichen Entwicklung.

Damit sind Kristallschädel ein Werkzeug der Transformation und Veränderung. Jeder, der jemals mit Kristallschädeln gearbeitet hat, wird uns bestätigen, dass sie sehr große Veränderungen in sein Leben gebracht haben und nichts mehr so ist wie zuvor. Zumeist haben diese Veränderungen so stattgefunden, wie man sie sich zuvor nie hätte vorstellen können.

Das Leben, und vor allem unsere spirituelle Entwicklung, erfordern Veränderungen; ohne Veränderungen ist kein Fortschritt und keine Weiterentwicklung möglich.

Kristallschädel verhelfen uns dazu im Hier und Jetzt zu leben. Sie lassen uns erkennen, dass unsere Gedanken und Taten unsere Zukunft gestalten. Wir werden mehr über die Strukturen und Gewohnheiten unseres Denkens, Sprechens und Handelns lernen und feststellen, dass sie fundamental für unser Leben, unser Wohlbefinden und das Wohlbefinden aller anderen sind, sowohl im Heute als auch für unsere Zukunft.

Wir werden lernen unser Ego zu erkennen, ego-motivierte Handlungen zu enttarnen, sodass wir nicht länger durch unser Ego und seine angstmotivierten Strukturen beeinflussbar sind, was bedeutet, dass wir in die Lage versetzt werden, unser wahres Selbst zu erkennen und damit sowohl zu unserem eigenen Wohl, als auch zum Wohle aller arbeiten können.

Wir werden dazu ermächtigt, ein Leben in Liebe, Harmonie und innerem Frieden zu leben. Wenn wir gelernt haben uns selbst zu lieben und zu akzeptieren, können wir unsere Liebe in die Welt hinaustragen, unsere Mitmenschen respektieren und lieben, egal wie auch immer sie sein mögen.

Wir werden uns nicht länger von den anderen getrennt fühlen, sondern erkennen, dass wir alle EINS sind, es keine Trennung gibt, sondern nur EINHEIT in bedingungsloser Liebe.

Wenn wir wieder in diesem Wissen leben, werden wir die Welt Stück für Stück in einen besseren Ort verwandeln, an dem Humanität wieder ihre ursprüngliche Bedeutung bekommt und in allen Strukturen gelebt wird.

Desweiteren werden wir mit dieser Erkenntnis ausgestattet, nicht länger auf Mutter Erde leben und sie für unsere Zwecke missbrauchen, sondern mit Mutter Erde in einem immerwährenden Kreislauf des Gebens und Nehmens leben, in dem sich jeder als Teil des Ganzen erkennt.

3. Was ist der Unterschied zwischen Quarzkristallschädeln und Schädeln aus anderen Mineralien?

Die Hauptvertreter der Quarzfamilie sind Bergkristall, Citrin, Amethyst, Rauchquarz und Rosenquarz oder auch Rosaquarz.
Sie weisen ein trigonales Kristallsystem und eine Härte von 7 auf.
Schauen wir uns die chemische Zusammensetzung von Quarzen an, stellen wir fest, dass Quarzkristalle zum größten Teil aus Siliziumdioxid (SiO2), genannt Silizium, bestehen, welches nicht nur einen großen Bestandteil unserer Erde ausmacht, sondern auch in unserem Körper enthalten ist.
Wenn SiO2-Moleküle sich mit anderen SiO2-Molekülen verbinden, entstehen Tetraheder. Der Tetraheder wiederum ist eine der planetonischen Formen und wird in vielen esoterischen Traditionen als die Grundmatrix, die alle physischen Formen bildet, angesehen.

Silizium, ist uns allen bestens aus der Computerindustrie bekannt, besitzt „Schwingeigenschaften", man nennt es piezoelektrisch. In der Computertechnologie und Nachrichtenübermittlung verwendet man allerdings unter Laborbedingungen künstlich hergestellte, sehr reine Quarze, um Ungenauigkeiten zu vermeiden.
Ein kleiner Quarz in der Größe von einem Zuckerwürfel genügt, um das Wissen und die Information einer ganzen Bibliothek zu speichern. Hieran sieht man welche riesigen Kapazitäten in den Kristallschädeln enthalten sein müssen.
Quarze besitzen, als piezoelektrische Kristalle, die Fähigkeit Energie zu senden und zu empfangen, Energie zu speichern, zu modifizieren, zu verstärken und sie erneut multi-dimensional wieder auszusenden.

Bergkristall ist der meist verbreitetste und bekannteste Quarzkristall.

Bergkristall verfügt nicht nur über piezoelektrische, sondern auch über pyroelektrische Eigenschaften, d. h. die Polarität des Bergkristalls ändert sich, wenn er großem Druck oder Hitze ausgesetzt ist. Selbst durch Handauflegen kommt es zu einer Polaritätsänderung, sodass ein Bergkristall der normal positiv geladen ist und Energie aufnimmt, dann negativ geladen ist und Energie abgibt. Diese Tatsache unterstützt im Wesentlichen den Prozess der Energiespeicherung, Umwandlung, Bündelung, Transfer und Konzentration.

Schauen wir uns einmal die Ancient[1] oder alten Kristallschädel an, stellen wir fest, dass fast ausnahmslos alle diese Schädel der Quarzfamilie angehören, und der größte Teil aus Bergkristall hergestellt ist.

Quarzkristallschädel sind Informations- und Energiespeicher

Wie bereits erwähnt sind Kristalle in der Lage Informationen / Energien zu speichern, auf kleinstem Raum können riesige Mengen an Informationen gespeichert werden.

Hinzu kommt, dass Kristalle und somit auch Kristallschädel als Speicher selbst über das Wissen der Erdentstehungsgeschichte und der Geschichte der Erde verfügen, da sie sämtliche Informationen während ihres Millionen Jahre langen Entstehungsprozesses in Mutter Erde aufgenommen und abgespeichert haben.

Auch spirituelles Wissen, all die Rituale, die Heilarbeit, die Lichtfrequenzen, die Energien aufgestiegener Meister und vieles mehr wurden in die Gesteine gespeichert. Selbst wenn wir Kristallschädel in unsere Energiearbeit mit einbinden, wird unser spirituelles Wissen für die Zukunft gespeichert sein und ist so zukünftigen Generationen zugänglich bzw. geht direkt ins Kristallschädelbewusstsein über und kann von dort abgerufen werden. Es gibt aber noch eine weitere nicht weniger wichtige Art der Informationsspeicherung. Wir sind in der Lage auf Kristalle, und somit auch auf Kristallschädel, mittels Intention Informationen zu speichern. Unsere Gedanken sind elektromagnetische Frequenzen die Informationen/Wissen enthalten. Indem wir unsere Gedanken nun zielgerichtet lenken und mit der klaren Intention der Informationsspeicherung belegen,

---

1 Wichtige Erläuterung zu den Ancient- Old und Contemporary Kristallschädeln: Bevor wir uns mit der Klassifizierung selbst befassen, kurz ein Wort vorweg zum Sprachgebrauch. Ich habe mich nach langer Überlegung dazu entschlossen für die Alters-Klassifizierung der Kristallschädel die englische Terminologie in Ancient – Old und Contemporary zu übernehmen. Grund dafür ist, dass es in der deutschen Sprache keine wirkliche Übersetzung für das englische Wort ‚Ancient' gibt, laut Wörterbuch ist die Übersetzung *alt* oder auch *antique*, beides ist aber in unserem Zusammenhang nicht zutreffend, sprechen wir doch bei Ancient von Kristallschädeln, die älter als 1500 Jahre alt sind.
Kristallschädel die zwischen 100 und 1500 Jahren alt sind, werden als *old* klassifiziert.
Bei den Contemporary Skulls handelt es sich um Kristallschädel, die in den letzten Hundert Jahren entstanden sind. Die meisten der Contemporary Kristallschädel sind innerhalb der letzten 10 bis 15 Jahre in Brasilien oder China entstanden.
Mehr zum Thema Altersklassifizierung von Kristallschädeln und die jeweils bekanntesten Vertreter der einzelnen Gruppen finden Sie in meinem Buch „Kristallschädel – Anleitung zur Energiearbeit mit Kristallschädeln".

sind wir in der Lage unsere Gedanken (Energien) auf Kristallen zu speichern. Man kann sich das so ähnlich vorstellen, als ob man mit Hilfe von Lasern holographische Bilder speichert.
Mit Hilfe dieser effizienten Methode ist es uns auch möglich, Kristalle zu bestimmten Zwecken zu informieren, um sie zum Beispiel für spezielle Zwecke einzusetzen.
Energie folgt dem Bewusstsein, das heißt, wir benötigen eine glasklare, genau definierte Intention, die wir mit Hilfe unserer Gedanken zielgerichtet einsetzen, um so Informationen in Kristalle einzugeben. Wichtig ist hierbei die Absicht klar definiert zu halten und vor allem die Intention niemals manipulatorisch oder gar zum Schaden eines anderen einzusetzen. Alles, was man aussendet, kommt 7-fach zu einem zurück.
Eine weitere Eigenschaft der Quarzkristallschädel macht sie für uns unschätzbar in ihrem Wert für unsere Arbeit, sie sind sog. Transmitter.
Kristalle und Kristallschädel sind in der Lage Informationen und Energien zu empfangen und zu senden. Diese Tatsache macht sie für den Einsatz in Heilsitzungen, zur Aktivierung der Selbstheilungskräfte, so beliebt. Auch die zuvor erwähnte Methode des Programmierens von Kristallen findet hier ihren Einsatz. Die Intention des Heilers wird über die Intention der Gedanken in einen Kristall oder Kristallschädel gespeichert und dieser gibt die Absicht dann in der Sitzung oder auch danach (z. B. als Anschluss an eine Sitzung für den Klienten zu Hause) an den Klienten weiter.

Aufgrund der piezoelektrischen Eigenschaften und ihrer unschätzbaren Vorteile empfehle ich Einsteigern immer als ersten Schädel einen Kristallschädel aus der Quarzfamilie zu wählen. Quarzkristallschädel ermöglichen uns natürlich über ihre Fähigkeit Informationen zu speichern und zu senden, auch eine weitaus leichtere Kommunikation, was besonders bei Einsteigern sehr wichtig ist, um sich auf die Energien der Kristallschädel einzustellen und sie nutzen zu lernen.
Auch die Tatsache, dass nicht nur Quarzkristallschädel einen sehr hohen Anteil an Siliziumdioxid enthalten, sondern Silizium auch im menschlichen Körper enthalten ist, erhöht einen direkten Energieaustausch und macht sie für uns so wertvoll.

Kristallschädel, die aus anderen Mineralien gefertigt sind, verfügen über diese Vorteile nicht in dem Maße, wie ihre Kollegen der Quarzfamilie.
Für mich gehören deshalb sämtliche Vertreter der Quarzfamilie in jede Kristallschädelfamilie.

4. Worauf muss ich beim Kauf von Kristallschädeln achten?

Der Kauf eines Kristallschädels ist reine Herzenssache, deshalb sollte man unbedingt darauf achten, dass man sich nicht von seinem Verstand leiten lässt, sondern allein von seinem Herzen.
Es muss ein Resonanzmuster zwischen uns und dem Schädel bestehen, eine Verbindung auf Herzensebene.
Man sollte jedoch bedenken, dass es mittlerweile auf dem Markt sehr viele Anbieter gibt, die Kristallschädel, oder das was sie dafür ausgeben, verkaufen, man kann Schädel sogar übers Internet bestellen. Wie man dazu steht, sollte jeder für sich selbst entscheiden!

Die Preise unterscheiden sich je nach Qualität des angebotenen Schädels, sowohl im Hinblick auf die Qualität des Steins, die Art des Schliffs, als auch im Hinblick darauf, ob es sich bei dem Schädel um ein handgeschliffenes Unikat handelt, das in langwieriger Feinarbeit von Hand geschliffen und poliert wurde, oder einen maschinengeschliffenen Schädel bei dem es sich natürlich nicht um ein Unikat handelt, der zum Beispiel teilweise in den Augenhöhlen nicht poliert ist, da dies mit Maschinen nicht möglich ist.
Maschinengeschliffene Schädel weisen nach meinen Erfahrungen eine deutlich andere Energie auf, als handgeschliffene Unikate. Des Weiteren kann man an ihnen zum Teil noch die Einspannlöcher sehen, die durch das Einspannen des Steins bzw. des Schädels in die Maschine entstehen, da man sie in der Maschine während des Schleifvorgangs fixiert.

Schädel, die aus Brasilien kommen sind in der Regel handgeschliffene Unikate von hoher Qualität und teurer als ihre chinesischen Kollegen. Brasilien verfügt über Rohsteine von hoher Qualität und da sie im eigenen Land abgebaut werden, sind die Schädel auch entsprechend hoch in der Qualität. Wobei man auch hier mittlerweile einige Schleifer antrifft, die per Laser schleifen.

Handgeschliffene Unikate erkennt man daran, dass sie, abgesehen von dem Unterschied den der jeweilige Rohstein mit sich bringt, deutliche Unterschiede in der Form der Augen (manchmal ist sogar ein Auge sichtbar größer oder kleiner als das andere), der Nasenform, dem Gebissbereich und auch der gesamten Schädelform aufweisen.

Schädel, die aus China stammen, sind in der Regel deutlich günstiger als andere und sehr oft per Maschine geschliffen. Das erkennt man, wenn man sich mehrere Schädel ansieht, dass sie sich, abgesehen von der unterschiedlichen Struktur des Rohsteins, wie ein Ei dem anderen gleichen, Einspannlöcher aufweisen und zum Teil in den Augenhöhlen nicht poliert sind.

Eine weitere Variante, die sehr häufig in China vorkommt, sind die sog. „Melted Quartz“-Schädel, damit ist gemeint, dass Schleifstaub erhitzt und verflüssigt wird und sodann in eine Gussform gegossen wird, zum Teil unter dem Zusatz von Resinträgern.
Diese künstlich hergestellten Schädel weisen natürlich nicht die selben energetischen Eigenschaften auf, wie ein Kristallschädel dessen Rohstein über Millionen Jahre in Mutter Erde gewachsen ist.

Leider kommt es immer häufiger vor, dass die Verkäufer solcher Schädel diese nicht mal als „Melted Quartz“ (geschmolzener Quarz) klassifizieren, sondern sie gerne als echte Kristallschädel verkaufen und viele Leute sich von diesen Schädeln angesprochen fühlen, da sie zum Teil interessante Farbspiele aufweisen.

Man kann heute leider zum Teil auch schon Schädel aus China bekommen, die entweder aus Glas oder aus einem Glas-Resin-Gemisch per Guss hergestellt sind, auch hier wird der Käufer nicht darüber aufgeklärt, was er eigentlich kauft, sondern über interessante Fantasienamen, wie „Cherry Citrin“ oder „Lemon Citrin“ geködert.
Auffallend bei diesen Schädeln ist, dass sie zum Teil unnatürliche Farben aufweisen, wenn dann ein angeblicher „Lemon Citrin“ eine auffallend gelbe Farbe hat, die mehr an einen Textmarker erinnert, als an einen Citrin, sollte man als Käufer vorsichtig sein.
Manchmal kann man in diesen angeblichen Kristallschädeln sogar noch deutliche Luftbläschen erkennen, die beim Abkühlungsprozess entstanden sind.

Auch die Preise dieser Schädel liegen deutlich unter den Preisen von echten Citrinschädeln, aber es gibt eben immer noch Leute, die glauben, sie haben ein echtes Schnäppchen gemacht, wenn sie einen 1 Kilo Citrinschädel für 150,-- Euro kaufen, stattdessen haben sie für einen Glasschädel teures Geld bezahlt.
Da sind wir wieder bei unserem Ausgangspunkt, man sollte Kristallschädel eben nicht mit dem Verstand, sondern mit dem Herzen kaufen.
Auch die Tatsache, dass die Freundin einen Achatschädel neu gekauft hat, sollte für mich als Kristallschädelhüter nicht heißen, dass ich auch einen brauche, damit meine Sammlung nicht unvollständig ist.

Zugegeben, mir gefallen auch sehr viele Schädel, aber nicht jeder davon ist für mich bestimmt, jeder hat sein eigenes Resonanzmuster und seine eigenen Themen und danach sollte man gehen.
Dabei kann es dann vorkommen, dass nicht wir uns unseren zukünftigen Schädel aussuchen, sondern der Schädel sucht uns aus.

Wenn man nicht mit dem Kopf an die Sache rangeht, kann es vorkommen, dass man unter 3 Schädeln am Ende den nimmt, der einem zwar am wenigsten optisch gefällt, der einem aber direkt ins Herz geht und sofort eine energetische Verbindung aufbaut. Unser Kopf hätte sicherlich den für ihn Schönsten gekauft, aber der ist nicht unbedingt der Richtige für uns.

Die Reise mit Kristallschädeln ist eine der spannendsten überhaupt, vertrauen Sie Ihrer Intuition und seien Sie offen und Ihr Schädel wird Sie finden.

5. Woher weiß ich, dass ein Kristallschädel auch wirklich zu mir will und wir eine Verbindung zueinander haben?

Das ist eine Frage, die wohl jeden Kristallschädelhüter schon mal beschäftigt hat. Die Antwort ist eigentlich ganz einfach, es ist wie Liebe auf den ersten Blick, man sieht sich und weiß sofort, dass man zusammengehört.
Man fühlt von der ersten Sekunde eine innige Verbindung, ist bis tief ins Herz berührt, wobei unsere Seele jubiliert.
Auch wenn sich dann der Verstand sofort einschaltet und vielleicht meint, dass wir keinen Kristallschädel in unserem Leben brauchen, diesen Monat der Kauf eines Schädels finanziell nicht drin ist, er kleiner ist als das, was uns eigentlich von unserem Kopf oder Ego her so vorgeschwebt hat, er der 3. Rauchquarz ist und wir doch eigentlich einen Citrin wollten oder wir auf das Event gegangen sind, in der festen Überzeugung, keinen Kristallschädel kaufen zu wollen und er uns trotzdem nicht mehr aus dem Kopf geht, wir ihn immer wieder fühlen oder an ihn denken, dann ist er genau der richtige Kristallschädel für uns.

Die Anschaffung eines Kristallschädels ist eine reine Herzenssache, widerspricht jeder Logik und folgt ganz sicher nicht unseren Erwartungshaltungen.

Oftmals begegnen wir unserem Kristallschädel gerade dann, wenn wir am wenigsten damit rechnen, weil wir dann offen und frei sind und ohne egogesteuerte Wünsche oder Vorstellungen an das Thema herangehen.

Machen Sie sich keine Sorgen und setzen sich unter Druck, weil Sie Ihren Kristallschädel finden wollen, er wird Sie finden, wenn die Zeit dazu reif und stimmig ist und Sie werden sofort wissen, dass er es ist.

Nicht selten höre ich von Klienten, dass sie sich in einen Kristallschädel Hals über Kopf verliebt haben, ihn sich aber eigentlich nicht leisten konnten und deshalb erst mal abgewartet haben und wie durch ein Wunder hat sich das benötigte Geld dann doch eingestellt, der Verkäufer hat sich auf eine Ratenzahlung eingelassen oder es ist ein Geldgeschenk ins Haus geflattert. Das ist typisch, wenn ein Kristallschädel zu Ihnen will, wird er einen Weg finden zu Ihnen zu kommen.

Es ist auch keine Seltenheit, dass sich ein Kristallschädelhüter zu einem Schädel hingezogen gefühlt hat, diesen aber nicht gleich erstanden hat, sondern erst mal auf Warteposition gegangen ist, bevor er aktiv wurde – manchmal haben zwischen der ersten Begegnung und dem Tag der Entscheidung für den Schädel sogar Monate gelegen und trotzdem war der Schädel, wie durch ein Wunder, noch da und hat auf seinen neuen Hüter gewartet. Wenn ein Schädel zu Ihnen gehört, wird er zu Ihnen kommen.

Wenn man allerdings Schädel über ebay ersteigert und nur zuschlägt aus Angst, dass jemand anderer schneller sein könnte und einem den Schädel vor der Nase wegschnappt, dann ist das sicherlich nicht die beste Voraussetzung, um seinen wirklichen Schädel zu finden.

6. Spielt es eine Rolle, wo ich meine Kristallschädel kaufe? Welche Unterschiede gibt es bei den Verkäufern?

Im weiteren Verlauf dieses Buches werden wir noch genauer den Unterschied zwischen handgeschliffenen Unikaten und maschinell hergestellten Kristallschädeln aus Massenproduktionen besprechen. Dann muss man sich die Frage stellen: möchte ich einen Kristallschädel in mein Leben einladen, der bereits aktiviert und vernetzt und damit energetisch aktiviert ist oder einen Schädel, der direkt vom Schleifer kommt, somit gänzlich ungereinigt, unvernetzt und unaktiviert bei mir ankommen wird (auch dies werden wir im Weiteren noch genau besprechen).

Wie auch immer Ihre Antwort auf diese Fragen ausfällt, man sollte meiner Meinung nach grundsätzlich nur bei einem Verkäufer seines Vertrauens kaufen, bei dem man sich auch auf die erhaltenen Angaben verlassen kann und der einem auch Auskunft über die Schädel geben kann. Des Weiteren

ist es sehr wichtig, dass man bei dem Kauf ein gutes Gefühl hat, denn dieses Gefühl wird sich immer auch auf den Schädel übertragen.
Heutzutage gibt es viele Möglichkeiten einen Kristallschädel zu erstehen: von Kristallschädelhütern, die hin und wieder einen ihrer Schädel weitergeben, im gut sortierten Mineralienhandel, auf Esoterik- und Mineralienmessen, in zahlreichen Internet-Shops und natürlich auf ebay.
Jeder muss für sich entscheiden, was sich für ihn oder sie in diesem Zusammenhang als stimmig erweist.
Man sollte sich beim Kauf eines Kristallschädels aber niemals ausschließlich von finanziellen Aspekten leiten lassen, da das ziemlich kurzsichtig gedacht ist. Wenn wir bedenken, wie lange uns ein Kristallschädel begleitet und unterstützt, dann kann der Preis immer nur zweitrangig sein.
Es versteht sich dabei von selbst, dass ein hochwertiger Kristallschädel, der bereits aktiviert und vernetzt wurde, einen anderen Preis hat, als ein in Massenproduktion hergestellter Schädel.
Wir sollten dabei allerdings auch bedenken, je mehr Menschen billige Massenprodukte kaufen, desto mehr wird der Markt dieser Massenhersteller gefördert, auf der anderen Seite aber werden seriöse Schleifer, die in kunstvoller Handarbeit ihre Schädel erschaffen, immer mehr Probleme bekommen, je größer die Flut von Billigschädeln wird. Im Grunde genommen wirkt sich das dann auf längere Sicht wieder auf die Qualität aller Schädel aus.
Das ist wie in vielen anderen Lebensbereichen auch, wenn wir uns für immer günstigere Produkte entscheiden, wo nur noch der finanzielle Aspekt im Vordergrund steht, brauchen wir uns nicht zu wundern, wenn auf der einen Seite die Qualität der Ware immer schlechter wird und auf der anderen Seite für gute, solide Qualität sehr viel Geld verlangt wird. Dazu kommt, dass wir damit die schlechten, zum Teil menschenunwürdigen Arbeitsverhältnisse in Ländern mit Billigproduktionen fördern und ihnen Vorschub leisten, egal ob wir ein T-Shirt kaufen, was in Indien unter Ausbeutung der Arbeiter genäht wurde oder einen Schädel, der in China im Akkord hergestellt wurde.
In meinen Augen haben wir als Kristallschädelhüter auch den Schädeln gegenüber eine Verantwortung, die wir mit Respekt und Liebe zu diesen wundervollen Wesen erfüllen sollten.
Ich für meinen Teil habe mich deshalb schon vor Jahren entschlossen nur Kristallschädel aus Brasilien zu kaufen, von denen ich genau weiß, unter welchen Bedingungen sie geschliffen wurden und welche Qualität ihre Rohmaterialien haben.

Hinzu kommt, dass es auf dem Markt immer mehr Möglichkeiten gibt, die Rohmaterialien zu bearbeiten, das fängt damit an, dass man bestimmte Kristalle, wie Calcit, Howlith etc. färbt, was generell nichts Schlimmes ist, aber man sollte in einem solchen Fall ehrlich mit dem Käufer sein und nicht einen gefärbten Howlith als Türkis verkaufen, was nicht selten vorkommt.
Schlimmer wird es dann, wenn man sieht, dass Rohsteine von eher minderer Qualität gebrannt und leider auch nur zu oft radioaktiv bestrahlt werden, so macht man z. B. aus einen Rauchquarz von unterdurchschnittlicher Qualität einen Rauchquarz in einer dunklen Farbe, der für unser Auge eine schöne Qualität aufweist. Bedenklich wird es jetzt, wenn man weiß, dass Kristallschädelhüter nicht selten ihre Schädel mit ins Bett nehmen, wo sie die Nacht am Kopfende verbringen, das sind dann Schädel, die im wahrsten Sinne des Wortes strahlen. Dazu erübrigt sich, so denke ich, jeder Kommentar.

Hier kann ich nur meinen Rat wiederholen, kaufen Sie nur bei einem Händler Ihres Vertrauens, der Ihnen bereitwillig und ehrlich Auskunft gibt!!!

7. Was muss ich beachten, wenn ein Schädel zu mir kommt?

Ist ein neuer Kristallschädel bei uns angekommen, ist unsere erste Amtshandlung dafür Sorge zu tragen, dass er gründlich gereinigt wird, bevor wir mit ihm arbeiten oder ihn mit unseren anderen Kristallschädeln zusammenbringen.
Da Kristallschädel in der Lage sind, bedingt durch ihre piezoelektrische Eigenschaft, Energien aufzunehmen und abzugeben, ist dies sehr wichtig. Sie können, selbst wenn noch nie mit ihnen gearbeitet wurde, Fremdenergien und negative Energien aufgenommen haben, die während ihres Schleifprozesses durch korrupte Energie bei ihrem Verkauf, auf ihrer Reise oder bereits als Kristall bei seinem Abbau oder auch durch über dem Abbaugebiet stattfindende negative Einflüsse entstanden und in Ihrem Schädel gespeichert worden sein.
Selbst wenn man einen Kristallschädel von seinem früheren Hüter übernommen hat, der ihn gereinigt hat bevor er auf die Reise zu Ihnen gegangen ist, sollte man sicherheitshalber den Reinigungsprozess erneut wiederholen, da auf der Reise erneut Energien gespeichert worden sein könnten oder aber die Reinigung durch den Vorbesitzer nicht ausreichend

gewesen sein könnte (nähere Informationen und Methoden der Reinigung finden Sie unter Frage 10).

Nachdem Ihr neuer Begleiter gründlich gereinigt ist, nehmen Sie sich bitte ausreichend Zeit, um sich mit ihm vertraut zu machen und ihn in einer gemeinsamen Willkommens- bzw. Einweihungszeremonie willkommen zu heißen und sich energetisch mit ihm zu verbinden (Infos dazu finden Sie unter Frage 66).

Gleichsam ist diese gemeinsame Zeremonie auch der ersten Schritt Ihrer Aktivierung bzw. ist der Schädel bereits aktiviert, die Fortführung der bereits bestehenden Aktivierung (mehr zum Thema Aktivierung unter Frage 11).

Diese ersten Stunden und Tage des gemeinsamen Kennenlernens sind besonders wichtig und einmalig, man sollte sie dementsprechend zelebrieren. Sprechen Sie mit Ihrem Kristallschädel, teilen Sie ihm Ihre Wünsche und auch Sorgen mit, lassen Sie ihn wissen, wie dankbar und erfreut Sie darüber sind, dass er Sie von nun an begleiten und unterstützen wird. Fassen Sie ihn immer wieder an und halten ihn vor Ihr Herzchakra, das verstärkt die energetische Verbindung und aktiviert die Energien.

Tauchen Sie in seine Energien ein, schließen Sie die Augen, erfühlen Sie seine Energien, wie fühlt sich seine Energie an, wo fließt sie hin und was löst sie bei Ihnen aus.

Kristallschädel lieben es uns zu begleiten, in unserer Nähe zu sein, deshalb ist es auch nicht außergewöhnlich, dass sie des Nachts in unserer Nähe sind, das kann heißen, dass sie im Bett mit uns schlafen oder auf dem Nachtschränkchen stehen. Entscheiden Sie intuitiv, wie es sich für Sie und Ihren Schädel richtig anfühlt.

Sollten Sie nicht oder nur schlecht schlafen können, wenn Ihr neuer Freund das Bett mit Ihnen teilt, kann das daran liegen, dass seine Energien zu hoch sind und Ihr Körper diese noch nicht integriert hat. In diesem Falle lassen Sie sich noch Zeit und stellen ihn während der Nacht auf den Nachttisch oder an einen anderen schönen Platz, vorzugsweise Ihren Hausaltar.

Nach der Begrüßungszeremonie ist es schön, wenn man dem Schädel die Möglichkeit gibt, auch die anderen im Haushalt befindlichen Schädel kennen zu lernen (falls es bereits andere Schädel im Haus gibt) und sich mit ihnen zu verbinden, sowie die direkte Vernetzung mit ihnen zu beginnen (das Thema Vernetzung wird unter Frage 20 erörtert).

Ich genieße es, mich bei dieser ersten Kontaktaufnahme der Schädel untereinander zu den Schädeln zu setzen und einfach die Energien, die fließen, aufzunehmen und zu beobachten. Nicht selten kommt es bereits in den ersten Minuten, die die Schädel miteinander verbringen zu Situationen gegenseitigen Wiedererkennens und es entstehen sehr enge Verbindungen und Freundschaften, was wunderschön zu beobachten ist. Genießen Sie es.

Nachdem diese erste Phase der Kontaktaufnahme und die ersten Schritte der Reinigung, Aktivierung und Vernetzung abgeschlossen sind, kann man schrittweise damit beginnen mit dem Schädel zu arbeiten bzw. weiter in seine Energien einzutauchen.
Ich wünsche Ihnen dabei viel Freude und Inspiration mit Ihrem neuen Freund.

8. Ist der erste Schädel, den man bekommt, auch gleichzeitig der Hauptschädel?

Fast jeder neue Kristallschädelhüter stellt sich die Frage, sobald er seinen ersten Kristallschädel in der Hand hält, ob dieser erste Schädel auch gleichzeitig sein Hauptschädel ist.
Das kann sein, aber das muss nicht sein, in vielen Fällen kommt als erster Kristallschädel ein kleiner Schädel zu seinem Hüter, der bei ihm die Energien für die Kristallschädel und damit verbunden für das Kristallschädelbewusstsein öffnet. Wie ich ja bereits in meinem Buch „Kristallschädel – Anleitung zur Energiearbeit mit Kristallschädeln" geschrieben habe, haben Kristallschädel die Eigenschaft „familienbildend" zu sein, was nicht nur heißt, dass Kristallschädel ein Gefühl der Gemeinschaft und Zusammengehörigkeit vermitteln, sondern vielmehr, dass Kristallschädel dazu neigen, weitere Kristallschädel in ihr und damit verbunden in das Leben ihres Hüters zu ziehen. Kaum ein Kristallschädelhüter hat nur einen Kristallschädel um sich herum, sondern nicht selten eine kleine Familie, die auch schon mal zu einer größeren Familie heranwachsen kann.
Nicht selten stellt man fest, dass der Zeitraum vom Eintreffen des 1. Schädels bis zu dem Tag an dem der zweite folgt nicht sehr groß ist. Es kommt auch vor, dass gleich 2 Kristallschädel als Paar zu einem neuen Hüter finden.
Was ist nun eigentlich ein Hauptschädel? Der Hauptschädel ist der Schädel, der am meisten mit seinem Hüter in Resonanz geht, der mit ihm

am meisten in Kommunikation steht und ihn zugleich auf tiefster Herzensebene berührt. In der Regel ist es so, dass wir von unserem Hauptschädel auch die meisten tiefgreifenden, transformierenden und verändernden Botschaften erhalten.
In meinem Fall ist es so, dass Kasper mein Hauptschädel ist, er ist der erste Kristallschädel, der seinen Weg zu mir gefunden hat und er ist neben meinem Sohn bis heute meine ganz große Liebe. Ich habe gelernt auf seine Botschaften zu hören, auch wenn sie bei mir nicht immer gleich auf Gegenliebe stoßen, da ich weiß, welche Wichtigkeit sich darin für mein Leben verbirgt.

Eine weitere Frage, die im Zusammenhang mit dem Thema Hauptschädel immer wieder gestellt wird, ist die Frage nach der Größe des Hauptschädels. Es geht der Irrglaube um, dass der Hauptschädel ein lebensgroßer, auf jeden Fall aber doch zumindest ein Schädel von ein paar Kilo Gewicht sein muss, dies ist allerdings in keiner Weise richtig. Ein Hauptschädel kann jede erdenkliche Größe haben, er kann 100 Gramm oder weniger wiegen, aber auch lebensgroß oder größer sein, dass ist völlig unerheblich, wichtig bei der Verbindung zu unserem Hauptschädel ist nur unsere Herzensverbindung.
Das beantwortet dann auch unsere Ausgangsfrage, es kann gut sein, dass unser Hauptschädel bereits der erste Kristallschädel ist, den wir in unser Leben einladen, aber es ist auch gut möglich, dass es ein Schädel ist, der seinen Weg erst zu uns findet, nachdem unser erster Schädel quasi als Öffner für die Energien der Kristallschädel fungiert hat.

9. Welche sind die Haupteinsatzgebiete von Kristallschädeln?

Die Einsatzgebiete der Kristallschädel sind sehr vielfältig. Kommt ein neuer Kristallschädel zu uns, wird er in erster Linie erst einmal dazu dienen uns bei unserem nächsten Entwicklungsschritt zu unterstützen und unsere Entwicklung zu fördern.

Dies kann auf verschiedenen Wegen geschehen, indem wir uns einfach nur mit ihm umgeben und uns mit ihm befassen, in Meditationen oder in Sitzungen, die wir mit ihm machen. Darüber hinaus können wir unsere Schädel dazu einsetzen bei uns selbst eine Chakrenreinigung durchzuführen oder um uns mit Hilfe unseres Schädels zu schützen (nähere Informationen und Anleitungen zu den jeweiligen Sitzungen finden Sie in meinem Buch „Kristallschädel – Anleitung zur Energiearbeit mit Kristallschädeln".

Eine weitere Möglichkeit mit Kristallschädeln zu arbeiten ist ihr Einsatz in energetischen Behandlungen und Sitzungen für Freunde, Bekannte oder Klienten. Hier kann man sie zu verschiedenen Sitzungen einsetzen, von der Sitzung mit einem, über die Sitzung mit 2 Kristallschädeln bis hin zur kompletten Kristallschädelsitzung samt Chakrenreinigung und Chakrenharmonisierung.

Möchte man mit einer Gruppe arbeiten, kann man Kristallschädel zur Kristallschädelgruppenmeditation, zur Visionssuche oder auch in einer kombinierten Trommelreise mit Kristallschädeln einsetzen.
Ein weiterer Einsatz sind Sitzungen in Kristallschädelmandalas, wie einer Kristallschädelspirale, einem Kristallschädelkreis (hier besonders zu empfehlen die Sitzung in einem Kristallschädelkreis von 13 Kristallschädeln), ein Kristallschädelherz, ein Kristallschädelpentagramm, um nur einige zu nennen.
Kristallschädelmandalas als Naturinstallationen sind eine weitere Anwendungsmöglichkeit.

Häufig finden Kristallschädel auch ihren Einsatz bei Clearings von Räumen, Häusern und Landschaften.
Viele Kristallschädelhüter haben es sich zur Gewohnheit gemacht ihre Kristallschädel als ständige Begleiter mit an ihren Arbeitsplatz zu nehmen, um dort die Energien zu klären und für ein entspanntes Arbeitsklima zu sorgen, aber auch um Mobbing und Konkurrenzstreben entgegenzuwirken.

Ein weiterer großer Einsatzbereich ist die Erdheilung mit Hilfe von Kristallschädeln, wobei es hier verschiedene Arbeitsmöglichkeiten gibt, die in meinem oben erwähnten Buch genau beschrieben sind.
Wir können mit unseren Kristallschädeln an Kraftplätzen, heiligen Orten, heiligen Quellen, in antiken Bauwerken und an weltweiten Kultstätten arbeiten, um dort die Energien unserer Kristallschädel zu verankern, aber gleichzeitig auch um die Energien dieser Orte in unseren Kristallschädeln zu speichern, um sie so für uns jederzeit abrufbar zu machen.

Selbst wenn Sie nur hin und wieder Ihre Schädel in den Garten bringen, werden Sie sowohl Ihren Schädeln durch die direkte Aufladung mit Sonnenlicht einen Gefallen tun, als auch ihrem Garten, der durch die Energiefelder, die Ihre Schädel aufbauen, energetisiert und belebt werden wird.

Wir können mit Kristallschädelwasser, welches wir herstellen, sowohl uns selbst, als auch unsere Pflanzen vitalisieren, sowohl im Innenbereich als auch im Außenbereich.

Ein weiterer großer Einsatzbereich von Kristallschädeln sind Zeremonien und Rituale, die sowohl für den privaten Bereich ausgelegt sein können, wie z. B. Wunscherfüllungsrituale, Loslassensrituale, Einweihungsrituale von Häusern, Taufrituale, Hochzeitsrituale, Schuleintrittsrituale etc., aber natürlich auch auf globaler Ebene in Dankesritualen, Weltfriedensmeditationen, zu Portalöffnungen, Ahnenritualen oder Sommer- und Wintersonnenwende-Ritualen, um nur einige der unzähligen Möglichkeiten zu nennen.

Gerne werden Kristallschädel auch in der Geburtsvorbereitung bzw. Begleitung, zur Unterstützung der kindlichen Entwicklung und nicht zuletzt auch in der Sterbehilfe eingesetzt.

10. Wie reinigt man Kristallschädel und warum?

Wie bereits beschrieben, sind Kristallschädel in der Lage Energien aufzunehmen und sie wieder abzugeben, das heißt für uns, dass Kristallschädel, sowohl durch den Kontakt zu Menschen und die direkte Arbeit mit ihm, als auch aus ihrer direkten Umwelt, Energien aufnehmen, die sie dann an uns weitergeben können. Diese Tatsache macht eine regelmäßige Reinigung unserer Kristallschädel dringend erforderlich.

Beginnen sollten wir mit der Reinigung sofort nachdem ein Kristallschädel bei uns neu eintrifft. Selbst wenn er von dem Verkäufer vor seiner Abreise gereinigt worden ist, sollten wir diese wiederholen, da der Schädel während seiner Reise erneut Energien aus dem Außen aufgenommen haben kann.

Es gibt verschiedene Möglichkeiten der Reinigung, die wichtigsten möchte ich Ihnen im Folgenden vorstellen. Ich rate Ihnen mehrere verschiedene Möglichkeiten der Reinigung auszuprobieren und diese auch untereinander zu kombinieren, um so zu der für Sie und Ihre Schädel stimmigsten Art der Reinigung zu finden.

1. **Energetische Reinigung:** Hierbei reinigen Sie Ihren Schädel, indem Sie klar die Intention der Reinigung halten – Energie folgt dem Bewusstsein – und ihn in universelle Energie einhüllen bis er klar und sauber ist. Die negativen Energien werden hierbei nicht etwa ins

Universum abgegeben, sondern in das Magma von Mutter Erde mit der Bitte diese sodann zu transformieren.

2. **Reinigung in Mutter Erde:** Bei schwer verschmutzten Kristallen und Kristallschädeln bietet sich die Möglichkeit an, diese im Garten direkt in Mutter Erde zu vergraben. Sie sollten mindestens einen vollen Mondzyklus, besser aber drei volle Mondzyklen vergraben bleiben. Beim Eingraben sollte man ein kleines Ritual vollführen, in dem man Mutter Erde um ihre Mithilfe bei der Reinigung bittet und ihr durch ein Opfer Dank darbringt. (Zur Not tut es auch ein Blumentopf mit Erde, die man zuvor der Natur frisch entnommen hat.)
3. **Reinigung im Vollmond:** Die Energie des Vollmondes hat eine reinigende und belebende Energie für Kristalle und Kristallschädel. Selbst wenn ein Schädel keiner dringenden Reinigung bedarf, wird er es Ihnen danken, wenn er hin und wieder bei Vollmond eine Nacht im Freien oder wenigstens auf der Fensterbank im Vollmond verbringen darf.
4. **Reinigung durch Räucherung:** Salbei und Weihrauch sind ideale Reinigungsräucherungen. Bei einer Schädelreinigung führen wir den Schädel mehrmals durch den aufsteigenden Rauch. Sollte dies aufgrund des Gewichts des Schädels nicht möglich sein, dann räuchern wir mit dem Räuchergefäß von allen Seiten, sowie oberhalb und unterhalb des Schädels.
5. **Reinigung durch Klang:** Klangschalen, Glocken, Trommeln, Stimmgabeln, Besingen oder Chanten lassen sich ebenfalls ideal zur Reinigung einsetzen. Dabei oberhalb des Schädels anschlagen oder trommeln und den Vorgang rund um den Schädel fortführen. Bei stark negativ verunreinigten Schädeln haben sich bei mir auch die sog. Ocean Drumms bewährt, mit denen man zu Reinigungszwecken einen lauten austreibenden Ton erzeugt.
6. **Reinigung durch Wasser:** Zum Reinigen kann man Kristallschädel ebenfalls nach draußen in den Regen stellen oder sie in eine gefüllte Badewanne setzen, so werden Fremdenergien abgewaschen. Denkbar ist es auch die Schädel direkt ins Meer, in einen See, einen Fluss oder Bach zu stellen, um sie zu reinigen. Hierbei ist darauf zu achten, dass der Schädel fest steht und nicht weggeschwemmt werden kann. Ich habe immer wieder festgestellt, dass meine Schädel es lieben mit Wasser, gleich welcher Art, in Kontakt zu kommen. Man kann Kristalle auch in selbst angesetztes Salzwasser stellen, wenn sie nicht offenporig sind bzw. Schäden und Risse an der Oberfläche aufweisen.

Sehr gut geeignet ist auch frisches Quellwasser und das Wasser von heiligen Quellen.

7. **Reinigung durch Heilungsenergie:** Wir können unsere Schädel auch wunderbar reinigen, indem wir ihnen Heilenergie zukommen lassen, entweder direkt durch Energieübertragung per Handauflegen oder auch mittels Fernheilung und auch durch Reiki.
8. **Reinigung durch Pyramidenenergie:** Indem wir unsere Kristallschädel für einige Zeit unter eine Pyramide stellen, können wir sie gleichsam reinigen und wieder mit Energie aufladen. Dies ist eine sehr kraftvolle Art der Reinigung. Ich selbst habe einen Pyramidenaltar unter dem ich alle neu bei mir ankommenden Schädel für einige Tage stehen lasse.
9. **Reinigung auf einem Altar:** Wenn Sie einen Hausaltar haben, stellen Sie den Neuankömmling für einige Zeit auf den Altar und bitten Sie dessen Schutzheiligen sich der Reinigung des Schädels anzunehmen.
10. **Reinigung mit Erzengel Michael und Erzengel Raphael:** Bitten Sie Erzengel Michael Ihren Schädel von allen negativen Energien zu befreien und Erzengel Raphael ihn danach mit grüner Heilenergie zu umhüllen.
11. **Reinigung durch Kristalle:** Man kann einen Kristallschädel auch in einer Amethystdruse oder einem Kreis aus Amethystspitzen reinigen. Ich würde diese Methode allerdings nur anwenden, wenn die Verunreinigungen nicht zu groß sind, da man sonst Gefahr läuft, dass der Reinigungskristall selbst verunreinigt ist. Amethyst entzieht negative Energie und speichert sie, das heißt er muss regelmäßig selbst gereinigt werden.
12. **Reinigung durch Kristallschädel:** Man kann Kristallschädel ebenfalls mit Hilfe anderer Kristallschädel reinigen. Ich favorisiere diese Methode für mich allerdings nicht, aus unter Punkt 11 genannten Gründen, sondern ziehe es vor die Kristallschädel zum Aktivieren heranzuziehen nachdem die Neuankömmlinge bereits gereinigt sind.

Kristallschädel, die regelmäßig in Sitzungen für andere Menschen eingesetzt werden, sollten sofort nach der Sitzung gereinigt werden, bevor sie wieder mit den anderen Schädeln in Kontakt kommen und so die aufgenommenen Energien weitergeben könnten.

Viele Kristallschädelhüter, so auch ich, haben ständig einen Schädel bei sich, wenn sie zum Beispiel zur Arbeit gehen, zum Einkaufen oder zu

Freizeitaktivitäten. Machen Sie es sich zur Gewohnheit Ihren Schädel jedes Mal zu reinigen, wenn Sie wieder zu Hause sind, auf jeden Fall aber spätestens bevor Sie ihn wieder zu Ihren anderen Kristallschädeln bringen.

Auch Kristallschädel die hauptsächlich zur Arbeit an uns selbst eingesetzt werden, sollten regelmäßig gereinigt werden, da sie zum Beispiel aus unserem Solarplexus Energien aufnehmen, die wir im Außen aufgenommen haben.

Es gibt immer wieder mal den Fall, dass man sich nach der Reinigung nicht sicher ist, ob der Schädel wirklich bereits gut gereinigt ist, in einem solchen Fall empfehle ich die erneute Reinigung, gegebenenfalls mit einer Kombination von verschiedenen Reinigungsmethoden.

In Hinblick auf die Reinigung gilt die Devise „Lieber einmal zu viel, als einmal zu wenig".

11. Was bedeutet Aktivierung und warum ist sie wichtig?

Für jeden Kristallschädelhüter ist es von großer Bedeutung seinen Kristallschädel zu aktivieren, da fast alle modernen Kristallschädel, die in heutiger Zeit geschliffen wurden, natürlich noch nicht aktiviert wurden, da sie direkt aus den Schleifereien bzw. über Zwischenhändler zu uns kommen.

Bei Schädeln, die Sie von einem anderen Kristallschädelhüter übernehmen, von dem Sie wissen, dass er mit ihnen bereits gearbeitet hat und sie in Ritualen und Zeremonien eingesetzt wurden, kann man sicher sein, dass bereits eine Aktivierung vorliegt. Der Grad der Aktivierung steigt parallel zu der Häufigkeit mit der mit den Schädeln gearbeitet wird bzw. durch den Grad der Aufmerksamkeit, die sie genießen. Das heißt für uns auch, dass die Aktivierung eines Kristallschädels ein langjähriger Prozess ist, in dem der Schädel immer weiter aktiviert wird, bis er seinen vollständigen Aktivierungsgrad erreicht hat.

Befassen wir uns nun mit den wichtigsten Aktivierungsmethoden:

1. **Aktivierung durch Aufmerksamkeit und Liebe:** Je mehr Liebe und Aufmerksamkeit Ihr Schädel genießt, desto mehr wird er Schritt für Schritt aktiviert werden. Kristallwesen sind, wie wir, sehr offen und empfänglich für die Schwingungsfrequenz der Liebe und werden diese gerne aufnehmen und speichern. Von zahlreichen Kristallschädelhütern weiß ich, dass sie ihre neu angekommenen Kristallschädel nicht selten für einen gewissen Zeitraum in der Eingewöhnungsphase sogar mit ins

Bett nehmen, so dass auch nachts die Verbindung gefestigt werden kann und ein Austausch an Informationen stattfinden kann.

2. **Aktivierung durch Vernetzung mit anderen aktivierten Schädeln:** Eine weitere sehr kraftvolle Art der Aktivierung wird durch die Vernetzung mit anderen bereits aktivierten Kristallschädeln gegeben. Kristallschädel fühlen sich in der Gesellschaft von anderen Schädeln wohl, hier findet ein intensiver Schwingungsaustausch statt, bei dem Energien empfangen, ausgesendet, verstärkt und gespeichert werden.
3. **Aktivierung durch Einsatz in Ritualen und Zeremonien:** Jedes Ritual und jede Zeremonie, an der wir mit unserem Kristallschädel teilnehmen bzw. die wir mit unserem Kristallschädel und anderen Kristallschädeln durchführen, tragen zur weiteren Aktivierung des Schädels bei. Sämtliche Informationen, die währenddessen fließen, werden in den Schädeln abgespeichert und können zu jedem beliebigen späteren Zeitpunkt wieder abgerufen und eingesetzt werden.
4. **Aktivierung durch regelmäßige Meditationen:** Durch häufige Meditationen mit Ihrem Kristallschädel, in denen Sie sich mit seiner Energie verbinden, Ihr Herz öffnen und Liebe fließen lassen, können Sie ebenfalls kraftvoll zu dessen Aktivierung beitragen. Das größte Glück in einer Meditation ist der Zustand der absoluten Einheit und Liebe zwischen Schädel und Schädelhüter, in diesem Zustand fließen ganz wichtige Informationen, die uns auf unserem Weg weiterführen und den Schädel aktivieren.
5. **Aktivierung durch Erdheilungsarbeit:** Gibt man einem Schädel die Möglichkeit sich während einer Erdheilung (am besten in freier Natur ausgeführt) ganz mit Mutter Erde und ihrer Energie wieder zu verbinden, wird viel Liebe fließen und Aktivierung stattfinden. Hier sei angemerkt, dass alle Kristallschädel es lieben in der Natur zu sein und in die Energien von Mutter Erde, den Bäumen und Pflanzen, dem Wind, Wasser etc. einzutauchen und mit ihnen zu verschmelzen. Es wird auch für Sie immer wieder eine wundervolle Erfahrung sein, gemeinsam mit Ihrem Schädel draußen zu arbeiten und alle Energien in sich aufzunehmen, hierbei geschieht oft sehr viel Heilung.
6. **Aktivierung durch Arbeit an heiligen Plätzen:** Arbeiten wir mit unseren Kristallschädeln an heiligen Plätzen, wie zum Beispiel den Pyramiden oder Tempeln in Ägypten, den Maya-Pyramiden in Südamerika, in Steinkreisen usw. laden wir unsere Schädel mit der Energie und damit der Information dieser heiligen Orte auf und aktivieren sie über diesen Weg auf sehr potente Weise.

7. **Aktivierung durch den Einsatz in Heilbehandlungen:** Nicht zuletzt können wir unsere Kristallschädel natürlich auch bei jeder Heilbehandlung und energetischen Sitzung, in der wir mit ihnen arbeiten, aktivieren.

All diese Methoden werden im Laufe der Zeit dazu führen, dass Ihre Schädel Schritt für Schritt voll aktiviert werden.

Je mehr Liebe Sie Ihrem Schädel entgegenbringen und je mehr aktive Zeit Sie mit Ihrem Schädel verbringen, desto weiter wird seine Aktivierung voranschreiten.

Schädel, die allerdings nur bei sammelwütigen Kristallschädelbesitzern als Dekogegenstände in Regalen ihr Dasein fristen und die kurz nach ihrer Ankunft schon wieder uninteressant sind, da dann ja bereits der nächste eingetroffen ist, mit dem man sich profilieren kann, werden keine vernünftige Aktivierung erreichen. Nicht selten kann man von solchen Kristallschädelsammlern hören, dass ihre Schädel ihnen keine Botschaften zukommen lassen und nur verschlossen in der Ecke sitzen. Wen wundert es, denn das was ich erwarte, muss ich auch selbst bereit sein zu investieren. Ein Kristallschädel ist ein Freund und Familienmitglied, welcher Liebe und Aufmerksamkeit benötigt, wie wir alle und hat es nicht verdient als Sammelobjekt behandelt zu werden, auch wenn man sich vielleicht die Sammelwut selbst nicht eingestehen möchte.

In diesem Sinne wünsche ich Ihnen einen spannenden, liebevollen, gemeinsamen Weg mit Ihrem Kristallschädel.

12. Spielt die Größe eines Kristallschädels eine entscheidende Rolle?

Nein, grundsätzlich kann man das nicht so sagen. Natürlich ist ein lebensgroßer Kristallschädel in der Lage mehr Informationen abzuspeichern, als ein kleiner. Ein großer Kristallschädel verfügt auch in der Regel über ein größeres energetisches Volumen und wird mehr Energie aussenden, aber für uns als Kristallschädelhüter ist in erster Linie die Herzensebene wichtig bei der Anschaffung eines Kristallschädels.

Es ist von essentieller Wichtigkeit, dass wir eine Herzensverbindung zu unserem Kristallschädel haben und ein gemeinsames Resonanzmuster. Ein großer Schädel, zu dem wir diese Verbindung nicht haben, wird uns auch nicht viel weiterbringen und uns oft sogar verschlossen bleiben.

Viele Kristallschädelhüter wünschen sich natürlich verständlicherweise einmal einen lebensgroßen Kristallschädel zu haben. Dieser wird seinen Weg auch zu ihnen finden, wenn dies angezeigt ist, aber wir sollten auch hier nicht mit unserem Ego herangehen und unbedingt einen lebensgroßen Schädel haben wollen, nur weil andere solche haben.

Für den Einsteiger kann es viel wirkungsvoller sein erst mal mit einem kleinen Kristallschädel zu beginnen, sich für die Energien der Kristallschädel zu öffnen und sich mit dem Kristallschädelbewusstsein zu verbinden, als mit einem großen Schädel zu starten, der sie energetisch überfordern und damit blockieren würde.

Ein Quarzkristall in der Größe eines Zuckerwürfels hat die Speicherkapazität einer ganzen Bibliothek, damit wissen wir wie viele Informationen ein kleiner 100 Gramm schwerer Kristallschädel in sich trägt, die es für uns zu dekodieren gilt. Glauben Sie mir, damit werden Sie eine ganze Zeit voll beschäftigt sein.

Des Weiteren spielt es auch immer eine Rolle, ob ich mir einen Kristallschädel für die Eigenarbeit anschaffe oder ob ich gedenke, die Kristallschädel in Kristallschädelsitzungen einzusetzen, um anderen dabei behilflich zu sein ihre Selbstheilungskräfte zu aktivieren, Blockaden und alte Muster zu lösen und auf ihrem Weg der Bewusstwerdung zu unterstützen.

Wenn ich einen Kristallschädel für mich möchte, sollte er mich tief berühren und eine Verbindung zu mir herstellen, dann ist er in jedem Fall der geeignete Schädel, egal welche Größe er hat.

Nebenbei bemerkt, es gibt viel Kristallarten als Schädel auch nur in kleinen Größen, wie zum Beispiel Granat-Kristallschädel, Aquamarin-Kristallschädel, Ametrin-Kristallschädel, Rubin-Kristallschädel, Moldavit-Kristallschädel, Preseli Bluestone-Kristallschädel, um nur einige zu nennen.

All diese Kristallschädel sind sehr kraftvoll und hochenergetisch, auch wenn es sie nicht in großen Größen bzw. als lebensgroße Schädel gibt.

Bei einigen Arten hat das etwas damit zu tun, dass man das Ausgangsmaterial gar nicht in entsprechenden Größen (also 4-mal so groß wie die Endgröße des Schädels) findet und auf der anderen Seite natürlich damit, dass sie in großen Größen gar nicht bezahlbar wären.

Möchte man seinen Kristallschädel in Kristallschädelsitzungen für andere Menschen einsetzen, ist es auf Dauer schon empfehlenswert einen oder zwei größere Schädel zur Verfügung zu haben.
In der von mir entwickelten Kristallschädeltherapie nach Kirsten Hilling® werden diese in der Sitzung jeweils am Kopf und an den Füßen positioniert, während die kleineren Kristallschädel auf den Chakren und dem Körper bzw. in den Energiekörpern verwendet werden. (Siehe dazu auch mein Buch „Kristallschädel – Anleitung zur Energiearbeit mit Kristallschädeln".)

Man muss aber auch hier nicht sofort mit großen Kristallschädeln starten, sondern kann mit kleineren Schädeln beginnen, um sicher im Umgang mit den Schädeln zu werden, bevor man sich einen größeren Schädel anschafft.

Und generell gilt natürlich immer, besser ein kleiner Kristallschädel als kein Kristallschädel.

13. Arbeitet ein Kristallschädel auch mit meiner Umgebung?

Eine Frage, die ich sehr häufig von Kristallschädelhüterinnen gestellt bekomme, deren Partner den Schädeln gegenüber eine eher abwartende bis ablehnende Haltung entgegenbringen: „Ob und inwiefern arbeiten die Kristallschädel auch mit ihrer Umgebung." Manchmal habe ich den Eindruck, dass sie aber eigentlich wissen wollen, ob die Kristallschädel auch in der Lage sind bei ihrem Partner das ein oder andere Muster zu lösen ohne das dieser davon bewusst etwas mitkriegt bzw. ohne dass er sich mit dem Schädel anfreunden und beschäftigen muss.
Kristallschädel haben die Fähigkeit untereinander zu kommunizieren, was bereits wissenschaftlich erwiesen wurde, und so Energie/Informationen auszutauschen. Sie können aber auch direkt mit ihrer Umgebung in Kommunikation gehen und damit natürlich direkt mit uns Menschen. Das heißt, sobald bei mir ein Kristallschädel eingezogen ist (auch wenn ich ihn vielleicht anfänglich versteckt halte, sorry, aber ich hab ja keine Namen genannt), wirken dessen Energien natürlich auch auf subtile Art und Weise mit allen Bewohnern in meinem Haushalt, das kann mein Partner genauso sein, wie die Kinder, der Hund oder die Katzen.
Bei letzteren stellt man sogar sehr häufig fest, dass sie sich regelrecht von den Energien der Kristallschädel angezogen fühlen, das liegt daran, dass Tiere Energien gegenüber weitaus offener sind und nicht über Blockaden

verfügen, die ihnen ihr Verstand setzt, damit ist es ihnen vollkommen egal ob da ein Schädel (oder Totenkopf, wie die Kristallschädel sehr oft von Menschen genannt werden, die sich von kulturhistorischen Angstmustern leiten lassen, die sie von der Gesellschaft und der Kirche im Laufe ihrer Erziehung gesetzt bekommen haben) oder ein Kristall steht, sie fühlen einfach die Energien und wissen, dass diese ihnen guttun, nicht mehr und nicht weniger.

Allerdings wird ein Kristallschädel niemals auf einen Ihrer Mitbewohner dieselbe Energie ausüben, wie auf Sie als Hüter, der sich ihm bewusst öffnet und mit ihm eine Verbindung eingeht.

Kristallschädel verfügen über die Fähigkeit ganz stark mit ihrer direkten Umgebung in Resonanz zu gehen, sind so in der Lage Energien zu filtern, Räume aufzuladen oder zu reinigen und das Energieniveau anzuheben. Hat man also zum Beispiel auf der Arbeit eine explosive Atmosphäre und kann ungute Energien von den Kollegen ausmachen, empfiehlt es sich einen Kristallschädel mitzunehmen, vorzugsweise einen Quarzkristallschädel, er wird die Energien reinigen und ausbalancieren.

Dies liegt zum einen daran, dass die Schädel über eine hohe Energie verfügen, die sie an ihren Standort bringen und dort an die Umgebung abgeben, zum anderen aber sind sie in der Lage die Energien in ihrer Umgebung zu klären und zu reinigen, d. h. sie transformieren Negativenergien und alte Problemfelder.

Es tritt eine generelle Harmonisierung der Energie und eine Anhebung des energetischen Niveaus ein, sobald man einen Kristallschädel über einige Zeit an einem Ort belässt, dies kann man sowohl im privaten Bereich, als auch in freier Natur beobachten.

Man kann sich diese Phänomene auch bei Clearings von Räumen, Gebäuden und Landschaften zunutze machen.

14. Sollte man Kristallschädel programmieren?

Im Grunde genommen, muss jeder Kristallschädelhüter selbst entscheiden, ob er einen eindeutig programmierten Kristallschädel kauft oder ob er seinen Kristallschädel programmieren will.

Einige Kristallschädelhüter programmieren ihre neu eingetroffenen Kristallschädel während der ersten Kontaktaufnahme für eine bestimmte Aufgabe und Funktion, die sie dem Schädel zugedacht haben. Die Beispiele für Programmierungen sind so vielseitig, wie die Wünsche der

Hüter, sie reichen von Herzöffnung, über Partnerschaftsfragen, Heilung auf emotionaler Ebene bis hin zum Wohlstand.
Es kommt auch vor, dass der Hüter seinen neuen Kristallschädel für bestimmte globale Einsatzmöglichkeiten programmiert, wie Einsatz in Heilungsarbeit, Einsatz für die eigene spirituelle Entwicklung, zu Erdheilungszwecken etc.
Wenn wir bewusst einen Kristall oder wie in diesem Fall einen Kristallschädel programmieren, heißt das auch, dass wir ihn nach unserem Willen anwenden. Ich erachte es deshalb als essentiell bei der Programmierung hinzuzufügen, dass dies nur geschieht, soweit es zum höchsten Wohl und zur besten Entwicklung aller dient und nur, wenn meine Wünsche hinsichtlich der Programmierung richtig und hilfreich sind.
Ich selbst habe eine Abneigung gegen Programmierungen von Kristallschädeln und Kristallen für eine bestimmte Aufgabe, da das die unendlichen Möglichkeiten, die die Kristallwesenheiten mit sich bringen eindeutig begrenzt. Zudem besteht bei Programmierungen immer die große Gefahr, dass diese nur unserem Ego entspringen und somit weder unserer eigenen Entwicklung noch dem großen Ganzen dienen.
In meiner langjährigen Arbeit mit Kristallschädeln habe ich festgestellt, dass ein Schädel, der bei seiner Ankunft bei uns vielleicht die Aufgabe gehabt hat unser Herz zu öffnen, seine Aufgabe ändert, sobald der Bereich erarbeitet ist, der als erstes angestanden hat. Das heißt, haben wir gemeinsam mit unserem Kristallschädel ein Thema bearbeitet und ändern somit dann unser Resonanzmuster, dann wird sich als Folge dessen auch der Einsatzbereich unseres Schädels ändern, sodass wir dann gemeinsam das nächste anstehende Thema bearbeiten können. Dies ist jedoch nicht möglich, wenn ich ihn zuvor nur zur Herzöffnung programmiert habe.

Es kommt dazu, dass wir als Menschen oftmals vom Verstand her glauben genau zu wissen was der nächste Themenkomplex ist, mit dem wir uns befassen dürfen. Nicht selten liegen aber noch andere Themen an, die zuvor angegangen werden müssen oder unser Thema ist ein gänzlich anderes. Im Falle, dass unser Schädel programmiert ist, kann er uns dann nicht so weiterhelfen, wie er es eigentlich aufgrund seines unendlichen Potentials könnte. Und mal ehrlich, warum sollten wir nur ein kleines Stück von der Torte nehmen, wenn wir genauso gut auch die ganze Torte haben könnten.

Außerdem habe ich häufig festgestellt, dass sich die Einsatzbereiche eines Schädels durch das Ändern ihrer Bezugsperson oder auch durch die

Person, an der man mit ihnen arbeitet, verändern können. Das finde ich auch sehr logisch, da ja jeder von uns ein völlig eigenes energetisches Resonanzmuster aufweist. Eine Programmierung würde hier auch gegenläufig sein.

Jeder Mensch hat einen freien Willen, also entscheiden Sie selbst wozu Sie tendieren, prüfen Sie aber in jedem Falle vor einer Programmierung immer, dass es sich nicht um eine Frequenz Ihres Egos handelt, die Sie zu der Entscheidung geführt hat.

15. Welche Themen kann ein Kristallschädel bei mir bearbeiten?

Grundsätzlich gibt es nichts, was wir nicht mit Kristallschädeln bearbeiten könnten. Kristallschädel bieten ein unerschöpfliches Potential an Möglichkeiten, um uns auf unserem Weg zu unterstützen.
Sie helfen uns unsere Blockaden und Ängste aus diesem und alten Leben zu lösen, weichen veraltete und verhärtete Strukturen auf, befreien uns von überholten Glaubenssätzen und Gedankenmustern, entfernen Fremdenergien und Besetzungen, arbeiten Familienstrukturen und Familienkarma auf, löschen Fehlprogrammierungen und alte Muster, eliminieren Stagnation.
Kristallschädel verhelfen uns dazu den Weg unserer Seele wiederzuerkennen, lassen uns die Verbindung zu unserem höheren Selbst wieder aufnehmen, um unsere wahre Lebensaufgabe zu erkennen und zu leben.
Sie lassen uns erkennen, was uns auf unserem Weg blockiert, damit wir wieder in unsere volle Kraft zurückfinden, um unsere mitgebrachten Potentiale in Klarheit, Bewusstheit und Anbindung leben zu können.

Bearbeitet werden Themenkomplexe, wie Selbstliebe, Selbstrespekt, Selbstwertgefühl, Selbstvertrauen, Vertrauen in die Schöpfung und unsere geistige Führung, Schuldkomplexe, Minderwertigkeitsgefühle, Verlustangst, Gefühl der Trennung / Dualität, Missbrauch, Eigenverantwortung, Entscheidungsangst, materielle Unsicherheiten und Abhängigkeiten, Disharmonien, Angst vor Veränderungen, Partnerschaft, Beruf, Berufung und unendlich vieles mehr, die Bandbreite ist hier so vielfältig, wie wir Menschen selbst. Auf der seelischen Ebene werden alle Hindernisse behoben, die uns daran hindern auf allen Ebenen in unseren Fluss zu kommen. Wir werden unsere innere Balance wieder erreichen, um klar und authentisch agieren zu können. Wir werden wieder lernen die

alltäglichen Wunder des Lebens zu erkennen, die uns umgeben und den Fluss des Lebens in Dankbarkeit anzunehmen.
Unsere Rückverbindung zur Mutter Erde wird gestärkt, wir werden uns als Mikro-Kosmos im Makro-Kosmos erkennen und damit eine Anbindung zum gesamten Universum erfahren, damit wir in Liebe, Harmonie und Frieden leben können, um unsere Potentiale voll auszuschöpfen.
Auf der körperlichen Ebene werden wir zusätzlich einen Energetisierung und Vitalisierung erfahren.

16. Kann man mit Kristallschädeln auch an Haustieren arbeiten?

Eine Frage, die ich sehr häufig gestellt bekomme, gilt dem Einsatz von Kristallschädeln bei Haustieren.
Tiere sind sehr offen für Energien jeder Art, in der Regel fühlen sie sich sehr wohl in der Energie von Kristallen und Kristallschädeln und suchen offensiv deren Nähe.
Immer wieder berichten Kristallschädelhüter, dass ihre Hunde und Katzen es lieben sich zu Kristallschädeln zu legen und bei Kristallschädel-sitzungen anwesend zu sein. Den Herrchen und Frauchen fällt auf, dass ihre Lieblinge bei den Kristallschädel sehr entspannt und ruhig liegen bleiben und die Energien genussvoll in sich aufnehmen. Tiere wissen instinktiv, was ihnen gut tut und was nicht.

Aus eigener Erfahrung kann ich sagen, dass auch meine Vierbeiner es lieben mitten auf meinem Altar bei den Kristallschädeln zu liegen und zu dösen.

Im Krankheitsfall Ihres Haustieres sollten Sie immer einen Tierarzt aufsuchen und sich eine Diagnose, samt der nötigen Therapie einholen.
Man kann jedoch den Selbstheilungsprozess des Tieres durch zusätzliche Kristallschädelsitzungen unterstützen.
Dies kann dadurch geschehen, dass man intuitiv für sein Tier einen Kristallschädel auswählt und diesen in sein Körbchen oder an seinen Schlafplatz legt. Es muss immer sichergestellt werden, dass das Tier selbst entscheiden kann, ob es die Energien mag und falls nicht jederzeit aufstehen und weggehen kann.

Man kann einen Schädel zu seinem Tier stellen und über Handauflegen noch zusätzliche Energie zuführen.

Eine weitere Möglichkeit besteht darin, dass man auf einem Kristallschädel-Grid Kristallschädel für ca. 20 Minuten auflädt und diese dann in einem Kreis um sein Tier herum platziert. Eine solche Sitzung sollte nicht länger als 20 Minuten bis eine halbe Stunde dauern, da Tiere weitaus sensibler auf Energien reagieren als Menschen.
Im Bedarfsfall kann man diese Sitzungen täglich wiederholen.

Wenn Ihr Hund oder Ihre Katze sich von dem Platz wegbewegt, kann das ein Zeichen dafür sein, dass es bereits genug Energie aufgenommen hat. Lassen Sie Ihr Tier immer selbst entscheiden, wegzugehen und die Sitzung zu beenden, sie werden dies ganz natürlich tun, wenn sie genug Energie aufgenommen haben.

Wir können für unsere Haustiere auch Kristallschädelwasser herstellen, dafür geben wir einen Kristallschädel entweder direkt in ihr Trinkwasser oder wir laden damit Wasser auf und bieten es dann unserem Tier zum Trinken an. Im Zahnwechsel hat sich Bernsteinschädelwasser als sehr hilfreich und unterstützend erwiesen. Kläffer unter den Hunden kann man zum Beispiel mit Citrin-Kristallschädel-Wasser unterstützen, um diese unangenehme Angewohnheit abzulegen.
Wählen Sie die Schädel dazu entweder intuitiv aus oder ziehen Sie ein entsprechendes Heilsteinlexikon zurate, das Ihnen Auskunft über die körperlichen Wirkungen der Heilsteine gibt.

Und last but not least kann man seinem Haustier auch einen kleinen Kristallschädel-Anhänger am Halsband anbringen, hierzu auch den Schädel intuitiv auswählen. Achten Sie bei dem ersten Anlegen darauf, wie sich Ihr Tier verhält, sollten Sie den Eindruck haben, dass es sich unwohl fühlt, was nur in den seltensten Fällen vorkommt, bitte das Halsband samt Anhänger unverzüglich entfernen.

17. Gibt es eine bestimmte Eröffnung bzw. einen Abschluss für alle Kristallschädelsitzungen?

Ja, die gibt es und sie sind dazu noch von großer Wichtigkeit.

Einleitung für energetische Sitzungen

Zu Beginn einer jeden energetischen Sitzung sollte eine Eröffnung oder Einleitung der Sitzung stehen.
Im ersten Schritt zentrieren wir uns, um in unsere eigene Mitte zu kommen, dazu setzen wir uns entspannt hin, schließen die Augen und

atmen 3 Mal tief ein und aus, beim Ausatmen lassen wir all unsere Sorgen und Ängste, alle Problem des Alltag ziehen, bringen unsere Gedanken zum Schweigen und konzentrieren uns nur noch auf unseren Atem.

Im nächsten Schritt verbinden wir uns auf gedanklicher Ebene mit dem Geist von Mutter Erde und auf der anderen Seite mit der göttlichen Ebene, bis in uns das Gefühl aufkommt, ein Bindeglied zwischen Himmel und Erde zu sein. Sodann bitten wir unsere göttliche Führung und die geistige Welt um Schutz und Führung bei der darauffolgenden Sitzung, damit diese heilsam und stimmig für uns sein möge, um unseren nächsten Entwicklungsschritt zu erreichen und der Energiefluss auf dem Level gehalten wird, wie er für uns in dieser Situation erforderlich ist.

Arbeiten wir mit einem Partner, bitten wir diesen ebenfalls sich zu zentrieren, um zur Ruhe zu kommen. Danach laden wir seine geistige Führung zu der bevorstehenden Sitzung ein und bitten um Führung, damit die Sitzung zum höchsten Wohle des zu Behandelnden geschehen möge, stimmig und heilsam für ihn oder sie ist, und seiner Weiterentwicklung dient.

Sprechen Sie an dieser Stelle entweder mental oder laut ein Gebet oder eine Fürbitte, um klarer und reiner Kanal für die göttliche Heilungs- und Lichtenergie sein zu dürfen.

Nun öffnen wir energetisch unser Kronenchakra, wie eine aufgehende Lotusblüte, es folgen unser Herzchakra, sowie unser 3. Auge bis es sich richtig und gut für uns anfühlt und lassen die Energien der göttlichen Quelle in uns einfließen, bis sie auch die letzte Zelle in uns erreicht haben. Merken Sie dabei bewusst, wie sich die aufgenommenen Energien bis hin in Ihren kleinen Fußzeh verbreiten.

Sollten wir mit Klienten in Sitzungen und Behandlungen arbeiten, lassen wir die Energien, sobald sie sich in unserem gesamten Körper angereichert haben, durch unser Herzchakra und die beiden Handchakren zu unserem Partner fließen. Sehr schön eignet sich hierzu das direkte Handauflegen. Mehr Info dazu in meinem Buch, das sich mit Energiearbeit mittels Kristallschädel befasst, siehe Literaturverzeichnis.

Diese Einleitung sollten wir in dieser oder ähnlicher Form vor jeglicher Art von energetischer Arbeit machen.

Nicht weniger wichtig ist auch die Tatsache, dass man sich vor jeder Sitzung gut schützt. Bei jeglicher Art spiritueller Arbeit öffnet man sich sehr weit für Energien, ist damit natürlich auch für Energien leichter angreifbar, die nicht aus der Quelle kommen, sondern interferieren wollen. Man braucht keine Angst vor Fremdenergien zu haben, sollte jedoch sehr wohl darauf achten immer geschützt zu sein, wenn man arbeitet. Ich möchte sogar soweit gehen zu empfehlen, sich regelmäßig täglich, auch ohne anstehende spirituelle Sitzung, zu Tagesbeginn zu schützen. Gerade in Zeiten des globalen Energieanstiegs, der auf der anderen Seite durch massive chaotische Energien im Außen gekennzeichnet ist, ist ein guter energetischer Schutz die halbe Miete.

Ebenfalls von höchster Wichtigkeit ist das Thema Erdung, was unter Frage 34 genauer beschrieben ist.

Abschluss von energetischen Sitzungen

Stellen wir fest, dass sich der Energiefluss deutlich verlangsamt oder haben das Gefühl einer energetischen Sättigung, beenden wir die Sitzung, indem wir uns bei der göttlichen Quelle, unserer göttlichen Führung, dem Kristallschädelbewusstsein und dem oder den an der Sitzung beteiligten Schädeln für die erhaltene Energie und Information bedanken.
Nun schließen wir visuell unser Kronen- und das Herzchakra bis es sich stimmig und richtig anfühlt.

(Wir achten vor Beendigung der Sitzung ebenfalls darauf, das Kronenchakra bzw. Herzchakra unseres Partners soweit wie nötig zu schließen und das gesamte Chakrensystem anzugleichen und zu harmonisieren.)

Sobald die Sitzung ganz beendet ist, und wir bereit sind, öffnen wir langsam die Augen und kehren wieder in den Raum zurück.

Es ist notwendig sich nach jeder Art der energetischen Arbeit die nötige Zeit zu gönnen, bis wir wieder voll in unseren Alltag zurückkehren.
Wichtig ist es auch auf die Flüssigkeitszufuhr zu achten, idealerweise Wasser, da durch spirituelle Arbeit intensive Reinigungsprozesse in Gang gesetzt werden.

Eine energetische Sitzung ist nicht mit ihrem Abschluss beendet, nun beginnt für unseren Körper die Zeit der Integration der erhaltenen Energien und Informationen.
Geben Sie Ihrem Körper genügend Zeit und achten Sie in dieser Phase auf die Zeichen Ihres Körpers.

18. Warum und wie arbeitet man mit Kristallschädeln an heiligen Orten?

Als Orte der Kraft (Kraftort, Kraftplatz, magischer Ort) wird ein Ort bezeichnet, dem eine meist positive (selten auch negative) psychische Wirkung im Sinne einer Beruhigung, Stärkung oder Bewusstseinserweiterung zugeschrieben wird. Als Kraftorte werden überwiegend Orte bezeichnet, die nach esoterischen Vorstellungen eine besondere Erdstrahlung haben. Je nach esoterischer Ausrichtung werden geomantische, magische, mythische oder Feng-Shui-„Energien" angenommen, so die *Wikipedia*-Beschreibung.

Nach verbreiteten esoterischen Vorstellungen sind alle Kultstätten aus vorchristlicher Zeit und Sakralbauten, die über Kultstätten errichtet sind, besondere geomantische Kraftorte. Dabei wird angenommen, die Menschen der Frühzeit hätten ein Gespür für Verdichtungen oder Konzentrationen von „universaler Lebensenergie" an bestimmten Orten im Kosmos oder auf der Erde gehabt. Häufig gelten auch markante geographische Orte, besonders wenn sich Mythen und Sagen um sie ranken, wie Quellen, Flussufer, Schluchten, Berggipfel, Höhlen, Felsen, Steine, alte Bäume und Lichtungen als Kraftorte, so die weitere Erklärung.

Kraftorte haben von jeher Menschen angezogen, um sich in deren Energien aufzuladen und eine tiefe Rückverbindung zu erhalten. Dies hat sich bis heute nicht geändert. So ziehen viele Kraftplätze noch Tausende Jahre nach ihrer Errichtung Menschen an, ganz besonders zu signifikanten Tagen, wie der Sommer- und Wintersonnenwende, Vollmond etc.

Weltweit bekannte Kraftorte sind zum Beispiel die Pyramiden von Gizeh, die Maya-Tempel in Südamerika, der Ayers Rock in Australien, Stonehenge in England und unzählige andere bekannte Orte.

Bekannte und beliebte Kraftorte in Deutschland sind die Externsteine im Teutoburger Wald, der Brocken im Harz, die Helfensteine, das Sonnenheiligtum in Goseck, die Felsenkirche in Idar-Oberstein, der Heiligenberg bei Heidelberg, der Blautopf bei Blaubeuren, die Donauquelle in Donaueschingen und natürlich viele Kirchen, Münster, Klöster und Dome, wie der Freiburger Münster, der Kölner Dom, die Frauenkirche in Dresden, Kloster Andrechs und viele mehr.

Kraftorte sind Orte, die sich durch höhere Energiefrequenzen von der Umgebung unterscheiden, durch Erdmeridiane sind die verschiedenen Kraftorte auf dieser Welt miteinander verbunden.

Menschen, die sich an Kraftorten aufgehalten haben, berichten von einer generellen Vitalisierung und Erhöhung der Kraft, einer Förderung von Visionen und Träumen, einer generellen Rückverbindung, Kontaktaufnahme und Kommunikation zu unseren Ahnen, innerer Klarheit und einer Bewusstseinserhöhung.

An Kraftorten kann man alleine in Kontemplation arbeiten, sich dort einfach für einige Zeit niederlassen und die Energien fließen lassen oder aber auch in Gruppen, indem man eine gemeinsame Zeremonie oder ein Ritual abhält. Bei synergetischem Arbeiten werden die Energien der Einzelnen durch die gemeinsame Arbeit als Gruppe und die gemeinsame Intention nochmals um ein Vielfaches potenziert.
Am 21.12.12 haben weltweit an vielen prägnanten Kraftplätzen auf der ganzen Welt Massenzeremonien stattgefunden, um den Bewusstseinsanstieg und damit den Aufstieg von Mutter Erde zu fördern.
Nicht selten kamen bei diesen Zeremonien auch Kristallschädel mit zum Einsatz, sehr häufig haben wir davon im südamerikanischen Raum Kenntnis bekommen.

Arbeiten wir mit Kristallschädeln an Kraftplätzen, dann hat das zum einen den Vorteil, dass wir die Energien der Kraftplätze in unseren Schädeln aufnehmen und sie so für uns zu einem späteren Zeitpunkt wieder abrufen und damit nutzbar machen können. Zum anderen verankern wir aber auch an Kraftplätzen die hohen Energien der Kristallschädel.
Dies ist zu einer Zeit von besonderer Wichtigkeit, in der viele Kraftplätze generell energetisch geschwächt wurden. Gründe dafür sind Umweltzerstörung, Bauaktivitäten in ihrem direkten Umfeld, gedankenloser Tourismus, der jährlich Tausende Menschen über ihr Gebiet trampeln lässt, nur um diese Attraktion von ihrer Liste abhaken zu können und vieles mehr. Durch die Kristallschädelarbeit an den so geschwächten Orten kann eine energetische Aufladung der Kraftorte, sowie eine Neuaktivierung erreicht werden. Dadurch findet eine Energetisierung der Erdmeridiane statt, so dass die Erdenergien wieder frei fließen können und eine gesamte Energetisierung von Mutter Erde stattfindet.
So können wir Mutter Erde einen kleinen Teil von dem, was sie täglich für uns alle tut, als Dank zurückgeben.

Sie können sich aber auch in Ihrem täglichen Leben einen eigenen Kraftort schaffen, sei es durch die Errichtung einen Hausaltars, eines Altars im Garten, eines Feen- oder Elfenplatzes, das Pflanzen eines Baumes zu dem Sie in Herzensverbindung stehen, das Erschaffen eines Naturmandalas, das

Legen eines Medizinrades und vieles mehr. Hören Sie hierbei ausschließlich auf Ihr Herz und lassen sich intuitiv leiten. Natürlich werden auch Ihre Kristallschädel Sie gerne zu Ihrem Kraftort begleiten oder dort ihren Platz finden. Sie werden feststellen, dass sich Ihr ganz persönlicher Kraftort energetisch vom Umfeld abhebt, Sie innerlich ruhig und zentriert werden lässt und Sie energetisch auflädt. Er wird Ihnen in dieser hektischen Welt zu einem Ort der Kontemplation, Rückverbindung und Bewusstheit werden. Eingebunden in ein tägliches Ritual wird er Sie von den im Außen während des Tages aufgenommenen Energien reinigen, Sie zu sich selbst kommen lassen und Ihnen zu einem Leben in Harmonie, Frieden und voller Liebe verhelfen.

Ich wünsche Ihnen und Ihren Kristallschädeln viele inspirierende, rückverbindende, kraftvolle, liebevolle und spannende Momente an Ihrem Kraftort und an allen Kraftorten dieser Welt, die Sie rufen werden!!!

19. Sind alle Kristallschädel miteinander verbunden?

So wie wir Menschen über das „All-Einheitsbewusstsein“ alle miteinander verbunden sind, sind auch die Kristallschädel alle untereinander verbunden.

Kristallschädel sind als Kristalle, die sie ja seit ihrer Entstehung bereits sind, mit dem Kristallbewusstsein verbunden, beziehen daraus Informationen und speisen wiederum ihre Energien darin ein. Darüber hinaus gehören alle Kristallschädel aber auch noch dem Kristallschädelbewusstsein an. Untersuchungen haben ergeben, dass Kristallschädel während ihres Schleifprozesses an das Kristallschädelbewusstsein angeschlossen werden, sobald ihnen durch den Schleifer die Augen eingeschliffen werden.

Mir erscheint es nur logisch, dass durch das Einschleifen der Augen unsere Kristallschädel quasi zu vollem Leben erweckt werden, sind die Augen ja auch bei uns Menschen als der Spiegel zu unserer Seele bekannt.

Das heißt, alle weltweit existierenden Kristallschädel, egal ob es sich dabei um Ancient-Kristallschädel, alte oder neu geschliffene Kristallschädel handelt, sind miteinander verbunden und beziehen aus diesem weltweiten Netz von Kristallschädeln Energien und Basisinformationen und speisen umgekehrt natürlich auch ihre Energien in dieses Netzwerk ein.

Dieses weltweite Netz von Kristallschädeln trägt seinerseits auch dazu bei, dass die Energien der Kristallschädel über die ganze Erde getragen werden. Mit jedem neuen Kristallschädel, der auf dieser Welt neu geschliffen wird, erhöhen sich die Energien in diesem Netz und verstärken die Kraft, die von ihm ausgeht.

Man konnte das in den letzten Jahren weltweit sehr schön verfolgen. Noch vor 10 Jahren gab es weltweit nur wenige Menschen, die dem Ruf der Kristallschädel gefolgt sind und mit ihnen aktiv gearbeitet haben. Durch sie und ihre Arbeit sind langsam immer mehr Kristallschädel dazu gekommen, die wiederum immer mehr Menschen für die Energien des Kristallschädelbewusstseins geöffnet haben. So hat sich die Spirale immer weiter geöffnet bis in unsere heutige Zeit, in der immer mehr Menschen ihr Interesse für Kristallschädel entdecken und dankbar dafür sind mit ihnen arbeiten zu dürfen. Oft berichten mir Kristallschädelhüter auch, dass sie auf mentaler Ebene schon vor langen Jahren Kontakt zu Kristallschädeln hatten oder dass das Thema Kristallschädel schon vor langer Zeit präsent war, sie es aber wieder weggeschoben haben, bis dann in heutiger Zeit, nach langen Jahren des Vergessens, ein Kristallschädel seinen Weg zu ihnen gefunden hat. Parallel dazu hat auch ein immer weiter voranschreitender Bewusstseinswandel und ein immer größerer Grad der Bewusstheit auf der Erde stattgefunden.
Die Kristallschädel fordern uns dazu auf authentisch zu sein und zu dem zu stehen und für das einzutreten, was wir aus tiefstem Herzen tun.

Haben Menschen vor 20 Jahren noch im Verborgenen mit ihren Kristallschädeln gearbeitet und nur Eingeweihte davon gewusst, ist es heute immer weniger ein Problem in der Öffentlichkeit dazu zu stehen, dass man mit Kristallschädeln arbeitet.

Selbst noch in meiner Anfangsphase der Kristallschädelarbeit, haben sich viele Menschen ängstlich abgewandt, wenn sie erfahren haben, dass ich mit Kristallschädeln lebe und arbeite. Heute hingegen zeigen viele Menschen Interesse und stellen Fragen, die sie in diesem Zusammenhang schon lange interessiert haben oder bitten mich mal einen Kristallschädel zu sehen und anfassen zu dürfen.
Natürlich gibt es auch heute immer noch Menschen, die mit Kristallschädeln nichts zu tun haben wollen oder sich sogar davor fürchten, das sollten wir akzeptieren, denn jeder hat seinen eigenen Weg und wir sind nicht als Missionare tätig.

Wenn allerdings Schulfreunde meines Sohnes nicht zu uns zum Spielen kommen dürfen, weil die Eltern wissen, dass es bei uns Kristallschädel gibt, finde ich das nur lächerlich und verbohrt.

20. Wie kann ich meinen Kristallschädel mit anderen vernetzen?

Wie wir in der vorangegangenen Frage erfahren haben, sind unsere Kristallschädel weltweit mit allen anderen existierenden Kristallschädeln über das sog. Kristallschädelbewusstsein verbunden.
Ihr Übergang in das Kristallschädelbewusstsein findet während des Schleifprozesses durch das Einschleifen der Augen statt.

Neben dieser globalen Vernetzung ist es wichtig, dass wir unsere Kristallschädel auch einer direkten Vernetzung mit anderen Kristallschädeln unterziehen. Dies geschieht dadurch, dass man Kristallschädel zusammenbringt und sie gemeinsam eine gewisse Zeit verbringen lässt. Besonders gut geeignet für Vernetzungen sind Plätze, die per se schon kraftvolle Energien aufweisen, wie z. B. Altäre, Kraftplätze, heilige Orte etc. Man stellt die Kristallschädel so zusammen auf, dass die Energien ungehindert fließen und sich frei entfalten können. Zur Vernetzung sollten die Kristallschädel über einen gewissen Zeitraum zusammen verbleiben, je länger der Zeitraum ist, desto besser, nach oben sind keine Grenzen gesetzt. Generell gilt: je größer die Vernetzungszeit, desto größer ist auch der stattfindende Datentransfer.
Da Kristallschädel, wie schon mehrfach erwähnt, über piezoelektrische Eigenschaften verfügen, sind sie in der Lage, die in ihnen gespeicherten Informationen untereinander weiterzugeben bzw. auszutauschen und genau das findet während der Vernetzung statt.

Damit dient die Vernetzung zum einen zum Datenaustausch bzw. zum Transfer von gespeichertem Wissen und zum anderen der Aktivierung und natürlich der Verbindung der Schädel miteinander.
Ideale Möglichkeiten der Vernetzung sind internationale Kristallschädelevents, Zeremonien, Rituale und Seminare, an denen viele Kristallschädel teilnehmen.
Meine Schädel lieben es, sich zu solchen Gelegenheiten mit anderen Schädel-Kollegen zu treffen, sich auszutauschen und neue Energien zu verankern.
Kasper begleitet mich auf alle internationalen Events und ist weltweit mit vielen bekannten Kristallschädeln vernetzt.
Ich selbst gebe grundsätzlich nur Kristallschädel ab, die bereits vernetzt sind, somit ein großes Potential an Wissen und einen hohen Aktivierungsgrad mit sich bringen.

Ich habe in den letzten Jahren festgestellt, dass Kristallschädel, die miteinander vernetzt sind, häufig miteinander ohne unser Dazutun kommunizieren und sich austauschen. Kristallschädel, die von mir kommen, mit Kasper und meinen Kristallschädeln vernetzt sind, holen sich häufig von Kasper und den anderen energetische Unterstützung, wenn sie diese in einer Situation brauchen. Nicht selten komme ich dazu, merke, dass Kasper gerade mit jemandem arbeitet, häufig bekomme ich dann sofort den Namen des Schädels, mit dem er gerade verbunden ist, mitgeteilt und oft lässt auch die Bestätigung nicht lange auf sich warten, der Hüter des anderen Schädels ruft mich an, um mir zu erzählen, dass er glaubt sein Schädel habe mit Kasper und den anderen kommuniziert.

Ein ganz besonders witziges Gespann sind da Sir Henry von Andrea Hartmann und Kasper, die beiden hecken so oft gemeinsam etwas aus, ohne dass Andrea und ich etwas Genaues darüber wissen, wir kriegen dann immer als letzte mit, was die beiden Herren wieder im Schilde führen und werden vor vollendete Tatsachen gestellt, wenn sie uns ihre Wünsche und Pläne durchgeben. Andrea und ich sind immer wieder aufs Neue überrascht und können darüber nur schmunzeln, wie geschickt sie es anstellen.

Hab ich schon erwähnt – es ist nichts so spannend, wie ein Leben mit Kristallschädeln??!!
Lassen Sie sich darauf ein, Sie werden mir zustimmen und nur positiv überrascht sein, was unsere Freunde alles für uns parat halten.

21. Muss man überhaupt einen Kristallschädel haben, um mit dem Kristallschädelbewusstsein arbeiten zu können?

Man hört immer wieder von Menschen, die von Kristallschädelhütern erzählen, dass sie keinen Kristallschädel brauchen, um mit Kristallschädeln zu arbeiten und überhaupt seien alle energetischen Hilfsmittel Blödsinn, ohne den man auch auskommen würde.
Auf den ersten Blick betrachtet ist das sicherlich vollkommen richtig, wir brauchen weder energetische Hilfsmittel, um energetisch arbeiten zu können, noch Kristallschädel um mit dem Kristallschädelbewusstsein arbeiten zu können. Energie folgt dem Bewusstsein, damit ist es uns möglich auch ohne jegliche Hilfsmittel zu arbeiten.

Wie wir allerdings zu Beginn des Buches erfahren haben, sind Kristallschädel der Quarzfamilie in der Lage piezoelektrisch zu arbeiten,

d. h. sie empfangen Energie, speichern Energie, transformieren Energie, verstärken Energie, potenzieren Energie und sie senden Energie.
In der praktischen Anwendung bedeutet dies für uns, dass ein Kristallschädel quasi als Generator fungiert. Er nimmt die Energien sowohl unseres Körpers und unserer Persönlichkeit, als auch die universellen Energien aus der Quelle, die wir über ihn leiten, auf, und verstärkt diese nochmals um ein Vielfaches.
Darüber hinaus ist er in der Lage unsere Energien zu scannen, mit Hilfe seiner piezoelektrischen Eigenschaft diese zu transformieren und zu amplizieren, bevor er sie uns sodann in verstärkter Form wieder zuführt.

Ein weiterer Vorteil, den uns unsere Kristallschädel bieten, ist, dass sie als in Kristallschädelform gebrachte Kristalle, im Prinzip überdimensional große Heilsteine sind, die selbstverständlich ihre jeweiligen Eigenschaften mit sich bringen, die bei uns sowohl auf körperlicher, als auch auf seelischer Ebene ihre Wirkung entfalten werden.

Und last but not least bringen Kristallschädel ein unerschöpfliches,in ihnen abgespeichertes, Wissen mit sich, welches nur darauf wartet von uns dekodiert zu werden, damit wir es wieder in unser Leben integrieren können und somit für unsere weitere Entwicklung nutzbar machen können.

Alle diese den Kristallschädeln immanenten Eigenschaften zeigen uns deutlich auf, dass es sehr wohl einen Unterschied macht, ob man mit einem Kristallschädel arbeitet oder sich nur mental mit einem Kristallschädel verbindet.

Wie alle Kristallschädelhüter bestätigen werden, kommt natürlich noch ein weiterer entscheidender Punkt hinzu, der dazu führt, dass keiner von uns heute mehr an ein Leben ohne Kristallschädel denken möchte und seine Schädel auf keinen Fall mehr missen möchte, nämlich die Tatsache, dass zwischen dem Hüter und seinem Kristallschädel eine enge energetische Verbindung entsteht durch die wir täglich Unterstützung, Kraft, Inspiration, Liebe und so vieles mehr erfahren dürfen.
Diesen Punkt kann man allerdings nur wirklich nachvollziehen, wenn man sich den Energien der Kristallschädel geöffnet hat und den Unterschied selbst am eigenen Leib erfahren hat. Mit einem Kristallschädel im Leben passieren Dinge, die man sich vorher nicht einmal im Traum hat vorstellen können und die man einem Nicht-Kristallschädelhüter auch nicht begreiflich machen kann.

22. Was sind Kristallschädel-Bewusstseinsgrids?

Kristallschädel-Bewusstseinsgrids sind spirituelle Werkzeuge, oder wie der Engländer Mark Lepus, der seit vielen Jahren Grids herstellt, sagt: „Grids sind kraftvolle und heilige Instrumente, die uns bei unserer spirituellen Entwicklung unterstützen."

Ein Kristallschädel-Bewusstseinsgrid entsteht aufgrund der Durchgaben, die sein Schöpfer und alle daran Beteiligten durch die geistige Welt, das Kristallschädelbewusstsein und den jeweiligen Schädel bekommen.
Alle erhaltenen Informationen werden im Entstehungsprozess mit eingearbeitet und umgesetzt, sie spiegeln die Energien dieses speziellen Schädels wider.
In der Regel wird das Grid ein oder mehrere Fotos von dem jeweiligen Schädel enthalten, damit sich der Benutzer leichter mit den Energien des Kristallschädels verbinden und an sie ankoppeln kann, damit ihm der direkte Zugriff auf das Kristallschädelbewusstsein ermöglicht wird.
Darüber hinaus arbeiten Grids sehr stark mit der heiligen Geometrie, die in ihnen vereinigt ist.
Es gibt auch Grids, die neben der Energie der Kristallschädel mit dem Ort verbunden sind zu dem die Kristallschädel in Bezug stehen, wie zum Beispiel bei den Preseli Bluestone-Schädeln mit Stonehenge bzw. den Preseli Bluestone-Mountains.

Kristallschädel-Bewusstseinsgrids entstehen in einem Synergie-Prozess, der Energie der heutigen Zeit.

Sobald der Entstehungsprozess des Kristallschädel-Bewusstseinsgrids erfolgreich abgeschlossen ist, werden die Grids über mehrere Tage mit der Energie des Kristallschädels aufgeladen, indem man den Schädel darauf stellt bis die Aufladung abgeschlossen ist.

Eine weitere kraftvolle energetische Aufladung der Grids erfolgt dadurch, dass man mit ihnen an heiligen Orten arbeitet und die Energie dieser uralten Kraftplätze in ihnen verankert.

Anfang 2012 hat Mark Lepus in Zusammenarbeit mit Kasper und mir das „Kasper-Bewusstseinsgrid" erstellt, welches dem Benutzer die einmalige Möglichkeit gibt, nur mit Hilfe des Grids mit den Energien von Kasper und über ihn mit dem gesamten Kristallschädelbewusstsein zu arbeiten. Wir haben das Kasper-Bewusstseinsgrid an vielen heiligen Orten zusätzlich aufgeladen, um den Menschen auch diese fantastischen Energien zugänglich zu machen.

In diesem Zusammenhang ist es zu vielen interessanten Begegnungen gekommen. Menschen haben uns an den heiligen Orten angesprochen, um zu erfahren, was es mit den Grids auf sich hat, warum wir damit an eben diesen Orten arbeiten und natürlich hat der eine oder andere gefragt, ob er ein solches Grid auch mal selbst ausprobieren darf. Sicherlich war der eine oder andere auch skeptisch, ob ein solches Grid wohl in der Lage sein würde die Energien zu leiten, so wie wir es zuvor erklärt hatten.
Überrascht konnten die Leute feststellen, dass bereits beim bloßen Anfassen des Grids mit beiden Daumen auf einem der Kreise, in dem Kasper abgebildet ist, bereits die Energien sehr hoch zu fließen beginnen.
Manch einem ist es dabei sogar kurzzeitig etwas schwindelig geworden bis sein Körper die hohen Energien integriert hatte, die an diesen heiligen Orten nochmals potenziert wurden.
Toll war es auch festzustellen, wie die Energien fließen, wenn man sich einfach nur mit beiden Füßen auf das Grid stellt und sich den Energien hingibt.
Man konnte feststellen, dass sich die Vortex-Energien der heiligen Orte mit den Energien des Grids verbunden haben, um ein gewaltiges Energiefeld um den Probanten herum aufzubauen und ihn in den Energien einzuschließen.
Der ein oder andere wäre im wahrsten Sinne des Wortes fast weggeflogen.
Weitere Informationen oder Bestellungen des Kasper-Bewusstseinsgrids richten Sie bitte an die email:
Kirsten@horus-mystery-school.com

23. Wie arbeitet man mit einem Kristallschädel-Bewusstseinsgrid und wozu kann man es einsetzen?

Nachdem wir nun erfahren haben, was ein Kristallschädel-Bewusstseinsgrid ist, stellt sich uns jetzt natürlich die Frage nach seinen Einsatzmöglichkeiten.
Die Einsatzmöglichkeiten sind vielfältig, das kann ich Ihnen versprechen.

1. **Reinigen und Aufladen von Kristallen und Kristallschädeln:**
   Man kann das Grid verwenden, um Kristallschädel darauf zu reinigen und aufzuladen. Dafür stellt man die Kristallschädel auf die Kreise auf dem Grid und lässt sie dort ca. 20 Minuten energetisieren. Man kann sie jedoch auch generell auf dem Grid stehen lassen, so sind sie immer dann aufgeladen und gereinigt, wenn man damit arbeiten möchte.

2. **Chakrenreinigung und Harmonisierung:**
   Hierzu werden die Kristallschädel auf dem Grid für 20 Minuten aufgeladen, danach legt man sich auf ein Bett oder auf den Boden, platziert das Grid unter den Füßen und jeweils einen Schädel auf den Chakren. Die Sitzung sollte nicht länger als 20 Minuten dauern.
3. **Meditation zur spirituellen Entwicklung:**
   Wir laden unsere Kristallschädel oder Kristalle erneut auf dem Grid für ca. 20 Minuten auf, danach bilden wir mit ihnen einen Kreis der groß genug ist, dass wir bequem darin sitzen oder auch liegen können. Nachdem wir uns in den Kreis begeben haben, werden wir merken, dass die Energien aus dem Kristallschädelbewusstsein ansteigen und uns helfen uns direkt mit dem Bewusstsein des Kristallschädels zu verbinden. Nun können wir damit beginnen Botschaften, heiliges Wissen oder Channel zu empfangen. Es wird angeraten die Sitzung am Anfang nicht länger als 30 Minuten auszudehnen.
4. **Aufladung von Wasser auf dem Grid:**
   Platzieren Sie einen Krug mit Wasser auf dem Grid um ihn aufzuladen, dieses energetisierte Wasser kann getrunken werden, zum Pflanzen gießen eingesetzt werden, man kann es seinen Haustieren als Trinkwasser anbieten, als energetisierenden Zusatz dem Badewasser zufügen, sowie es zur Zubereitung von Speisen und Getränken verwenden.
5. **Reinigung und Energetisierung von Räumen:**
   Durch einfaches Platzieren des Grids in Ihrem Haus oder an Ihrem Arbeitsplatz können die Räume von alten und negativen Energien gereinigt werden. Das Grid wird die Umgebung entstressen und Ihnen erlauben wieder mehr fokussiert und ausbalanciert zu sein.
6. **Erdheilungsmeditationen:**
   Wir können das Kristallschädel-Bewusstseinsgrid verwenden, um mit ihm und den darauf aufgeladenen Kristallschädeln in Erdheilungsmeditationen Energien zu Mutter Erde zu senden.
7. **Arbeit an heiligen Orten und Kraftplätzen:**
   Wir können an heiligen Orten und Kraftplätzen mit dem Kristallschädel-Bewusstseinsgrid arbeiten, um die Energien des Ortes zu aktivieren, aber auch um im Grid zu verankern und so jederzeit für uns abrufbar zu machen.
   Dies sind nur einige Einsatzmöglichkeiten, die uns die Kristallschädel-Bewusstseinsgrids bieten, wie immer rate ich auch hier sich auf seine Intuition zu verlassen und sie intuitiv einzusetzen.

Was ich persönlich bei den Grids sehr vorteilhaft finde, ist sowohl ihre Größe, als auch ihr leichtes Gewicht, man kann sie in jede Tasche stecken, damit sie immer und überall zur Verfügung stehen. Gerade in unwegsames Gelände lassen sie sich fantastisch mitnehmen.
Und wenn man sich mal nicht danach fühlt, seine Kristallschädel durch die Gegend zu schleppen, davon können viele von uns ein Lied singen, schließlich kommt man mit dem extra dafür angeschafften Trolly bei Weitem nicht überall hin, kann man sich sehr gut damit behelfen mal nur das Grid in der Tasche zu haben und vielleicht einen Pocketschädel und ist trotzdem bestens ausgerüstet.

24. Warum arbeitet man mit Kristallschädeln in bestimmten energetischen Formen/Auslegungen?

Im Laufe meiner Arbeit mit Kristallschädeln wurde mir irgendwann von den Kristallschädeln durchgegeben, dass ich sie zur Abwechslung mal in einer Spiralform anordnenen möge. Gesagt, getan. Ich durfte feststellen, dass durch diese Art der Anordnung in einer energetischen Form die Energien nochmals potenziert wurden, was sowohl den Menschen, die damit in Kontakt kamen, als auch den darin aufgestellten Kristallschädeln zugute kam.

Der Spiralform folgten Legungen in Formen der heiligen Geometrie, in Herzform und später als sogenannte Freestyle-Formen.

Zusammenfassend ist zu sagen, dass sämtliche Energieformanordnungen sehr kraftvoll und energetisierend sind. In allen Energieformen wird die ohnehin schon kraftvolle Energie der Kristallschädel bzw. die Energie, die sich aus ihrem Zusammenwirken ergibt, nochmals um ein Vielfaches potenziert.

Man kann diese Anordungen der Kristallschädel in Energieformen zu Kristallschädelsitzungen heranziehen, indem man sich in oder vor die Energieform begibt und diese einfach auf sich wirken lässt. Man kann aber auch seinen Klienten zusätzlich, zum Beispiel durch Handauflegen, Energie zuführen.
Die Kristallschädelenergiefelder werden durch diese Art der Anordung massiv verstärkt, das kann man sich auch bei Auslegungen in der Natur zunutzen machen, um große Energiefelder zu kreieren und die Energien der Umgebung zu aktivieren und zu potenzieren.

Besonders beeindruckend sind diese Kristallschädelauslegungen bei Vollmond im Freien, die Energien pulsieren im wahrsten Sinne des Wortes und die Kristallschädel strahlen miteinander um die Wette. Versuchen Sie es selbst, lassen Sie sich auf die Energien ein und Sie werden ergriffen und bezaubert gleichsam sein.
Sehr kraftvoll sind auch Mandalas, wie ich sie jetzt mal nennen will, die man aus Kristallschädel und weiteren Kristallen, Kristallspitzen, Kristallkugeln, Kristallherzen, planetonische Formen aus Quarzkristallen, Erdenhüterkristallen, Kristalldrachenschädel und Kristalldrachen kreiert. Werden sie zum Schöpfer von großartigen, kraftvollen Energiefeldern.
Hierbei sind der Fantsie keine Grenzen gesetzt, in die Mandalas lassen sich wundervoll Kerzen und Teelichter, Naturmaterialien, wie Zapfen, Äste, Muscheln und Steine, aber auch Klangschalen und Trommel mit verarbeiten, die dann nochmal zur energetischen Energieanhebung dienen.
Kristallschädelenergie-Mandalas haben eine sehr große Wirkung und bringen, sowohl für den Menschen, der sich in ihrem Energiefeld befindet, als auch für die Umgebung, in der die Energieform kreiert wurde, tiefe Heilung und Rückverbindung.
Dabei ist es nicht von Wichtigkeit, ob sich der Mensch im Zentrum der Form sitzend befindet oder aber diese außerhalb sitzend oder stehend auf sich wirken lässt. Die einzige Ausnahme bildet hierbei, in meinen Augen, die Herzform. Bei der Herzform habe ich festgestellt, dass sie um einiges kraftvoller wirkt, wenn sich der Mensch direkt in ihrem Zentrum befindet.

Abgesehen von dem Nutzen, den Energiemandalas auf uns Menschen und für die Umwelt haben, sind sie für unsere Kristallschädelfreunde eine fantastische Möglichkeit der Aktivierung und Vernetzung, man kann unschwer erkennen, welche Freude sie dabei haben.

25. Warum arbeitet man mit Kristallschädeln zu bestimmten Zeiten wie Vollmond, Neumond, Sommer- und Wintersonnenwende etc.?

Es gibt bestimmte Zeiten zu denen Menschen vermehrt Rituale und Zeremonien durchführen, die bekanntesten sind sicherlich Vollmond, Sommer- und Wintersonnenwende, Frühjahr- und Herbsttagundnachtgleiche etc. Diese Tage stehen immer im Zusammenhang mit bestimmten astrologischen Konstellationen und weisen aufgrund dessen bestimmte Zeitqualitäten auf. So gibt es Zeiten, die man zu Reinigungsritualen

bevorzugt, wie den Vollmond, es gibt Zeiten denen man besondere Manifestationsqualitäten zuspricht, es gibt Zeiten die eine eher synergetische Energie aufweisen und Zeiten, die für die persönliche Entwicklung präferiert werden und vieles mehr. Die entsprechenden Zeitqualitäten liefern uns astrologische Berechnungen, die auf den Konstellationen der Planeten und deren Stellungen zueinander basieren, hieraus werden dann dementsprechende Interpretationen hinsichtlich der Zeitqualität getätigt. Informationen bezüglich der täglich wechselnden Zeitqualitäten kann man heute vielen astrologischen Seiten im Internet entnehmen, aber auch entsprechenden Kalendern, wie dem Mondkalender, dem Mayakalender oder dem Neunerkalender, einem Jahreskalender, der auf dem Wissen über Freie Energien aufbaut und diese mit den jeweiligen Zeitqualitäten in Relation setzt, um hier nur einige zu nennen.
Arbeiten wir mit unseren Kristallschädeln an Tagen mit speziellen Zeitqualitäten, können wir uns die besonderen Energien dieser Tage bei unserer Arbeit zu unserer persönlichen Weiterentwicklung zunutze machen. Wir werden darüber hinaus feststellen, dass auch unsere Kristallschädel auf die besonderen Energien dieser Tage reagieren. So wird wohl jeder Kristallschädelhüter schon einmal die Erfahrung gemacht haben, dass Kristallschädel es lieben in Vollmondritualen eingesetzt zu werden oder doch zumindest die Gelegenheit zu bekommen bei Vollmond die intensiven Energien im Freien genießen zu dürfen. Nach einer Nacht unter dem Vollmond sind sie nicht nur gereinigt, sondern wirken insgesamt energetisierter und freudvoller.
Gruppenzeremonien und Rituale zu diesen besonderen Tagen bringen uns zusätzlich den Vorteil, dass wir durch die Freisetzung der gemeinsamen Energien, die vorhandenen Energien nochmals potenzieren können und so die Möglichkeit haben sie sehr kraftvoll einzusetzen.

Bereits unsere Vorfahren haben, wie wir aus Überlieferungen wissen, schon vor Jahrhunderten diese besonderen Zeitqualitäten genutzt, um gemeinsame Rituale und Zeremonien abzuhalten. Damals war man sich der Zusammenhänge im gesamten Kosmos bewusst und hat dementsprechend gehandelt. Bei den Kelten war die Sommersonnenwende ein Fest der Fruchtbarkeit, des Dankes und der Freude, das man über 12 Tage gefeiert hat. Diese Zeit galt bei den Kelten als Nahtstelle zwischen den Welten, in der sowohl die Götter als auch die Naturwesen den Menschen nahetreten konnten. In England kommen jährlich zur Sommersonnenwende Tausende Menschen in Stonehenge zusammen um diese gemeinsam in Ritualen zu feiern. Weltweit hat es im vergangenen Jahr überall Gruppenzeremonien mit Kristallschädeln zu den Portalöffnungen am 12.12.12 und am 21.12.12 gegeben, in denen man die erhöhten Energien, die zu diesen Zeitpunkten auf die Erde getroffen sind, genutzt hat um einen Bewusstseinsanstieg voranzutreiben und so zum gesamten Aufstieg der Erde und all ihrer Bewohner beizutragen.

26. Wie viele Kristallschädel muss man haben, um damit arbeiten zu können?

Eine Frage, die mir gerade von Einsteigern sehr häufig gestellt wird, die sich aber sicherlich bei vielen Lesern gar nicht mehr stellt, da sie inzwischen Hüter einer ganzen Kristallschädelfamilie sind, die ich aber trotzdem gerne beantworten möchte.

Um sogleich alle neuen Kristallschädelhüter zu beruhigen, es genügt am Anfang auf jeden Fall, wenn man Hüter eines einzigen Kristallschädels ist, um sich mit den Energien der Kristallschädel vertraut zu machen und eigene Erfahrungen damit zu sammeln. Man benötigt in der Regel 2 bis 3 Monate bis man seinen neuen Freund, seine Energien, aber auch seine Eigenarten gut genug kennt, um überhaupt mit ihm in Sitzungen für andere Menschen zu arbeiten.

Dann kommt es darauf an, was man mit seinem Kristallschädel überhaupt machen möchte. Wenn ich ihn für mich, und die Aktivierung meiner eigenen Selbstheilungskräfte und für meine spirituelle Entwicklung einsetze, ist es völlig ausreichend mit einem Schädel zu arbeiten.
Auch Leute, die sich einen Kristallschädel anschaffen, damit er sie in Channelings unterstützt, sind mit einem Kristallschädel mit dem sie sehr vertraut sind, gut beraten.

Sollten Sie allerdings zu den Menschen gehören, die gerne mehr als einen Kristallschädel in ihrer Nähe haben möchten, um auf verschiedene Energien zugreifen zu können bzw. ihrem Schädel die Möglichkeit geben wollen, sich mit Artgenossen zu umgeben, finde ich es persönlich sehr schön eine Gruppe zu haben, die aus jeweils einem Vertreter aus der Quarzfamilie besteht, also einen Bergkristall, einen Citrin, einen Amethyst, einen Rauchquarz und einen Rosenquarz, da man hier den Vorteil hat, dass sie über piezoelektrische Eigenschaften verfügen. Darüber hinaus sei es natürlich jedem freigestellt, sich die Schädel anzuschaffen, die sein Herz berühren.

Möchte man mit seinen Kristallschädeln Sitzungen für andere Menschen anbieten, sollte man allerdings auf jeden Fall einen Vertreter jeder Kristallart der Quarzfamilie zur Verfügung haben und darüber hinaus auch noch zumindest einen Kristallschädel in den jeweiligen Farben unserer Chakren, damit man eine ausreichende Bandbreite für die verschiedenen Sitzungen sicherstellen kann.
Ich persönlich finde es gerade bei Menschen, die mit ihren Kristallschädeln an und für andere arbeiten, sehr wichtig, dass sie ihre Schädel auf jeden Fall 2 bis 3 Monate genau kennen und studieren sollten, bevor sie an anderen Menschen eingesetzt werden. Jeder Schädel hat seine eigene Persönlichkeit, sein eigenes energetisches Muster, seine eigene energetische Frequenz und seine ihm völlig eigene Arbeitsweise, über die ich informiert sein sollte, bevor ich ihn einsetze.

27. Was ist ein Preseli Bluestone-Kristallschädel

Preseli Bluestone-Kristallschädel sind eine wahre Weltsensation, geschliffen aus einem der heiligsten Steine Englands, der bereits von den alten Kelten/Druiden als heilig angesehen wurde. Preseli Bluestone ist der Stein der 7 Weltwunder, als Hauptbestandteil von Stonehenge.
Preseli Bluestones waren die Steine, die im Bau von Stonehenge vor 5000 Jahren verwendet wurden. Preseli Bluestone wir nur in den sog. Preseli Mountains in Pembrokeshire in Wales gefunden, die meisten Bluestones kommen dort von Carn Menyn.
Preseli Bluestone ist sehr selten und seit Jahren gesetzlich geschützt. Carn Menyn ist die einzige Fundstelle und deshalb vom britischen Gesetz geschützt, es ist illegal die Steine von dem Berg mitzunehmen, Verstöße werden mit hohen Strafen geahndet und nur wenige Händler sind autorisiert Steine zu verkaufen.
Die wichtigste Frage, die sich die Wissenschaftler über lange Jahre stellten, ist, wie und warum unsere Vorfahren diese riesigen Steine über Hunderte von Meilen (200 Meilen) transportiert haben, um sie zur Errichtung von Stonehenge zu verwenden, anstatt sich der Steine aus der direkten Umgebung zu bedienen. Wie man heute nach erneuten Ausgrabungen im Jahre 2008 weiß, wurden in Stonehenge 3-mal so viele Bluestone-Steine verwendet, als Sarsen-Steine aus der direkten Umgebung von Stonehenge. Selbst im Fundament konnten Unmengen von kleinen Bluestone-Steinen gefunden werden.

Bereits die alten Kelten wussten um die einzigartige Heilkraft dieses Steines, weshalb man ihn auch in Stonehenge verwendete, um diesen einmaligen Heiltempel zu erbauen.
Alte Legenden von König Arthur erklären, dass Merlin auf magischem Weg die Steine nach Stonehenge gebracht hat.
Die Wissenschaft hat bis heute nicht zweifelsfrei geklärt, wie unsere Vorfahren die Steine aus Wales bis nach Stonehenge transportiert haben, wobei man hier den Wasserweg als Transportweg favorisiert.
Über seine einzigartige Heilwirkung, die schon zur Zeit des Baus von Stonehenge bekannt war, ist man sich aber einig.

Preseli Bluestone weist eine einzigartig vielfältige Zusammensetzung aus den verschiedensten Mineralien auf, wie z. B. Dolomit, Peridot, Kupfer, Labradorith, Magnetesit, Quarz, Apatit, Calcit, Pyrit und Hornblende. Dies macht ihn zu einem Heilstein der Superlative.
Auf körperlicher Ebene unterstützt Preseli Bluestone die Heilung von Ohren, Nase und Hals, ebenfalls den Zahnbereich und wirkt sich positiv auf unser gesamtes Immunsystem aus.
Eine Möglichkeit, wie man Bluestone zur generellen Vitalisierung einsetzen kann, ist es Bluestone-Wasser herzustellen und es zu trinken. So war es Sitte bei unseren Vorfahren, die dazu Quellwasser von den vielen heiligen Quellen in den Preseli Mountains verwendet haben.

Preseli Bluestone ist des Weiteren in der Lage unsere körpereigene Schwingungsfähigkeit um ein Vielfaches zu erhöhen, was sowohl körperliches Wohlergehen als auch eine direkte Verbindung mit dem Universum zur Folge hat.
Metaphysisch liegt er nahe beim Moldavit auf einer Skala von 0 bis 200.000, er weist eine Vibrationsenergie von 90.000 auf, der Mensch schwingt bei 5000, alles darunter ist Krankheit bzw. gestörte Gesundheit.

Auf seelischer Ebene verhilft er uns dazu unsere Gefühle zu klären, Klarheit in unsere Gedanken zu bringen und hat vor allem hervorragende Erdungseigenschaften.
Des Weiteren schreibt man ihm hervorragende Schutzeigenschaften zu.
Er wird in Meditationen, beim Channeln, in Astralreisen und bei Reisen in andere Dimensionen verwendet, um Portale zu öffnen. Außerdem weist Bluestone eine sehr starke Erdenergie auf, da das Bewusstsein des Landes in ihm gespeichert ist.

Als Stein der diesem Kontinent entspringt und weltweit ausschließlich in England vorkommt, verbindet uns der Bluestone mit unseren eigenen Wurzeln, wie es kein anderer Stein vermag.

Darüber hinaus stellen Preseli Bluestone-Kristallschädel eine direkte Verbindung zu Stonehenge und der Energie dieses weltbrühmten Kraftplatzes dar und lassen uns in das Wissen der alten Kelten vordringen. Wir sind über unseren Preseli Bluestone-Kristallschädel immer in der Lage uns mit diesem weltberühmten Heilungstempel zu verbinden und seine Energien für uns zu nutzen.

Die Struktur der Preseli Bluestone-Schädel spiegelt uns den gesamten Kosmos und holt uns, sozusagen, den Himmel auf Erden und lässt uns uns selbst als Teil dieses Makro-Kosmos erkennen.
Dieser fantastische Stein hat die einzigartige Eigenschaft uns auf der einen Seite mit dem Himmel zu verbinden und uns gleichzeitig zu erden und unsere Verbindung zu Mutter Erde erfahren zu lassen.
Die Preseli Bluestone-Kristallschädel lehren uns, dass eine Erneuerung der alten Traditionen von großer Wichtigkeit für unsere Lebensweise ist, um uns zu helfen uns zu „erinnern", wie man ein Leben in Einheit und Harmonie mit dem Land führt.
Glücklicherweise stellt man heute bereits fest, dass viele indigene Stammestraditionen wiederbelebt und auf der ganzen Welt anerkannt werden.
Den alten Weisheitslehren und Lebensweisen im Gleichgewicht mit der Erde und seinen Einwohnern wird wieder Respekt gezollt.

Die Preseli Bluestone-Kristallschädel sind in der Lage das heilige Wissen der Druiden, alten Kelten und Bauherren bzw. Hüter der heiligen Steine an uns weiterzugeben, uns so Wege zu lehren, um das Bewusstsein der Menschheit anzuheben und zu schützen.

Wir werden wieder befähigt ein Leben mit Mutter Erde zu leben, anstatt nur ein Leben auf Mutter Erde.

28. Welche Besonderheit bieten Kristallschädel, deren Steine von heiligen Orten kommen?

Kristallschädel, deren Rohsteine von heiligen Orten kommen, oder die aus dem gleichen Stein, wie heilige Orte und Kraftplätze, geschliffen sind, gibt es sehr selten und sie sind sehr begehrt.

Durch die Arbeit mit einem Kristallschädel, dessen Ursprungsmaterial in direkter Verbindung zu einem Kraftplatz steht, wie z. B. bei den Preseli Bluestone-Schädeln (Verbindung zu Stonehenge), entsteht eine direkte Anknüpfung an den jeweiligen Ort, die es uns ermöglicht nicht nur mit den Energien des Ortes zu arbeiten, sondern uns auch Zugang zu dem Bewusstsein des jeweiligen Ortes verschafft.
Auf diese Art und Weise erhalten wir Zugang zu dem Wissen des Ortes und können es dekodieren, um es für unsere heutige Zeit nutzbar zu machen.
Da alle diese Kraftorte in der Regel in einer direkten Verbindung zu den Sternen stehen, ist natürlich diese stellare Verbindung und die damit verbundene stellare Weisheit in ihnen enthalten.
Wenn wir mit einem Kristallschädel, der in Verbindung mit einem Kraftort steht, einen Altar aufbauen, werden wir in der Lage sein, die energetische Verbindung zu nutzen, um auf unserem Altar die Energien des Kraftorts ebenfalls nutzbar zu machen.
Gehen wir nochmals auf das Beispiel der Preseli Bluestone-Kristallschädel ein, deren Rohstein, aus derselben Gegend in den Preseli Mountain in Wales kommt, aus der auch die Rohsteine für den Erbau von Stonehenge kamen.
Durch ihre gemeinsame Herkunft besteht eine sehr enge Verbindung der Kristallschädel zu Stonehenge, einem der 7 Weltwunder und bereits zu seiner Zeit weltweit als riesiger Heilungstempel bekannt. Mit Hilfe unseres Preseli Bluestone-Kristallschädels sind wir in der Lage uns unseren ganz persönlichen Heilungstempel zu Hause zu erschaffen, der in direkter energetischer Verbindung zu Stonehenge steht. Natürlich können wir über diesen Weg auch an allen Zeremonien und Ritualen, die in Stonehenge abgehalten werden, auf energetischem Weg direkt teilhaben, diese Energien werden direkt in unseren Schädeln aufgenommen und sind uns somit zugänglich.

Neben den Kristallschädeln aus Preseli Bluestone, gibt es Kristallschädel aus Sarsen, dem Stein, der neben dem Preseli Bluestone zur Errichtung von Stonehenge verwendet wurde, aus ihm sind die riesigen Standsteine gefertigt. Auch die Sarsen-Kristallschädel bieten uns eine Verbindung zu Stonehenge.
Man findet ebenfalls aus England Merlins Cave-Kristallschädel. Ihre Rohsteine entstammen der Merlins-Höhle in Tintagel und stellen für uns

eine energetische Verbindung zu diesem magischen und wahrhaft mystischen Kraftort dar.

Ein weiterer sehr interessanter Kristallschädel ist der sog. Shap Stone-Kristallschädel. Er ist aus Rosen-Granit-Rohmaterial hergestellt wie das „Queen´s and Kings Chamber“ in der großen Pyramide in Gizeh in Ägypten.
Des Weiteren gab es in England einst ein spektakuläres neolithisches Monument das sog. Shap, vergleichbar mit Stonehenge, was wohl das größte neolithische Monument in ganz Europa wäre, hätte man es nicht schon vor Jahrhunderten zerstört.

Kristallschädel aus Steinen der heiligen Stätte und Kraftorte gibt es in der Regel in kleinen Größen, die zwischen 50 und maximal 500 Gramm liegen, preislich liegen sie verständlicherweise etwas höher als andere Kristallschädel.

Ich kann nur jedem raten, der sich berufen fühlt, diese unglaublichen Energien einmal selbst auszuprobieren.

29. Ist es wichtig einen Altar für die Kristallschädel zu haben?

„Ein Altar ist eine Verehrungsstätte für eine einzige oder mehrere Gottheiten […] Auf Altären können Opfergaben dargebracht werden. Doch auch die Errichtung des Altars an sich und seine unter Umständen reiche Verzierung sind bereits Akt der Verehrung“, so die Definition in der *Wikipedia.*

Ich persönlich sehe in einem Hausaltar keinen Ort der Götterverehrung im rein kirchlichen Sinne, sondern einen Ort der Rückverbindung zur heiligen Quelle und einen Ort der Ehrerbietung an Mutter Erde. Es ist ein Ort der Kontemplation, ein Ort der inneren Stille, ein Ort der Rückziehung, ein Ort der eigenen inneren Zentrierung, ein Ort der Bewusstheit.
Bauen wir uns bewusst einen Hausaltar auf, wird in ihm all unsere Liebe, Kreativität und Energie einfließen. So erschaffen wir uns einen Ort der Klarheit, der von hohen Energien durchströmt wird.
Er wird uns immer einen Ort der Ruhe in unserem durch Hektik und Stress gekennzeichnetem Alltagsleben bieten. Schon wenige Minuten des Rückzugs und der Verbindung mit den Energien auf unserem Altar werden uns aus unserem Alltag zurücktreten lassen und uns die Möglichkeit geben, unsere innere Verbindung zu allem was ist wieder zu spüren. Wir werden aufgeladen sein und uns energetisiert fühlen.

Als Ort der hohen Energien eignet sich ein Altar auch wunderbar zur Reinigung und Aufladung unserer Kristallschädel.
Man kann seinen Altar mit ganz einfachen Mitteln gestalten. Materialien aus der Natur bieten sich hier genauso an, wie persönliche Gegenstände, die uns sehr am Herzen liegen, auch Marienfiguren oder andere Darstellungen unserer Geistführer, Krafttiere und vieles mehr können hier Verwendung finden. Lassen Sie Ihrer Kreativität einfach freien Lauf.
Ich finde es persönlich schön, auf einem Altar sowohl eine Pflanze, eine Räucherung entweder in Form eines Räucherstäbchens oder eines Räucherstövchens, eine Kerze, etwas Erde, die man der freien Natur z. B. an einen besonderen Kraftort entnommen hat und ein Schälchen mit Wasser aus einer Heilquelle aufzustellen.
Altäre kann man in jeder beliebigen Form errichten. Schön ist es, wenn man dabei die Formen der heiligen Geometrie mit einbezieht, da man dadurch nochmals zusätzlich die Energien fokussiert und verstärkt.
Ich selbst habe mehrere Altäre im Haus. Mein ganz besonderer Lieblingsplatz ist ein Altar, der unter einer Kupferpyramide errichtet ist. Hier kommt zur Energie des Altars nochmals die Kraft der Pyramidenenergie hinzu. Ich brauche nicht zu erwähnen, dass die Kristallschädel diesen Ort besonders lieben und die Energien genießen.

In vielen Kulturen, vor allem im asiatischen Raum, gehört der eigene Hausaltar zur normalen Wohnungseinrichtung dazu und wird wie selbstverständlich ins Leben mit einbezogen. In Bayern findet man hin und wieder noch Häuser, die bautechnisch einen speziellen Platz für ihre Schutzheiligen schon mit einbezogen haben.
Machen Sie für sich den Versuch auch Ihr Leben durch einen Altar zu bereichern und erfreuen Sie Ihre Kristallschädel damit. Sie werden verblüfft über den Effekt sein. Manchmal muss man sich einfach trauen alte Gebräuche und Gewohnheiten unserer Vorfahren wieder aufleben zu lassen.

30. Wie wirkt sich die Pyramidenenergie auf Kristallschädel aus?

Uns ist bekannt, dass es überall auf der Erde Pyramiden gibt, die scheinbar unabhängig voneinander von alten Zivilisationen konstruiert wurden und ihren Einsatz in religiösen Zeremonien fanden. Daraus können wir

schließen, dass die Pyramidenkonstruktion für fast alle antiken Kulturen eine immense Bedeutung hatten.
Wissenschaftler auf der ganzen Welt haben bis heute versucht, die geheimnisvollen Kräfte der Pyramidenenergie zu erforschen. Dabei zeigte sich zum Beispiel in einem Modell der Cheops-Pyramide, dass Rasierklingen dadurch wieder scharf wurden, wenn man sie unter die Pyramide legte. Hierdurch konnte man feststellen, dass sich der Effekt der Pyramidenenergie nochmals verstärkte, wenn man die Pyramiden exakt auf eine der 4 Himmelsrichtungen ausrichtete.
Dem amerikanischen Alternativ-Wissenschaftler Patrick Flanagan ist es in den 70er Jahren gelungen, durch zahlreiche Messungen und Untersuchungen an der Pyramide ungewöhnliche Abweichungen der magnetischen Felder aufzuzeigen. Mit Hilfe der Kirlian-Fotografie zeigte er erstmals auch die Wirkung der Pyramidenenergie auf den Menschen.
So geht man heute davon aus, dass die Pyramidenenergie eine harmonisierende und entspannende Wirkung auf den Menschen hat.
Durch ihre besondere Form bedingt, sind sie in der Lage kosmische Kräfte zu bündeln.
Der Franzose Bovis hat sich bereits im vorigen Jahrhundert mit den Phänomenen der Cheops-Pyramide befasst und ist zu der Überzeugung gekommen, dass in Pyramiden, die den exakten Maßstab der Cheops-Pyramide aufweisen, eine erhöhte Konzentration an kosmischen Energien vorherrscht.
Hinzu kommt, dass sich in der Pyramide, die wichtigsten Formen der Heiligen Geometrie vereinigen, wodurch Energiefelder entstehen.
Dabei scheint die Energie an der Spitze am stärksten zu sein, als nächstes im Inneren und dann in ihrem Umfeld.

Mit Pyramiden können wir ein energetisches Kraftfeld aufbauen, das zu einer Erhöhung der Energien führt und uns gleichsam vor jeglicher Art von Fremdenergien schützt.

Deshalb findet die Pyramidenenergie heute vielfältigen Einsatz in unserem Leben. Man energetisiert Räume durch das Aufstellen von Pyramiden, man vitalisiert Lebensmittel in Pyramiden, man lädt Wasser darin auf, man benutzt sie sogar als Heilpyramiden in Heilsitzungen.

Es gibt hunderte Bücher, die sich mit dem Thema Pyramide befassen und es sind weltweit zahlreiche Versuche gemacht worden, um dem Phänomen auf die Spur zu kommen. Wer sich näher mit dem Thema befassen möchte findet zahlreiche Literatur dazu. Alle anderen können sich auf ganz praktische Art und Weise dem Thema nähern, indem sie selbst ihre Erfahrungen mit der Pyramidenenergie machen.

Ich benutze seit Jahren sowohl in meinen Seminaren als auch im privaten Bereich eine Kupferpyramide, mit dem exakten Winkel der Cheops-Pyramide, als Altar für meine Kristallschädel.
Meine Erfahrungen zeigen, dass die Kristallschädel unter der Pyramide nicht nur gereinigt, sondern auch in hohem Maße mit Energien aufgeladen werden. Es ist ein deutlicher Unterschied zwischen Kristallschädeln, die auf dem Pyramidenaltar gestanden haben und denen, die dies nicht getan haben, zu verzeichnen, wenn man sie z. B. in Meditationen, Sitzungen oder Behandlungen einsetzt. Sie sind weitaus kraftvoller, sprühen geradezu vor Energie und selbst von ihrem äußeren Erscheinungsbild her, kann man einen Unterschied feststellen. Mit Pyramidenenergie aufgeladene Kristallschädel strahlen und leuchten von innen heraus, nicht selten bekommen sie während der Aufladung unter der Pyramide auch neue Regenbögen und werden insgesamt vom Kristall her viel klarer, deutlich zu sehen an Bergkristallen oder Citrinen, die vorher leicht trüb oder milchig vom Erscheinungsbild her waren.

Ich kann jedem nur empfehlen selbst einmal die Pyramidenenergie für seine Kristallschädel einzusetzen, dabei spielt es keine Rolle, ob sie mit einer kleinen oder einer großen Pyramide arbeiten, die Energie ist die gleiche. Ich benutze eine Kupferpyramide, die aus Kupferrohren und Verbindungsstücken zusammengesetzt wird, das hat den Vorteil, dass man sie an jedem Ort leicht auseinander und zusammenbauen kann und sie in verschiedenen Größen einsetzbar ist.
Im Garten haben wir eine große Pyramide mit einer Grundfläche von 3 Metern aufgebaut, die nicht nur der Aufladung der Schädel dient, sondern in die man sich selbst zur Energetisierung hineinbegeben kann. Noch kraftvoller wird es, wenn man unter dieser großen Pyramide mit den Kristallschädeln arbeitet.

31. Was ist ein Kristallschädelhüter?

Um es gleich vorweg zu sagen, nicht jeder der einen Kristallschädel besitzt, ist deshalb gleich ein Kristallschädelhüter.
Mittlerweile gibt es auch eine Menge Menschen, die in dieser Hinsicht die Sammelwut gepackt hat, denen aber jegliche emotionale Verbindung zu ihren Schädeln fehlt (außer dem Gefühl 1, 2, 3... meins, und guck mal, den

hab ich auch) und die auch zumeist keinen Zugang zu ihren Schädeln haben, das sind für mich keine Kristallschädelhüter, sondern Sammler.

Entschließen wir uns dazu einen Kristallschädel in unser Leben einzuladen, übernehmen wir damit eine Verantwortung, sowohl uns gegenüber, als auch anderen Menschen gegenüber und natürlich nicht zuletzt unserem Schädel gegenüber.
An erster Stelle heißt das für mich, dass wir uns auf unseren Schädel einstellen, seine Botschaften, Durchgaben und Wünsche respektieren und umsetzen. Es gibt Momente, da kann man mit den Wünschen seines Schädels nichts anfangen bzw. versteht den Sinn dahinter nicht oder sie kommen schlicht und ergreifend zu einer Zeit, in der wir ohnehin schon jede Menge zu tun haben, nichtsdestotrotz sollten wir bereit sein an der Umsetzung zu arbeiten.
Ich kann mich erinnern, dass ich vor Jahren mal von Kasper die dringende Bitte erhalten habe, einen Amethystkristallschädel in der Elbe zu versenken, genau in der Mitte der Elbe an der von ihm gewünschten Stelle. Erst dachte ich auch, was ist denn das nun schon wieder, aber er hat mich so inständig darum gebeten, dass ich kurzerhand ein Boot gemietet habe, um den Schädel in die Elbe zu bringen. Kurze Zeit später habe ich aus den Medien erfahren, dass ca. 10 km die Elbe aufwärts, ein Tanker mit Diesel havariert ist und der Diesel in die Elbe läuft. Da war mir dann auch klar, worum es bei Kaspers Wunsch gegangen ist.

Kristallschädel sind Familienmitglieder und genauso sollte man sie auch behandeln. Wenn man ein Kind bekommt, heißt das Verantwortung übernehmen, mit einem Kristallschädel ist es nichts anderes.
Schafft man sich Kristallschädel nur an, um sie als Deko-Objekte in der Wohnung zu verteilen oder weil man sie einfach besitzen möchte, ist das sicherlich der falsche Weg.

Genauso ist es auch, wenn ein Kristallschädel den Wunsch äußert weiterzugehen, dann sollten wir dies respektieren und dankbar für die gemeinsame Zeit sein. Dabei werden uns unsere Kristallschädel auch ganz deutlich mitteilen, zu wem sie weitergehen wollen und zu wem nicht, achten und respektieren Sie das. Ich habe mich schon häufig unbeliebt gemacht, weil jemand einen Schädel von mir kaufen wollte, der Schädel aber klar mitgeteilt hat „da gehe ich nicht hin!“ Glauben Sie mir so manch einer reagiert ziemlich ungehalten, wenn man ihm erklärt, dass der Schädel nicht zu ihm möchte und man gedenkt, sich an seine Wünsche zu halten. Das muss mir als verantwortungsbewusstem Kristallschädelhüter aber egal sein, denn in erster Linie muss es mir um das Wohlergehen meines Schädels gehen.

Setzt man Kristallschädel in Sitzungen mit anderen Personen ein, muss man sich immer vor Augen führen, dass sie kraftvolle energetische Werkzeuge sind, die wir mit der dementsprechenden Sorgfalt behandeln sollten.

Kristallschädelsitzungen sollten ausschließlich mit dem vollen Einverständnis der Person durchgeführt werden, für die sie bestimmt sind. Hierbei sei darauf hingewiesen, dass wir unsere Mitmenschen nicht bedrängen und ihnen Sitzungen quasi aufzwingen wollen, nach dem Motto, wenn Du das nicht machst, wirst Du nie weiterkommen. Wer bereit für eine Kristallschädelbehandlung ist, wird uns dies wissen lassen. Allen anderen sollten wir die Zeit geben bis sie von alleine auf uns zukommen oder entscheiden, dass dies nicht ihr Weg ist. Übertriebenes Sendungsbewusstsein ist für andere unangenehm und bedrängt sie in ihrem Entscheidungsprozess bzw. weist zum Teil manipulativen Charakter auf und ist damit mehr als bedenklich.

Machen Sie sich vor jeder Sitzung bewusst, dass nicht Sie heilen, sondern die göttliche Quelle durch Sie als Kanal, der die Selbstheilungskräfte der Person aktiviert. Das hilft Ihnen bei sich zu bleiben, offen und ohne Wertung die Sitzung durchzuführen und keinerlei Intention in die Sitzung bzw. deren Verlauf zu projizieren. Nicht wir entscheiden, was für unseren Klienten gut und heilsam ist oder welche Wendung sein Weg nehmen soll, dies ist alles bereits lange im Schöpfungsplan festgelegt.

Es sei auch darauf hingewiesen, dass ein Behandler, der zum Zeitpunkt der Sitzung sehr empfänglich für die Energien des Klienten ist und diesen Zustand noch durch Mitleid, Liebe oder Hoffnungen verstärkt, sich dem Risiko aussetzt massiv Energien seines Gegenübers aufzunehmen und diese oftmals nicht mehr von den eigenen Energien trennen kann. Die Konsequenzen einer solchen Situation zeigen sich nicht selten auf körperlicher Ebene.

Sollten Sie selbst einmal einen Tag haben, an dem Sie sich schlecht fühlen oder sich in einer Phase der massiven eigenen Transformation befinden, sollten Sie sehr gewissenhaft prüfen, ob Sie eine Sitzung mit einem Klienten wirklich vornehmen sollten.

Ich vertrete die Meinung, dass man die Größe haben sollte, in einem solchen Fall den Klienten ehrlich darüber zu unterrichten, dass man sich

nicht in Balance befindet und es deshalb vorzieht die Sitzung zu verschieben. Jeder verantwortungsvolle Klient wird Ihnen Ihre Voraussicht und Sorgfalt danken, auch wenn er vielleicht anfänglich enttäuscht ist.
Mein Rat an Sie, bleiben Sie bei sich selbst und seien Sie authentisch, alles weitere wird geführt werden.

Aus Respekt und Liebe zu unseren Kristallschädeln sollten wir diese nicht zu Aktionen mit niederen Beweggründen missbrauchen oder unsachgemäß und unbedacht einsetzen.
Die Kristallschädel, die sich in unserer Obhut befinden, müssen von uns nicht nur sachgemäß gepflegt und verwahrt werden, sondern auch respekt- und liebevoll behandelt werden. Behandeln Sie Ihre Schädelfamilie so, wie auch Sie behandelt werden wollen.

Wir sollten uns im Klaren darüber sein, dass Kristallschädel das energetische Niveau ihrer Umgebung massiv verändern bzw. anheben. Diese hohe energetische Frequenz kann bei einigen Menschen dazu führen, dass sie sich unwohl fühlen oder sogar körperlich Symptome, wie Schwindel, Müdigkeit etc. auftreten. Ebenfalls kann ihr emotionales Gleichgewicht durch die hohe Energie gestört werden.
Dies kommt vor allem dort vor, wo das energetische Niveau durch mehrere Schädel massiv angehoben wurde, wie zum Beispiel in einem Behandlungsraum, in dem sich mehrere Schädel befinden oder in einem Seminar, in das wir unsere Schädelfamilie mitgebracht haben.
Ich habe es mir zur Angewohnheit gemacht, die göttliche Ebene darum zu bitten, dass die Energie meiner Schädel für alle Menschen, mit denen sie in Berührung kommen, für alle Tiere, die in ihrer Umgebung leben und für alle Lebewesen, in ihrem Umfeld, heilsam und stimmig sein möge.
Dies erneuere ich bei jedem Zugang eines neuen Kristallschädels bzw. bei jeder örtlichen Verlegung.

Wir haben uns bewusst für einen Weg mit Kristallschädeln entschieden, also sind wir auch verpflichtet diesen Weg in großer Klarheit und Bewusstheit zum Wohle aller zu gehen.

32. Was versteht man unter „Sacred Language“ und warum tritt sie häufig bei der Arbeit mit Kristallschädeln auf?

Im herkömmlichen Sinne ist „Sacred Language“ oder auch „Heilige Sprache“ eine Sprache die von Menschen zu religiösen Zwecken eingesetzt wurde und wird, wie z. B. während Predigten.

Im spirituellen Sinne ist „Sacred Language“ eine magische Sprache, die von Menschen empfangen wird, während sie, wie zum Beispiel bei der Kristallschädelarbeit, mit sehr hohen Energien arbeitet. Sie kann sich in Worten, die für uns nicht rational verständlich sind, in Tönen oder Zeichen äußern. Man kann sie quasi als Matrix-Sprache verstehen, die uns direkt aus der Quelle, auf die Zunge gelegt wird. Wir werden feststellen dass, obwohl wir die Worte nicht verstehen oder den Sinn der hinter ihnen steht, sie bei uns etwas auslösen werden, sie sind als Instrument des spirituellen Wachstums und Wissens zu verstehen, die uns tief im Inneren berühren.
Oft kann man beobachten, dass das Hören der „Sacred Language“ zu tiefgreifenden Prozessen der Herzöffnung und Rückverbindung führt.
Deshalb ist es auch nicht wichtig diese Worte zu übersetzen oder zu verstehen, sondern es ist ihre Energie und Frequenz, die auf uns wirkt.
Leider stellt man häufiger fest, dass Menschen glauben vom Ego her damit umgehen zu müssen und sich eine Übersetzung aus den Fingern saugen, diese können und werden jedoch nichts in uns bewirken.
Vertrauen Sie und geben Sie sich den Energien der „Sacred Language“ hin und Sie werden feststellen, dass sie in Ihnen etwas bewirkt.

Selbstverständlich ist es nicht notwendig mit einem Kristallschädel zu arbeiten, um „Sacred Language“ zu empfangen, allerdings wurde dieses Phänomen häufig bei Menschen während der Arbeit mit Kristallschädeln beobachtet. Es versteht sich auch von selbst, dass nicht jeder, der mit einem Kristallschädel arbeitet, auch „Sacred Language“-Durchgaben empfangen wird.

In meinem Kartendeck „Kristallschädel – Crystal Skulls“, welches in 2011 im Elraanis Verlag erschienen ist, haben wir 2 Botschaften, die von Star Johnsen-Moser während der Schädelarbeit empfangen wurden und der Herzöffnung dienen.
Ein Beispiel möchte ich Ihnen hier an dieser Stelle einfügen, sprechen Sie diese heiligen, mantrischen Worte, während Sie sich mit dem Kristallschädelbewusstsein verbinden und nehmen Sie den Klang tief in Ihrem Herzchakra auf, während Sie sich gleichzeitig an das Einssein erinnern.

Oo sha, qua lu ti
A chac o no tah
Way dih see nah tah toh nah
Sha ku shi, sha ku sha la ma
O tak o sa nah
Yesh chac o ah nah tah
Yesh chac om ah anah
Le ti koh sha la may
Lay ta koh cha la koh mah nah
La su ni cha da koh mu tih
A ku koh sa la tah
Neh ti a ka toh tah ti a

Mu shi a ka lu nah kah oh tah yah

Aysh tu tah nu kih
Leh meh o teh a lu kih
A qua so nee cha
Yeh ee tee gaya mo nah
Moh tah ti ki ya nah
Yeh Sha la ku amma nah
Eh qua oosee a tah
A ho tah la kah oo nish
Ya a to tah a ti ya nish
Sheh sha ka, ocoma
Leh tah ah a gaia toh
Toh teh y'ek mak'at co'at
Tay sha
Lay neet, la nah
Toh no't, a kah, yah no't
O cuk, tah see, cha-dah-koh a tah
Leh ti ah, nah a't,
Toh sa cha, t'o te cha
Ley h'ant, co'hut
Het chit, tah not
Hun ca, tah not
Taat eet chit, tat sa nat
Ta to uc, ta su na'at
Nah ak, nah ak, nah ak.

33. Kann man Kristallschädel benutzen, um einen energetischen Schutz aufzubauen?

Die Antwort auf diese Frage ist ein ganz klares „JA“. Kristallschädel sind ideal geeignet um mit ihnen einen Schutz aufzubauen.
Zum einen gibt es Kristallschädel, denen per se schon eine große Schutzkraft und Wirkung nachgesagt wird, wie schwarze Turmalin-Kristallschädel, Rauchquarz-Schädel, Amethyst-Kristallschädel, Preseli Bluestone-Kristallschädel, schwarze Obsidian-Kristallschädel und Lapislazuli-Kristallschädel, um die wichtigsten Vertreter zu nennen. Diese Mineralien wurden bereits von unseren Vorfahren als Schutzsteine eingesetzt, in Amuletten oder in Häusern, z. B. im Eingangsbereich, um vor negativen Energien und bösen Geistern zu schützen.

Zum anderen gibt es die Möglichkeit sich mittels eines Kristallschädels zu schützen. Gerade in dieser hochenergetischen Zeit, wo man stets feststellen kann, dass im Außen massive chaotische Energien unterwegs sind, ist es sehr empfehlenswert sich täglich energetisch zu schützen. Alle Menschen, die mit anderen Menschen arbeiten, in welcher Form auch immer, auf jeden Fall aber Therapeuten und Energiearbeiter sollten sich regelmäßig schützen, bevor sie die Arbeit mit ihren Klienten beginnen.
Mit einem Kristallschädel kann man einen effektiven energetischen Schutz aufbauen. Ich würde dazu empfehlen mit Ihrem Hauptschädel zu arbeiten, da dieser die engste energetische Verbindung zu Ihnen hat.
Nehmen Sie sich einen Moment der inneren Ruhe und Zentriertheit, in dem Sie aus dem Alltagsgeschehen bewusst zurücktreten, idealerweise morgens bevor Sie Ihren Tag beginnen. Bitten Sie Ihre geistige Führung Sie mit Hilfe Ihres Kristallschädels zu schützen und öffnen sodann Ihre Chakren. Nun setzen Sie sich so vor Ihren Kristallschädel, dass Sie ihm direkt ins Gesicht schauen. Visualisieren Sie, wie aus Ihrem Schädel z. B. goldenes, violettes oder kobaltblaues Licht austritt, sich um Sie herum verteilt, sich in Ihren Zellen ausbreitet, bis die letzte Zelle abgedeckt ist und dann in Ihre energetischen Körper fließt bis auch diese aufgefüllt sind, sodass Sie sich in einem vollständig geschützten Zustand wiederfinden.
Nun schließen Sie Ihre Chakren so weit, wie es sich für Sie stimmig anfühlt und bekanken sich bei der geistigen Welt und Ihrem Schädel für Ihren vollständigen Schutz.

Diesen Prozess kann man mit allen Farben wiederholen, die einem in diesem Moment intuitiv als angebracht erscheinen (siehe dazu auch

Farbentabelle in meinem Buch „Kristallschädel – Anleitung zur Energiearbeit mit Kristallschädeln“).

Ganz wichtig, und das kann man in diesem Zusammenhang nicht oft genug betonen, seien Sie sich sicher, dass Sie geschützt sind und zweifeln Sie keinen Moment daran, denn da Energie dem Bewusstsein folgt, würden Sie selbst durch Ihren Zweifel Ihren eigenen Schutz wieder kaputt machen. Für alle unter Ihnen, die eher etwas unsicher sind, ist es empfehlenswert einen kleinen Schädel während des Tages mit sich zu führen, vorzugsweise wählt man einen kleineren Schädel, den man in die Hosentasche oder Handtasche stecken kann.

Mal abgesehen von seiner Schutzfunktion wird er Ihnen den ganzen Tag über ein gutes Gefühl geben, da Sie seine Begleitung und Unterstützung fühlen werden.

34. Warum ist es bei der Arbeit mit Kristallschädeln so wichtig auf Erdung zu achten?

Ich sage meinen Seminarteilnehmern immer „Erdung ist das halbe Leben“, und das meine ich auch so. Solange wir als Seelen hier auf der Erde inkarniert sind, ist es extrem wichtig eine gute Erdung zu haben, um auf seinem Weg voranzukommen. Erdung hat nicht nur was mit unserer spirituellen Entwicklung zu tun, sondern mit unserem gesamten Leben.
Sind wir nicht gut oder nur schlecht geerdet, werden wir Mühe haben in allen Bereichen unseres Lebens voranzukommen. Menschen, die nicht gut geerdet sind, müssen unnötig viel Mühen aufwenden, um einfachste Dinge zu erreichen. Oft hört man Menschen sagen „ich strample mich ab, arbeite Tag und Nacht und trotzdem komme ich nicht wirklich weiter“, das ist typisch für mangelnde Erdung, egal ob aus dem Mund eines Geschäftsmannes oder eines spirituellen Lehrers.

Gerade in der heutigen Zeit, die durch extrem hohe Energien und schnellen Energieanstieg gekennzeichnet ist, ist es von großer Wichtigkeit auf ausreichend Erdung zu achten, egal ob man mit Kristallschädeln arbeitet oder nicht.
Kristallschädelhüter und alle Menschen, die auf der geistigen Ebene arbeiten, arbeiten mit sehr hohen Energien, dazu ist es umso mehr erforderlich gut geerdet zu sein.
Menschen, die nicht gut geerdet sind, heben im wahrsten Sinne des Wortes ab, weil ihnen die genügende Bodenhaftung fehlt.

Wir sind hier auf der Erde inkarniert, weil wir hier unsere Aufgabe zu erledigen haben, dafür ist es notwendig sich mit irdischen Dingen zu befassen und gleichzeitig eine Rückverbindung zu Mutter Erde zu haben. Erdung bringt uns innere Stabilität und Balance und lässt uns das Leben mit Leichtigkeit und in Freuden gehen, statt in Angst und Selbstzweifeln zu stagnieren.

Darüber hinaus verhilft uns unsere Erdung im spirituellen Bereich auch als Kanal klar zu bleiben, damit wir die Botschaften der geistigen Welt klar empfangen und umsetzen können.
Nicht selten kann man die Erfahrung machen, dass Channelmedien, durch ihre Arbeit bedingt, schlecht geerdet sind. Sie glauben Durchsagen zu bekommen, die sie allerdings keineswegs aus der geistigen Welt erhalten, sondern bei denen es sich zum Teil um Egoprojektionen handelt oder leider auch manchmal um Durchsagen von negativen Energien.

Menschen mit schlechter Erdung wirken auf uns flatterig, oberflächlich, oftmals sehr sprunghaft, erscheinen ständig getrieben und aufgeregt. Sie können sehr schlecht Entscheidungen treffen, zweifeln an sich selbst oder, um es kurz zu sagen, sind aus ihrer inneren Balance und verhalten sich dementsprechend.

Es gibt zum Glück viele einfache Methoden mit denen wir unsere Erdung verbessern können, im Folgenden möchte ich nur einige davon aufführen:

1. **Kontakt zu Mutter Erde:** Die beste und effektivste Art der Erdung ist der direkte Kontakt zu Mutter Erde, sei es ein ausgedehnter Spaziergang in der Natur, Gartenarbeit oder unser Freund der Baum, den man für Erdungszwecke einfach nur beherzt berühren muss, um seine Kraft und Verwurzelung zu spüren und für uns zu nutzen.
2. **Visualisierung der eigenen Verwurzelung:** Visualisieren Sie sich selbst, wie Ihnen Wurzeln in die Erde wachsen, immer tiefer und kräftiger. Fühlen Sie in Ihre Wurzeln hinein, merken Sie wie diese Sie kräftigen und Ihnen Halt und Stabilität geben.
3. **Einsatz von Kristallen, die unsere Erdung verstärken:** Hierzu können wir sowohl Kristalle als auch Kristallschädel einsetzen. Besonders erdende Wirkung haben z. B. der schwarze Turmalin, Rauchquarz, Hämatit, roter Jaspis, Tigerauge und einige mehr.
4. **Erdung durch körperliche Arbeit:** Ja, man wird es kaum glauben, aber Arbeit erdet auch. Vor allem auch leichte körperliche Tätigkeiten, egal ob es sich dabei um Putzen, Geschirrspülen oder Gartenarbeit handelt.

5. **Erdung durch kreative Arbeit:** Dabei sind gerade die Bereiche sehr erdend, in denen man mit seinen Händen eine Verbindung zu einem Naturmaterial aufnimmt und es gestaltet, wie Töpfern, Holzskulpturen, Bildhauerei etc.
6. **Erdung durch Nahrung:** Essen erdet selbstverständlich auch. Vor allem rotes Fleisch, Wurzelgemüse, Hülsenfrüchte, Kohl und Milchprodukte, aber auch ein Stück Schokolade oder ein Keks tun gute Dienste. Ein Glas Rotwein ist ebenfalls sehr erdend.
7. **Erdung durch Sex:** Und warum nicht das Schöne mit dem Nützlichen verbinden? Sex ist ebenfalls eine ideale Art der Erdung und noch dazu eine sehr schöpferische Kraft und Energie.

Ich denke jetzt haben wir genügend Methoden der Erdung kennen gelernt, da sollte für jeden was dabei sein. Finden Sie für sich den besten Weg der Erdung und kombinieren Sie verschiedene Methoden. Aber bitte niemals den Kontakt zu Mutter Erde dabei vergessen. Die Schlaumeier, die sich jetzt denken, meine Erdungsmethoden sind Sex und ein Glas Rotwein, sollten sich auch auf Mutter Erde besinnen und die Verbindung herstellen, denn ohne sie wäre kein Leben möglich.

35. Welche Kristallschädel sind zum Channeln besonders geeignet und warum?

Unter „Channeln" versteht man im allgemeinen Sprachgebrauch ein Sprachmedium, das Botschaften aus der geistigen Welt empfängt, wobei das Empfangene in Worte gekleidet wird. Hierbei unterscheiden sich die empfangenen Botschaften sehr häufig von dem normalen Sprachgebrauch der Person. Ist man live bei einem Channeling anwesend, wird man oft auch feststellen können, dass sich sowohl der Tonfall als auch die Sprache des Channelmediums deutlich von der Alltagssprache des Mediums unterscheiden.

Es gibt Channelmedien die Erzengel channeln, aufgestiegene Meister, Lichtwesen etc., hierbei passt sich das Channelmedium in der Regel soweit energetisch an die Wesenheit an, dass es in der Regel im Anschluss an ein Channeling selbst nicht weiß, was es gesagt hat bzw. überbracht hat. Es gibt auch Schreibmedien, die sich am besten der geistigen Führung hingeben können, wenn sie sich auf das Schreiben konzentrieren, sie schreiben flüssig und ohne zu überlegen. Sind sich oftmals auch nicht des Geschriebenen bewusst.

Nicht alle erhaltenen Informationen sollten blind angenommen werden, nur weil sie gechannelt sind. Wir sollten vielmehr unterscheiden, ob es sich um Botschaften handelt, die uns etwas nutzen, ob es lichtvolle Durchsagen sind, die in uns ein Gefühl der Freude auslösen und uns, sowie der Menschheit, dienlich sind. Botschaften, die mit Angst arbeiten, um uns zu leiten, uns unter Druck setzen oder einfach destruktiven Charakter haben, entstammen nicht von Lichtwesen und sollten von uns kritisch betrachtet oder verworfen werden.
Zum Channeln kann im Prinzip jeder Kristallschädel verwendet werden, die Größe und auch die Kristallart spielen hierbei keine große Rolle. Als Kristallschädelhüter stellen wir eigentlich immer fest, dass unsere Kristallschädel mit uns in Kommunikation gehen, was bereits einem Channeling gleichkommt. Menschen, die jedoch ihre Aufgabe im Bereich des Channelns sehen, bevorzugen in der Regel einen annähernd lebensgroßen Kristallschädel, vorzugsweise aus Bergkristall bzw. andere Vertreter der Quarzfamilie. Ihre piezoelektrische Eigenschaft befähigt sie besonders zu dieser Arbeit.
Kristallschädel haben beim Channeln den großen Vorteil, dass erst gar keine Verbindungen hergestellt werden wird, wenn es nichts zu channeln gibt. Kristallschädel lassen uns sehr schnell mit der geistigen Welt in Kontakt kommen. Meine Erfahrung ist es, dass, wenn wir einen Kristallschädel in ein Channeling integrieren, wir in der Regel immer mit der gleichen Wesenheit in Kontakt treten. Dies kann in vielen Fällen die Kristallschädelwesenheit sein, die sich in unserem Schädel verbirgt. Lassen Sie sich nicht verwirren, wenn die Wesenheit Ihnen einen Namen nennt, der nicht der Name Ihres Schädels ist. Die Kristallschädelwesenheit hat häufig einen Namen, der von dem Namen Ihres Schädels abweicht.
In Channelings mit Kristallschädeln werden sehr häufig Durchgaben zu deren Herkunft und früheren Einsatzgebieten gegeben, Botschaften zur Entwicklungsgeschichte der Erde, aber auch Vorausschau gehalten bezüglich des Aufstiegs von Mutter Erde und den auf ihre lebenden Wesen, sowie den energetischen Situationen, die derzeitig die Welt prägen. Wir erhalten Informationen zu Situationen aus früheren Leben bzw. von untergegangenen Kulturen, die für unsere heutige Situation von Wichtigkeit sind und nochmals angeschaut werden sollen.
Aber auch Hinweise für unsere eigene spirituelle Weiterentwicklung oder die unserer Klienten sind sehr häufig. Es werden Themen gezeigt, die zu bearbeiten sind, Fakten aufgezeigt, die unsere Weiterentwicklung fördern können, sowie klare Hinweise auf unsere Lebensaufgabe gegeben.

36. Sind Ancient oder alte Kristallschädel besser als Kristallschädel, die heute geschliffen werden?

Die Antwort darauf kann sehr unterschiedlich ausfallen, denn es kommt darauf an, wem Sie diese Frage stellen.

Bei den nachgewiesenen Ancient oder alten Kristallschädeln handelt es sich um einzigarte Artefakte längst vergangener Zeiten, die ein unschätzbares Kontingent an altem, längst vergessenem und verborgenem Wissen mit sich bringen und uns über die Verbindung und Kommunikation mit ihnen die einmalige Chance geben, eine Rückverbindung zu erhalten. In diesem Zusammenhang ist ihr Wert unschätzbar, auch ihr materieller Wert ist dementsprechend hoch.

Für alle Kristallschädelhüter weltweit sind sie ebenfalls von unschätzbarem Wert. Ganz gleich ist es, ob wir jemals persönlich die Chance hatten mit ihnen zusammenzutreffen und ihre Energien in uns aufzunehmen, denn sie sind es, die es uns durch ihr Sein erst ermöglicht haben, unseren Weg mit unseren Kristallschädeln zu gehen. In diesem Zusammenhang gilt mein großer Dank den Kristallschädelhütern dieser Schädel, Anna Mitchell-Hedges, Bill Homan, Sherry Whitfield, Michele Nocerino, JoAnn Parks und vielen anderen, die es Menschen auf der ganzen Welt ermöglichen in Kontakt mit ihren einzigartigen Schädeln zu kommen. Sie waren und sind maßgeblich an der Öffnung der Menschen für das Kristallschädelbewusstsein beteiligt, haben als Vorreiter zum Teil über lange Jahre in Pionierarbeit das Thema Kristallschädel in die Öffentlichkeit gebracht, damit die Kristallschädel ihren Ruf an die Menschen richten konnten.

Auch heute noch bieten viele von ihnen uns die fantastische Möglichkeit ihre Schädel zu sehen, ihre Energien zu erfahren und unsere eigenen Kristallschädel mit ihren Ancient-Kristallschädeln zu vernetzen. Diese Vernetzung ist von unschätzbarem Wert für unser Kristallschädel, sowie unseren Bewusstwerdungsprozess.

In den letzten Jahren ist in Kreisen von Kristallschädelhütern allerdings immer mehr das Bestreben laut geworden, auch selbst einen solchen Ancient oder alten Kristallschädel besitzen zu wollen. Hierzu muss man eindeutig sagen, dass es sich bei diesem Wunsch in den meisten Fällen um eine reine Egoprojektion handelt. Man geht nicht los um sich einen Ancient oder alten Schädel zu kaufen, sondern sie werden uns zugeführt, wenn wir für diese Aufgabe bestimmt sind.

Man sollte bedenken, dass diese Schädel, meiner Auffassung nach, eine sehr große Verantwortung mit sich bringen, die mit einer eindeutigen Aufgabe für die Gesamtheit der Menschen verbunden ist, d. h. sollten wir je in den Besitz eines solchen Schädels kommen, wird in unserem Leben nichts mehr so sein wie bisher. Unser Leben wird sich dann auf eindeutig bestimmte Aufgaben zu konzentrieren haben, die nicht selten mit einem erheblichen Maß an Reisetätigkeit, Öffentlichkeitsarbeit etc. verkoppelt sind, was sich erheblich auf unsere Berufe und natürlich auf unsere Familien auswirken wird, mal ganz abgesehen von dem persönlichen Entwicklungsprozess, der damit verbunden ist.

Durch den Wunsch vieler Menschen, eben einen solchen Schädel selbst zu besitzen, sind in den letzten Jahren einige sehr fragwürdige Schädel auf dem Markt erschienen, deren Herkunft gänzlich ungeklärt ist. Deren Verkäufer geben aber vor, dass es sich um Ancient bzw. alte Schädel handelt, ohne dies auch nur halbwegs verifizieren zu können. Wenn man als Fundort nur lapidar ein Land oder eine Region genannt bekommt, ohne jegliche Auskunft über den genauen Fundort, die Umstände des Funds, Jahresangaben etc., kann man den Aussagen nicht wirklich Glauben schenken. Auffällig ist auch, dass all diese Schädel aus China oder Hongkong kommen. Bei genauerem Hinsehen, hat sich schon mehr als einer von ihnen als gefärbter Clacit herausgestellt, der durch bloßes Reinigen seine auf alt getrimmte Patina verloren hat. Ein auf alt getrimmter Kristallschädel ist noch lange kein Ancient-Schädel.

Bis auf wenige Ausnahmen sind alle Ancient und alten Kristallschädel übrigens aus Bergkristall, dem Kristall mit dem höchsten Vorkommen auf der Erde.

Wer auf dünnes Eis geht läuft Gefahr einzubrechen, das sehe ich genauso. Wenn man also glaubt, für einen Spottpreis einen Ancient-Schädel zu erstehen und auch noch sieht, dass dieser sich bereits in gleicher Ausführung bei jeder Menge anderen Hütern befindet, ist man selbst dran Schuld, das ist korrekt.

Was allerdings nicht korrekt ist, sondern vermessen, ist die Tatsache, dass eben genau diese Menschen, dann zum Teil in der Öffentlichkeit laut auf sich und ihre Schädel aufmerksam machen und glauben anderen gegenüber urteilen zu müssen, bzw. meinen ihre Schädel seien Ancient und deshalb besser und heiliger als alle anderen.

Leider lassen sich viele Menschen immer noch durch derartiges Geschwätz verunsichern, sind zum Teil sogar der Meinung ihre Schädel seien minderwertig, weil sie in heutiger Zeit geschliffen wurden.
Das ist allerdings keinesfalls so. Jeder handgeschliffene Kristallschädel ist ein einzigartiges Unikat, mit Jahrtausende alter Entwicklungsgeschichte und einzigartigem gespeichertem Wissen. Ein in heutiger Zeit geschliffener Kristallschädel zu dem wir ein Resonanzmuster haben, ist von unschätzbarem Wert für unsere persönliche Entwicklung. Haben wir eine Herzensverbindung zu unserem Schädel, werden wir auch in der Lage sein Stück für Stück seine Informationen zu dekodieren und in unser Leben zu integrieren und nur das darf für uns von Wichtigkeit sein.
Ein Ancient oder alter Kristallschädel, zu dem wir keine Resonanz haben, außer der Tatsache, dass wir eben auch einen haben wollten, wird uns nichts bringen bzw. sogar unseren Entwicklungsprozess erschweren.

Mal davon abgesehen, kann nicht jeder einen Ancient oder alten Kristallschädel haben, da es gar nicht so viele davon gibt, wir dürfen uns froh und glücklich schätzen, dass uns durch die heute geschliffenen Schädel die Möglichkeit gegeben wird, sie auch in unserem Leben willkommen zu heißen.

37. Was sind Resinschädel und wie unterscheiden sie sich von Kristallschädeln?

Bei Resinschädeln handelt es sich um Schädel, die mittels Guss aus Kunstharz hergestellt werden. Diese Schädel gibt es in verschiedenen Formen und Farben, wobei sie entweder durchsichtig und klar sein können, aber auch in undurchsichtiger Form mit einem Farbüberzug aus Bronze, Chrom oder anderen Farbbeschichtungen. Häufig weisen sie keltische Muster oder sog. Tribals bzw. andere Verzierungen auf.
Sie sind entweder anatomisch genaue Abbildungen oder aber Fantasiegestaltungen.
Häufig findet man diese Schädel in Gothic Shops, aber auch hin und wieder in Esoterikläden. Normalerweise kann man diese Schädel klar von Kristallschädeln unterscheiden, weil sie, wie gesagt, nicht aus Kristall geschliffen wurden, sondern aus Kunstharz hergestellt sind. Es gibt aber immer wieder Laien, die keine Erfahrung mit Kristallschädeln haben und sich durch den günstigen Preis dieser Replikate blenden lassen.

Einige Schädelnachbildungen sind aus lichtdurchlässigem Resin hergestellt und massiv gegossen, diese sehen einem richtigen Kristallschädel täuschend ähnlich, es gibt sie glasklar und in verschiedenen Farben, wie schwarz, rot, violett, um die häufigsten zu nennen.
Natürlich spricht nichts dagegen sich einen solchen Schädel anzuschaffen, zum Teil sind sie ja sehr dekorativ, allerdings sollte man sich darüber im Klaren sein, dass man damit keinen Kristallschädel erwirbt, sondern eine Kunstharz-Nachbildung, die selbstverständlich nicht über die Eigenschaften eines echten Kristallschädels verfügt.
Sie weisen weder die energetische Vibration eines Kristallschädels auf, noch die Eigenschaften des zum Schliff verwendeten Kristalls und sind somit weder zum Einsatz in Kristallschädelbehandlungen oder -sitzungen, noch zur Selbsterfahrungsarbeit geeignet, sondern vielmehr ausschließlich Dekorationsobjekte.

Ich erlebe es leider immer wieder, dass Menschen zu mir kommen, um mir ganz glücklich ihren neuen Schädel zu zeigen, den sie günstig erstanden haben. Manch einem ist selbst schon aufgefallen, dass sein Schädel keine wirkliche Verbindung zu ihm aufnimmt und sich energetisch irgendwie „lahm" anfühlt. Manch einer glaubt allerdings auch, dass ihm das ganz große Schnäppchen gelungen ist, weil er einen großen Schädel für um die hundert Euro erstanden hat. Da kann man dann leider immer nur sagen „das war Lehrgeld, das jeder in diesem Leben irgendwann mal zahlt".
Solange dem Käufer der Schädel dann optisch gefällt, ist es ja auch nicht weiter schlimm und man kann ihn dekorativ einsetzen. Sind die Menschen aber unbelehrbar und meinen mit diesen Schädeln arbeiten zu wollen und geben damit erhaltene Botschaften auch noch an Klienten weiter, ist es allerdings bedenklich, da dies dann nichts anderes als Egoprojektionen sind, die des Weiteren noch ein schlechtes Licht auf die Kristallschädelarbeit im Allgemeinen werfen.
Wenn man mit Kristallschädeln arbeiten will, muss man doch zumindest über die nötigsten Grundkenntnisse verfügen, ist man sich in einem Fall nicht sicher, gibt es genügend kompetente Leute, die man fragen kann.

Verstehen Sie mich nicht falsch, ich will niemanden davon abhalten Resinschädel zu kaufen, aber in der Kristallschädelarbeit haben sie nichts zu suchen.

38. Wie kann ich mit meinem Kristallschädel kommunizieren?

Sie sollten so mit Ihrem Kristallschädel kommunizieren, wie es sich für Sie stimmig anfühlt und vor allem, wie es für Sie authentisch ist.
Gehen Sie mal davon aus, dass ein Kristallschädel Sie bereits nach kurzer Zeit besser kennt als Sie sich selbst, da er vollen Zugang zu Ihrer Herzensenergie hat und mit Ihrem Höheren Selbst ankoppelt.
Wenn Sie also mit ihm reden wollen, reden Sie mit ihm ohne darüber nachzudenken, was ein Dritter, der Sie so sieht, wohl denken könnte.
Sie können, wenn sich das für Sie besser anfühlt, natürlich auch auf mentaler Ebene mit ihm oder ihr kommunizieren. Manchmal kommt man auch in eine Situation, in der man seinem Kristallschädel Bilder sendet.
Ich persönlich finde es auch immer sehr schön, stimmig und heilsam für meine Schädel und mich, wenn ich sie berühre, die Schädel verstehen mich ohne Worte und beginnen sofort damit Energien zu senden. Gerade bei Kasper, der ja schon häufig mit mir im Fernsehen auf Sendung zu sehen war, kommuniziere ich gerne auf diese Art und Weise, während einer Sendung lässt sich das ja auch nicht anders machen. Ich lege dann einfach meine Hand auf seinen Kopf, er liest sofort mein energetisches Muster ab und beginnt darauf zu antworten. Da Kasper nicht selten ziemliche Sprüche auf Lager hat, wie man es wohl salopp ausdrücken würde, muss ich schon manchmal aufpassen, dass ich dann nicht lachen muss, wenn er mir seine Antwort überspielt.
Menschen, die gerade damit beginnen, ihre ersten Erfahrungen mit Kristallschädeln zu machen, sind bestrebt alles richtig zu machen, so wie wir es nun mal gelernt haben, damit sie möglichst zügig Botschaften von ihrem Schädel erhalten können. Bitte blockieren Sie sich da nicht selbst. Alles was Sie aus tiefstem Herzen heraus machen ist richtig. Man kann mit einem Kristallschädel nichts falsch machen in der Kontaktaufnahme, solange man ihm mit Liebe, Respekt und Dankbarkeit für sein Sein begegnet.
Öffnen Sie sich und seien Sie Sie selbst, dann werden die Energien automatisch fließen.
Ganz wichtig dabei ist, dass Sie ohne Erwartungshaltungen auf Ihren neuen Begleiter zugehen und offen sind für alles, was passiert.
Erwartungshaltungen spielen uns nur allzu oft in unserem irdischen Leben einen üblen Streich. Lassen Sie es nicht zu, dass diese Ihr Verhältnis zu Ihrem Schädel beeinträchtigen. Im Zusammenhang mit dem Thema

Kommunikation erlebe ich immer wieder, dass Menschen genau vorgefasste Erwartungen haben, wie die erhofften Botschaften übermittelt werden und wie sie auszusehen haben. Vor lauter Fixierung darauf, erkennen oder überhören sie die wirklichen Botschaften.
Machen Sie sich frei von diesen alten, erlernten Strukturen, lassen Sie die Energien frei fließen und Sie werden feststellen wie fantastisch eine aktive Kommunikation mit einem Kristallschädel sein kann.

39. Kann man Kristallschädel zu Rückführungen einsetzen?

Diese Frage wird immer wieder gestellt.
Natürlich kann man Kristallschädel auch in Rückführungen einsetzen.
Hierzu gibt es grundsätzlich 2 verschiedene Möglichkeiten.

1. Den Kristallschädel kann man zu herkömmlichen Rückführungen einsetzen, indem sich der Rückführungstherapeut mit dem Kristallschädel verbindet, der während der Rückführung in seinem energetischen Feld steht.
2. Man lässt den Klient, bei dem die Rückführung durchgeführt wird, einen Kristallschädel kleinerer Größe während der Sitzung in der Hand halten, vorzugsweise in der linken Hand, bei Linkshändern in der rechten Hand.

Der Kristallschädel wird die Energien so verstärken, dass die relevanten Situationen der Rückführung klar und deutlich zutage treten.

Kristallschädel haben auch während normaler Kristallschädelsitzungen und Kristallschädelbehandlungen die Tendenz von selbst zurückzuführen, wenn Situationen aus vergangenen Leben auftreten, die für unsere heutige Situation von Wichtigkeit sind. In diesem Fall werden wir die Bilder aus dem entsprechenden Leben empfangen ohne vorher eine Rückführung initiiert zu haben. Die Bilder und Informationen zu diesem Leben können sich hierbei entweder bei der zu behandelnden Person, oder aber auch beim Behandler und natürlich auch bei beiden zeigen.
Die Kristallschädel führen uns hierbei so zurück, dass sie uns deutlich die jeweiligen benötigten Situationen aufzeigen, deren energetische Auswirkungen uns im Hier und Heute blockieren, die uns in Ängste und Unsicherheiten versetzen und uns an unserem weiteren Vorankommen hindern. Hierzu ist es allerdings nicht notwendig in das jeweilige Leben in all seinen Phasen zurückgeführt zu werden, sondern die notwendigen Situationen eröffnen sich uns von selbst.

Es kann während einer Behandlung vorkommen, dass wir zu mehreren Situationen aus zeitlich ganz verschiedenen Epochen zurückgeführt werden, selbst wenn Jahrhunderte dazwischen liegen.
Während in herkömmlichen Rückführungen die Konfrontation mit den Situationen sehr emotional bis schmerzhaft sein kann, muss das bei einer durch einen Kristallschädel initiierten punktgenauen Rückführung nicht unbedingt sein.
Im Falle die Bilder zeigen sich nur bei dem Behandler und nicht bei dem Klienten, der erst nach der Sitzung durch den Behandler davon erfährt, können diese Situationen dann oft sogar aus einer gewissen Distanz angesehen werden, ohne in die jeweiligen damit verbundenen Emotionen nochmal hineingehen zu müssen.
Natürlich gibt es keine Gewähr dafür, dass in jeder Kristallschädelsitzung diese rückführenden Aspekte auftreten werden, das liegt alleine in der Hand der geistigen Welt.

40. Kann man Kristallschädel mit Trommeln, Klangschalen, Stimmgabeln etc. kombinieren?

Kristallschädel lassen sich wunderbar mit vielen anderen energetischen Werkzeugen („Tools“) kombinieren, die der Energieanhebung dienen. Gerade in Zeremonien und Ritualen sieht man sehr oft, dass Trommeln, Rasseln, Zimbeln und auch Klangschalen eingesetzt werden, um die Energien zu eröffnen und die geistige Welt zu rufen.... Das machen wir heute noch so, das haben bereits unsere Vorfahren vor vielen Jahrhunderten so getan und vor allem wird es in sehr vielen Kulturkreisen noch so gehandhabt. Nutzen wir also das Wissen unserer Vorväter auch in unserer Arbeit.

Neben dem Einsatz dieser Instrumente in Zeremonien lassen sie sich auch fantastisch in Sitzungen, Behandlungen, Visionsreisen mit Kristallschädeln einsetzen. Ihr Einsatz kann hier sehr vielfältig sein, lassen wir uns hierbei von unserer Intuition und den Durchgaben der geistigen Welt leiten.
Ich persönlich finde es sehr schön, wenn man zu Beginn einer Sitzung oder Behandlung mit Trommeln arbeitet. Diese rufen die Energien, tragen zu einer gesamten Energieerhöhung bei und öffnen und klären so ganz nebenbei die Chakren, eine ideale Voraussetzung für die Schädelarbeit. Ob man Trommeln auch während des gesamten Sitzungsverlaufs oder zu

deren Abschluss einsetzt, sollte man gar nicht im Voraus kopfmäßig planen, sondern einfach so kommen lassen, wie es in der jeweiligen Situation stimmig ist.
Man kann hierbei auch die Trommeln mit anderen Instrumenten kombinieren oder dazu chanten.
Generell sollte man sich aber darüber im Klaren sein, dass oftmals weniger mehr ist, da leicht eine Reizüberflutung entstehen kann, die dann dazu führt, dass sich unser Klient als energetisches System schließt, statt sich zu öffnen.
Gerade im therapeutischen Einsatz sind Klangschalen, bevorzugt Planetenklangschalen, wunderbar mit Kristallschädeln zu kombinieren. Hierbei ist es egal, ob man mit den Klangschalen die Sitzung eröffnet oder/und mit ihnen während der gesamten Sitzung arbeitet. Die Frequenzen der Klangschalen dringen bis in tiefe Körperschichten vor und bringen unsere Zellen quasi in Schwingungen.
Bereits vor 5000 Jahren fanden sie ihren Einsatz in der vedischen Heilkunst. Mehr und mehr etablieren sich die Erkenntnisse über Klänge und deren Einsatz heutzutage auch in der westlichen Welt, man weiß über die Förderung und Steigerung des Wohlbefindens aufgrund von Klängen.
Diese können wir uns auch in Kombination mit unseren Kristallschädeln zunutze machen. Sie werden feststellen, dass der Einsatz von Klangschalen den Menschen hilft, gerade zu Beginn einer Sitzung, nicht mit dem Verstand zu reagieren, sondern sich zu öffnen und einfach nur zu spüren, zu erleben und zu sein.
Zur Chakrenreinigung sind Klangschalen ebenfalls ein hervorragendes Hilfsmittel.
Ein weiterer großer Vorteil kommt zusätzlich hinzu: Kristallschädel lieben Klänge, ganz besonders von Klangschalen und Trommeln, und genießen diese Energien ebenfalls.

Wunderbar geeignet für den Einsatz in Kristallschädelsitzungen sind planetare Stimmgabeln, es gibt sie in verschiedenen Tonfrequenzen, z. B. als Erdtöne, Mondtöne, Planetentön, Sonnenton, OM und viele mehr.
Man kann Stimmgabeln nicht nur meditativ einsetzen, sondern auch therapeutisch, indem man sie anschlägt und auf bestimmte Punkte auf dem menschlichen Körper aufsetzt. Dies können die klassischen Akupunkturpunkte sein, das hat den Vorteil, dass die Schwingungen dann durch den ganzen anhängenden Energiemeridian transportiert werden. Man kann sie aber auch intuitiv auf jenen Punkten des menschlichen Körpers einsetzen,

die man vom Kristallschädel durchgegeben bekommt, auf Problemzonen und selbstverständlich auch auf unsere Chakren. Die Schwingungen durchdringen das Gewebe, aktivieren die Umgebung, die Folge ist eine belebende und vitalisierende Wirkung auf den gesamten Organismus.
Ihr Einsatz kann sowohl zu Beginn einer Sitzung als auch während des gesamtenVerlaufs erfolgen.

Ich hoffe, Ihnen hier einige Anregungen an die Hand gegeben zu haben, wie Sie Kristallschädel mit den Vorteilen von Klängen und deren Frequenzen kombinieren können, um dadurch nochmals die Energien zu potenzieren und sowohl ein Höchstmaß an Entspannung als auch an Vitalisierung zu erzielen.

41. Sollte man darauf achten, dass fremde Menschen den eigenen Kristallschädel nicht berühren?

Grundsätzlich gibt es nichts dagegen einzuwenden, wenn andere Menschen unsere/n Kristallschädel berühren, da sie ja auch bei dem, der sie berührt, eine Herzensöffnung bzw. eine generelle Öffnung für die Energien der Kristallschädel herbeiführen können und ihm somit ein großes Geschenk darbringen.

Drei Dinge, finde ich, sollten dabei aber immer beachtet werden:

1. Fühlt es sich für Sie als Hüter des Kristallschädels stimmig an, wenn ein anderer Mensch (insbesondere in der gegebenen Situation, der Mensch, der ihn gerade berühren möchte) ihn berührt. Sollte Ihnen Ihre Intuition bzw. Ihr Bauchgefühl ein klares „Nein“ signalisieren, rate ich Ihnen davon ab, den Schädel von der betreffenden Person anfassen zu lassen, auch wenn Sie z. B. die Person mögen und sich nicht erklären können, warum Ihnen Ihr Gefühl davon abrät. Oftmals bekommen wir die Erklärungen dafür erst viel später geliefert und sind dann froh auf unsere innere Stimme gehört zu haben.
2. Bevor jemand, wer auch immer, Ihren Schädel berührt, sollten Sie oder derjenige der ihn anfassen möchte, mit dem Schädel in Kontakt treten und ihn danach fragen, ob es für ihn/sie in Ordnung ist von dem Menschen berührt zu werden. Jeder Kristallschädel ist eine eigenständige Wesenheit, der man mit Respekt und Liebe gegenübertreten sollte und dazu gehört auch, ihn um seine Einwilligung zu bitten. Einige Menschen, die diesen Grad der Öffnung nicht haben, neigen dazu sofort an einem Schädel, der sie anspricht, rumzutatschen und auf ihn einzure-

den. Die Erfahrung hat gezeigt, dass Schädel dies gar nicht mögen und sich sofort verschließen und das ist ja sicherlich nicht Sinn der Sache.

3. Achten Sie darauf, wie unter Frage 10 beschrieben, Ihren Kristallschädel jedes Mal zu reinigen, wenn er mit den Energien anderer Menschen in Berührung gekommen ist.

Für alle Kristallschädelhüter, die mit ihren Kristallschädeln Seminare und Work-Shops oder Kristallschädel-Sessions geben, gilt es, vor jedem Termin die Kristallschädel zu fragen, wer bei dem Event dabei sein möchte und wer nicht. Ihre Kristallschädel werden Ihnen deutlich zeigen, wer für die jeweilige Arbeit zur Verfügung steht. Bei allen Schädeln, die sich dafür bereiterklärt haben Sie dann während der geplanten Arbeit zu begleiten, kann man davon ausgehen, dass sie kein Problem damit haben berührt und eingesetzt zu werden.
Ich selbst habe es mir allerdings angewöhnt meine Seminarteilnehmer darauf hinzuweisen, dass sie die Schädel um ihre Zustimmung bitten, bevor sie mit ihnen arbeiten und das versteht sich für mich von selbst, sich auch nach der Arbeit mit ihnen für ihre Dienste zu bedanken.

42. Warum arbeitet man mit Kristallschädeln auf Leylines?

„Der Begriff Leylines wurde Anfang des 20. Jahrhunderts von dem Engländer Alfred Watkins geprägt. Er fand heraus, dass eine große Zahl von alten Weihestätten, Megalithmonumenten, alten Kirchen, Kultplätzen, heiligen Brunnen und Hügeln entlang gerader, Dutzende Kilometer langer Linien errichtet wurden, wenn man sie auf einer Karte miteinander verband. Er war nach eigenen Angaben in der Lage, diese Energiephänomene zu 'sehen'. Wie Watkins herausfand, tragen viele Orte entlang dieser Linien den Namensbestandteil 'ley' = Lichtung. Watkins nannte diese Linien darum Leylines. Seiner Theorie nach dienten sie in erster Linie praktischen Zwecken und waren in alten Zeiten eine nützliche Orientierungshilfe für Reisende. Die 'Leys' führen über wichtige Hügel und Berge, wo als Wegweiser Signaltürme errichtet wurden. Die Anhänger 'Watkins', die sich in Großbritannien im 'Old Straight Track club' zusammenschlossen, gingen noch weiter und deuteten die Linien als Teil eines Netzes von Linien voller körperlicher und seelischer Energie. Ähnlich wie die chinesischen Geomanten vertreten sie die Meinung, dass die Linien, die die irdische Landschaft durchziehen, in der Verlängerung bis zu den Sternen führen. Eine dieser Linien verläuft durch den Steinkreis Boscawen-un in Cornwall, in der Nähe von Penzance, und verbindet eine

Einsiedelei auf der Insel St. Clement vor der Küste Cornwalls mit dem Sternbild Plejaden an der Himmelsstelle, an der es im September zu sehen ist... Der Deutsche Josef Heinsch, der in Deutschland, Tschechien und Slowakei tätig war, fand Linien an Orten, an denen Kirchen vorchristlicher Kultstätten erbaut worden waren. Der Franzose Lucien Richer entdeckte eine Verbindung zwischen Heiligtümern in ganz Europa, die sich von der Insel Skerrig Michael, vor der Küste Südwestirlands, über St. Michael's Mount in Cornwall, Mont St. Michel in Frankreich, Delphi, Athen und Delos in Griechenland bis zum Berg Karmel in Israel verfolgen lässt. Auf dieser Linie liegen bedeutende Sakralbauten, die dem Erzengel Michael oder dem griechischen Lichtgott Apollo geweiht sind. Die meisten Stätten wurden an weithin sichtbarer Stelle errichtet. Diese sogenannte St.-Michaels-Linie ist die längste Leyline Großbritanniens, die, bevor sie also durch ganz Europa führt, auch noch das Megalithmonument von Avebury in Wiltshire durchschneidet. Diese Linie entspricht übrigens dem Einfall der aufgehenden Sonne am 1. Mai..." (nach „Heilige Plätze – Magische Orte" von Brian Leigh Molyneaux).

Leylines sind also Energielinien, die die Erde wie eine Art Gitternetz überziehen, quasi das Energienetz der Erde. Überall dort, wo es Leylines gibt, ist eine erhöhte Lebensenergie festzustellen. Diese Lebenskraft wiederum versorgt die Menschen, Tiere und die Natur in diesen Gebieten mit erhöhter Lebensenergie und fördert so Wachstum auf allen Ebenen.
Man könnte eine Leyline, also als eine Lebenskraft spendende Energielinie bezeichnen, einen pulsierenden Meridian der Erde.

An Orten, wo sich Leylines kreuzen, befinden sich die sog. Leycenter, Orte mit besonders hoher Energie. Schon unsere Vorfahren haben genau diese Schnittstellen benutzt um Kraftorte und Kultstätte zu erbauen.
Die weltbekanntesten Kraftorte in diesem Zusammenhang sind Stonehenge, der schwarze Monolith in Mekka, Maccu Picchu, Teotihuacan und natürlich die Pyramiden von Gizeh, die in den letzten Jahrzehnten von vielen spirituellen Reisenden auf ihren Pilgerfahrten besucht worden sind.

Natürlich sind Leylines für unser Auge unsichtbar, es gibt jedoch Menschen, die von sich behaupten diese Lebensadern der Erde fühlen zu können. Geomanten sind in der Lage sie mit einigen Hilfsmitteln, wie z. B. dem Tensor oder der Wünschelrute, zu lokalisieren.
Macht man einmal den Selbstversuch und schaut sich an bzw. fühlt sich rein, an welchen Orten man sich gut fühlt und merkt, dass man mit

Lebensenergie aufgeladen wird, stellt man in vielen Fällen fest, dass sich genau dort Leylines befinden.

Keine Frage, dass sich auch unsere Kristallschädel auf Leylines besonders wohl fühlen, sich mit den Energien aufladen und die jeweiligen Energien sofort integrieren.
Stellt man einen Kristallschädel auf eine Leyline und lässt ihn dort für eine gewisse Zeit verweilen, kann man interessante Interaktionen beobachten. Viele Schädel beginnen im wahrsten Sinne des Wortes von innen heraus zu leuchten und vor Energie zu pulsieren. Man kann sofort feststellen, dass sich ihr energetisches Niveau potenziert.
Aber auch an den Leylines ist durch diese Interaktion in vielen Fällen eine deutliche Veränderung in der Intensität ihrer Energie festzustellen, bis hin dazu, dass sich die Leylines ausdehnen.

In 2012 hatte ich die große Freude und Ehre mit meinen Kristallschädeln auf der St. Michaels-Leyline in England zu arbeiten, der längsten und ältesten Leyline Großbritaniens. Die St. Michaels-Leyline gilt darüber hinaus als die längste und wichtigste Leyline der Erde und Hauptenergielinie von Mutter Erde, sie erstreckt sich von Großbritanien aus über ganz Europa, Asien bis nach Südamerika.
Wir haben an 2 aufeinanderfolgenden Tagen erst in Glastonbury, in Chalice Well und dann in Avebury, in Wiltshire, auf der St. Michaels mit unseren Schädeln gearbeitet. Die Energie der Schädel wurde dadurch um ein Vielfaches potenziert und mit purer Lebensenergie aufgeladen, die sie sodann natürlich auch an uns Hüter abgegeben haben. Am 2. Tag in Avebury haben uns die Schädel sofort direkt auf die Leyline geführt, ihre Verbindung zur gesamten Leyline war mehr als offensichtlich, ein wahrhaft erhebendes Erlebnis für uns alle.

Ich kann jedem von Ihnen nur wärmstens ans Herz legen, selbst mal mit Ihren Schädeln den Versuch zu machen auf einer Leyline zu arbeiten, Sie werden begeistert sein und die Schädel strahlen voller Glück. Viel Freude dabei!!!

43. Welcher Kristallschädel ist besonders für einen Einsteiger geeignet?

Oft wird die Frage, welche Kristallschädel für Einsteiger besonders geeignet sind, an mich herangetragen.
In diesem Zusammenhang finde ich zwei Dinge sehr wichtig.

Zum einen sollte jeder zukünftige Kristallschädelhüter, egal ob „alter Hase“ oder Einsteiger, eine Herzensverbindung zu seinem Kristallschädel spüren.

Zum anderen sehe ich es persönlich als sehr sinnvoll an, wenn man sich bei seinem Erstschädel auf jeden Fall für einen Schädel aus der Quarzfamilie entscheidet.
Zum genaueren Verständnis schauen wir uns die chemische Zusammensetzung von Quarzen an. Wir stellen fest, dass Quarzkristalle zum größten Teil aus Siliziumdioxid (SiO2), genannt Silizium, bestehen, welches nicht nur einen großen Bestandteil unserer Erde ausmacht, sondern auch in unserem Körper enthalten ist.

Wenn SiO2-Moleküle sich mit anderen SiO2-Molekülen verbinden, entstehen Tetraheder. Der Tetraheder wiederum ist eine der planetonischen Formen und wird in vielen esoterischen Traditionen als die Grundmatrix, die alle physischen Formen bildet, angesehen.

Silizium, ist uns allen aus der Computerindustrie bestens bekannt, besitzt „Schwingeigenschaften“, man nennt es piezoelektrisch. In der Computertechnologie und Nachrichtenübermittlung verwendet man allerdings unter Laborbedingungen künstlich hergestellte, sehr reine Quarze, um Ungenauigkeiten zu vermeiden.
Ein kleiner Quarz in der Größe von einem Zuckerwürfel genügt, um das Wissen und die Information einer ganzen Bibliothek zu speichern. Hieran sieht man welche riesigen Kapazitäten in den Kristallschädeln enthalten sind.
Quarze besitzen, als piezoelektrische Kristalle, die Fähigkeit Energie zu senden und zu empfangen, Energie zu speichern, zu modifizieren, zu verstärken und sie erneut multi-dimensional wieder auszusenden.
Diese piezoelektrischen Eigenschaften der Quarze sind es, die wir uns bei der Anschaffung eines Quarzkristallschädels zunutze machen können, seine Fähigkeiten Energien zu senden, zu empfangen und zu speichern machen ihn ideal zur Kommunikation und ermöglichen uns einen leichten Zugang zu ihm. Andere Mineralien, die diese piezoelektrischen Eigenschaften nicht besitzen, machen einen Datentransfer zwischen Schädel und Hüter deutlich schwerer.
Schauen wir uns in Hinblick darauf mal die sog. Ancient-Kristallschädel an, werden wir feststellen, dass sie alle der Quarzfamilie entstammen.
Auch Channelmedien, die mit Kristallschädeln arbeiten, arbeiten immer mit einem Kristallschädel aus der Familie der Quarze.

Da gerade Einsteiger, die im Umgang mit Kristallschädeln noch ungeübt und unerfahren sind, einen schnellen Zugang zu ihrem neuen Freund haben möchten und es kaum erwarten können die ersten Botschaften zu erhalten, kann ich nur empfehlen als Erstschädel einen Kristallschädel aus der Quarzfamilie zu wählen. Citrin, Rauchquarz, Rosenquarz, Amethyst und Bergkristall stehen uns hierbei in verschiedenen Varietäten zur Verfügung.
(Mehr Informationen zum Thema „Kristallschädel in unterschiedlichen Kristallarten und ihre Anwendungsgebiete" finden Sie in meinem Buch „Kristallschädel - Anleitung zur Energiearbeit mit Kristallschädeln". Hier sind alle Vertreter der Quarzfamilie, sowie mehrere andere Kristallarten im Hinblick auf ihre Eigenschaften, Einsatzgebiete und Eigenarten beschrieben.)

44. Kann sich ein Kristallschädel durch die Arbeit mit ihm verändern?

Diese Frage lässt sich mit einem klaren „JA" beantworten.
Man kann es manchmal kaum glauben, dass ein Kristall, der über Jahrtausende in Mutter Erde gewachsen ist, sich binnen Kurzem durch die gemeinsame Arbeit, durch Aktivierung, Zuwendung und Liebe völlig verändern kann.
Wir wissen zwar, dass sich Amethyste durch hohe Lichteinwirkung dahingehend verändern, dass ihre Farbe ausbleicht, dass sie aber durch ständige Arbeit und Aktivierung auch ihre Farbe intensivieren können oder Regenbögen bekommen, ist weitgehend unbekannt.

Generell kann man sagen, dass alle Kristallschädel vor allem aber die Quarzkristallschädel klarer werden, Regenbögen bekommen und erstrahlen, je länger und intensiver man sich mit ihnen beschäftigt.
Bei Bergkristallen kann das so weit gehen, dass selbst anfänglich eher trübe, ja fast milchige Bergkristalle immer klarer und lichtvoller werden.
Auch bei Rauchquarzen und Citrinen sind derartige Veränderungen deutlich erkennbar.
Oft hört man „mein Kristallschädel ist noch viel schöner geworden, seitdem er bei mir ist, bilde ich mir das ein oder kann das wirklich sein".

Abgesehen davon, kann man aber auch in Kristallschädelsitzungen feststellen, dass die Kristallschädel während der Arbeit ihre Farbe verän-

dern. Dies hat meines Erachtens etwas mit dem jeweiligen Thema zu tun, welches sie gerade bei dem Menschen bearbeiten.
Bei sehr alten und verhärteten Strukturen, die sie ablösen, kann es vorkommen, dass sie kurzzeitig eine dunklere, fast trübe Farbe annehmen. Aber keine Angst, sollten derart gravierende Farbveränderungen während einer Sitzung auftreten, werden sie sich nach der darauffolgenden gründlichen Reinigung und erneuter Aktivierung wieder auflösen und die Schädel in ihrem ursprünglichen Zustand erstrahlen.
Ich bin mir im Klaren darüber, dass sich das für viele von Ihnen jetzt sehr unwahrscheinlich und unvorstellbar anhört und es auch keine Beweise dafür gibt oder daran geforscht wurde, aber es gibt genügend Kristallschädelhüter, die mit mir diese Erfahrungen teilen, und dies sicherlich gerne bestätigen werden.

So wie Kristallschädel durch unsere Liebe und Zuwendung im wahrsten Sinne des Wortes erstrahlen können und vor Energie nur so sprühen, kann aber durch das Gegenteil auch der genau entgegengesetzte Zustand eintreten.
Kristallschädel, die nicht beachtet werden, mangelnde Zuwendung erhalten, in Umgebungen leben, die von negativen Energien gekennzeichnet sind, oder mit Menschen leben, die permanent in schlechter Stimmung und schlechter energetischer Verfassung sind, werden sich verschließen, matt, trüb und glanzlos erscheinenen. Das liegt daran, dass sie mit ihrer Umgebung und deren Energien in Resonanz gehen, die Energien aufnehmen und speichern, wie wir bereits erfahren haben.
Wenn ich nach Monaten einen Kristallschädel wiedersehe, er von mir zu einem neuen Hüter gegangen ist, kann ich sofort erkennen, ohne ihn auch nur gefragt zu haben, wie es ihm ergangen ist, sein äußeres Erscheinungsbild wird es mir zeigen.

Sollte man einen Schädel von jemandem übernehmen oder zurückholen, der sich in einem verschlossenen und trüben energetischen Zustand befindet, aus welchen Gründen auch immer, braucht man sich keine Sorgen zu machen, er wird wieder in vollem Glanz erstrahlen und hochenergetisch arbeiten, sobald wir ihn mehrfach gründlich gereinigt haben, er die genügende Zuwendung und Aktivierung bekommt. Auch freut er sich in diesem Zustand über die Energie seiner Schädelkollegen – allerdings sollte er nie vernetzt werden, bevor er nicht sorgfältig gereinigt ist, da sonst das Risiko besteht, dass er die mitgebrachten Energien an Ihre anderen Schädel weitergibt.

In diesem Zusammenhang möchte ich gerne darauf hinweisen, dass es sehr wichtig ist, dass man als Kristallschädelhüter mit Respekt und Sorgfalt mit seinem Schädel umgeht, d. h. auch, dass man ihn bei einem Transport gut und sicher einpackt und nicht einfach in die Tasche wirft. Generell darauf achtet, dass man nicht dauernd seine Schädel aneinander schlägt, dass es nur so klackt, sie vor dem Runterfallen bewahrt etc. Es tut mir in der Seele weh, wenn ich bei manchen Menschen sehen muss, wie achtlos sie mit ihren Schädeln umgehen und ich muss zugeben, dass das bei mir die wenigen Augenblicke sind, wo ich richtig sauer werden kann, normalerweise braucht es eine Menge um mich aus der Ruhe oder Fassung zu bringen.

45. Was sind Golden Healer-Kristallschädel?

Golden Healer sind Bergkristalle mit hauchfeinem Eisenoxid-Überzug in oder zwischen den einzelnen Schichten des Kristalls. Ihre Farbe kann von einem wirklichen Goldton, über verschiedene blasse Gelbvarietäten bis zu einem hellen Orange variieren. In der Regel weisen sie je nach Qualität sehr viele Regenbögen auf.
Golden Healer-Kristalle erhalten ihre Farbe nicht, wie z. B. die Tangerine-Quarze, durch ein von Menschenhand durchgeführtes Coating, durch ein Bad in einer speziellen Lösung, sondern sind so in Mutter Erde gewachsen.
Golden Healer-Kristalle sind sehr kraftvolle Kristalle, die es dem goldenen Licht der Quelle ermöglichen durch unser Kronenchakra verstärkt in unseren Körper zu fließen. Die Energien verteilen sich im gesamten Körper, entfernen Blockaden und Disharmonien und bereiten unseren Körper so für eine Heilung auf allen Ebenen vor.

Golden Healer-Kristallschädel werden als Master Healer bezeichnet, da sie eine sehr hohe Vibrationsenergie aufweisen, die zugleich sehr kraftvoll und auf der anderen Seite sanft und liebevoll ist.

Mit dem Golden Healer-Kristallschädel kann man seine eigene Schwingungsfrequenz in kürzester Zeit massiv erhöhen, was auf der körperlichen Ebene unser Wohlbefinden erhöht und auf der mentalen Ebene den Zugang zu anderen Dimensionen erleichtert. Auf Altären und in Kristallschädelgruppen potenzieren sie die Energien durch einen Golden Healer ebenfalls in hohem Maße. Sie werden dem Kronenchakra, dem 3. Auge, dem Solarplexus, sowie den Höheren Chakren zugeordnet und finden so in Sitzungen einen großen Einsatzbereich.

Ich selbst empfinde sie im energetischen Ansatz als sehr schnell, wobei ihre Energien sehr tiefgehend sind, was sie zur Lösung von Blockaden und Disharmonien zu wertvollen Werkzeugen macht.

In Meditationen werden wir eine tiefe Verbindung zur geistigen Welt aufnehmen, leichten Einblick in andere Dimensionen erhalten und uns in der Alleinheit bewegen.

Golden Healer-Kristallschädel kommen nur sehr selten vor, da man zur Fertigung eines Kristallschädels die 4-fache Menge an Rohstein benötigt. In diesen Größen werden Golden Healer-Kristalle nur sehr selten gefunden, des Weiteren sind sie auf dem Markt sehr begehrt.
Sollten Sie das Glück haben einen Golden Healer-Kristallschädel in Ihre Kristallschädelfamilie aufzunehmen, wird er in jedem Fall eine große Bereicherung sein und Sie mit seinen hohen Energien verzaubern.

46. Wie verändern Kristallschädel unser Leben?

Kristallschädel kommen entweder in unser Leben während wir uns in einer Phase der Veränderung und Transformation befinden oder sie bringen diese mit sich.

Diese Veränderungen müssen nicht drastisch sein, aber sie werden auf jeden Fall stattfinden. Normalerweise wird dies eher auf einer subtilen Ebene stattfinden, durch eine Veränderung in Verhaltensweisen und Einstellungen und natürlich durch Veränderungen auf der emotionalen Ebene. Wir werden erkennen, dass es unsere Emotionen sind, die uns regieren und kontrollieren. Durch diese Erkenntnis werden wir in die Lage versetzt werden, unsere Emotionen zu erkennen, unsere egomotivierten Ängste lokalisieren, sodass sie ihre Macht über uns verlieren.

Unsere Kristallschädel verhelfen uns dazu, positive Veränderungen zu akzeptieren und nicht gegen sie anzukämpfen. Wir verlieren unsere Angst vor Veränderungen und allem Neuen, was in unser Leben tritt, erkennen diese vielmehr als Chancen, die sich uns auf unserem Weg bieten.

Die Kristallschädel zeigen uns, dass Veränderungen einen bestimmten Grund haben, der für unsere Entwicklung von Notwendigkeit ist, und nicht um uns davor zu fürchten.

Wir werden diese Veränderungen integrieren und begreifen, dass sie notwendig sind, damit wir den Weg unseres Herzens gehen können.

Menschen, die mit Kristallschädeln arbeiten, stellen in der Regel fest, dass ihre Schädel ihre eigenen Emotionen reflektieren und sie erhöhen. Das ist eine große Herausforderung für jeden von uns, denn sie erfordert ein Höchstmaß an Selbstbeobachtung, Selbstreflektion, Klarheit und schonungslose Ehrlichkeit mit sich selbst.

Diese Art der Interaktion zwischen Mensch und Kristallschädel stellt ein großartiges Hilfsmittel zur Aktivierung der Selbstheilungskräfte dar und gibt uns die perfekte Möglichkeit der Selbstentwicklung, aber nur wenn wir bereit sind diesen Weg mit großer Ehrlichkeit und höchster Bewusstheit zu gehen. Dabei darf man nicht aus den Augen verlieren, dass Heilung nicht immer dem Lustprinzip folgt, sondern es auf diesem Weg auch wirklich schwere Zeiten geben wird, die uns aufs Höchste fordern werden und uns an unsere Grenzen bringen.

Jeder, der je mit einem Kristallschädel gearbeitet hat, wird Ihnen dies bestätigen. Das Leben jedes einzelnen von Ihnen hat sich massiv verändert, seitdem er einen Kristallschädel in sein Leben eingeladen hat und bereit war sich den Energien zu öffnen.

Kristallschädel werden Blockaden aus Ihrem Leben entfernen, alte Muster und Strukturen aufheben und Stagnation und Stillstand in Ihrem Leben auflösen. Sie sind kraftvolle Hilfsmittel um unsere Bewusstheit zu erwecken, sie zu aktivieren und sie zu stimulieren, das macht sie so wichtig zu unserer persönlichen Entwicklung.

Sie scheinen uns auf den Bereich, der Heilung braucht, hinzuweisen, egal ob er physischer, emotionaler, mentaler oder spiritueller Natur ist. Diese Fähigkeit macht sie zu wahren Heilern.

Sie scheinen genau zu wissen was gebraucht wird, egal ob wir persönlich mit ihnen arbeiten oder auf Seminaren, in Gruppenmeditationen, Zeremonien oder Ritualen. Sie stellen sicher, dass nichts Unzuträgliches oder Unangemessenes passiert und jeder das bekommt, was er zum augenblicklichen Zeitpunkt am meisten benötigt. Diese Fähigkeit macht sie zu Lehrern und Schützern.

Kristallschädel geben uns Unterstützung auf unserem Weg des Herzens, lassen uns den Klang unserer Seele vernehmen und geben uns Kraft und Zuversicht in schwierigen Zeiten, um den nächsten Schritt auf unserem Weg zu gehen. Diese Fähigkeit macht sie zu Beratern, Coaches und Unterstützern.

Kristallschädel helfen uns dabei uns zu erinnern, wer wir wirklich sind und geben uns Klarheit darüber, was wir fühlen, was wir bevorzugen und was wir wirklich in unserem Leben haben wollen.

Wir werden es lernen in der Gegenwart zu leben, wir werden verstehen, wie unsere Gedanken und Taten unsere Zukunft beeinflussen, das bedeutet, dass wir mehr über unsere Gewohnheiten und Muster des Denkens, Sprechens und Agierens lernen. Diese sind fundamental für unser Leben, unser Wohlbefinden und das Wohlbefinden anderer, sowohl im Jetzt als auch in der Zukunft.

Wir werden lernen unser Ego zu identifizieren und egomotivierte Handlungen erkennen, so dass diese uns nicht länger beeinflussen, das bedeutet, wenn wir unser wahres Selbst kennen, können wir mit ihm zum höheren Wohle von uns selbst und anderen arbeiten.

Unsere Kristallschädel ermächtigen uns dazu ein Leben in Liebe, Harmonie und innerem Frieden zu leben. Wenn wir es lernen uns selbst zu lieben und zu akzeptieren, so wie wir sind, können wir unsere Liebe in die Welt hinaustragen und andere lieben, egal wie sie sind.

Wir werden uns nicht länger von anderen getrennt fühlen, sondern feststellen, dass wir alle EINS sind, es wird keine Dualität mehr geben, sondern nur EINHEIT in Liebe.

47. Warum haben Kristallschädel in der Regel einen Namen und eine eindeutig bestimmbare männliche oder weibliche Energie?

In der Regel können wir bei unseren Kristallschädel feststellen, dass sie ein eindeutig weibliches, männliches oder in selteneren Fällen auch androgynes bzw. neutrales Geschlecht aufweisen. Wir werden dies entweder selbst feststellen oder sie werden es uns explizit mitteilen. Für den einen oder anderen, der mit der Arbeit mit Kristallen oder Erdenhütern vertraut ist, wird dies erstmal seltsam erscheinen, da wir dieses Phänomen von anderen Kristallen nicht oder nur sehr selten kennen. Da Kristallschädel an unser Resonanzmuster ankoppeln, geht man davon aus, dass ihr energetisches Muster etwas damit zu tun hat, dass sie erkennen, was sein jeweiliger Hüter im Moment braucht und für seinen jeweiligen Weg heilsam und stimmig ist.

In seltenen Fällen kann es auch vorkommen, dass ein Kristallschädel sowohl männliche als auch weibliche Energien trägt und diese je nach energetischer Situation und Bedarf wechselt.

Wir sollten allerdings daran denken, nicht in archetypischen Mustern zu verharren und der jeweiligen Energie unsere althergebrachten Eigenschaften überzustülpen. Ein männlicher Kristallschädel kann sehr wohl über eine ausgesprochen liebevolle und unterstützende Energie verfügen, sowie ein weiblicher Kristallschädel sehr kraftvoll und antreibend sein kann.

Da Kristallschädel mit ihrem Hüter in Resonanz gehen und damit zum Teil auch ihre Energie zusammenhängt, kann es gut sein, wenn ein Schädel seinen Hüter wechselt, dass er sowohl seine Energie von weiblich zu männlich wechselt, als auch seinen Namen. Lassen Sie sich dadurch nicht verunsichern.

Alle Kristallschädel haben in der Regel Namen, die ihrem Geschlecht entsprechen, sie teilen sie uns normalerweise schon am Anfang unserer gemeinsamen Zeit eindeutig mit.

Es kann aber auch schon mal vorkommen, dass man plötzlich einen Namen im Kopf hat, der einem gar nicht mehr aus dem Kopf gehen will und einen eine ganze Zeit lang scheinbar grundlos verfolgt. Erfahrene Kristallschädelhüter werden in solchen Momenten schon wachsam, da sie aus Erfahrung wissen, dass sich hier bereits ein Schädel ankündigt, der in absehbarer Zeit bei ihnen eintreffen wird, ohne dass sie eine Ahnung haben, was auf sie zukommen wird oder gar den Wunsch nach einem neuen Schädel hatten.

Lassen Sie sich bitte aber auch nicht verunsichern, wenn Ihr neuer Begleiter Ihnen seinen Namen nicht unmittelbar nach seinem Eintreffen kundtut. Wenn der Zeitpunkt richtig ist, wird er seinen Namen preisgeben. Die Tatsache, ob Sie seinen Namen bereits wissen oder nicht, hat auch nichts damit zu tun, ob Ihr Kristallschädel mit Ihnen arbeitet oder nicht.

Hin und wieder werde ich von Kristallschädelhütern gefragt, ob ihr neuer Kristallschädel vielleicht doch nicht der Richtige für sie ist, da sie seinen Namen noch nicht kennen würden. Das stimmt sicherlich nicht, man sollte nicht zu sehr in den Kopf gehen und sich verunsichern lassen, sondern einfach darauf vertrauen, dass der richtige Zeitpunkt kommen wird. Sobald man offen und ohne Erwartungshaltung an die Sache herangeht und die Energien einfach fließen lässt, wird man den Namen des Schädels schneller erfahren, als man gedacht hat.

48. Können Kristallschädel bei einem neuen Hüter ihren Namen ändern oder behalten sie diesen ein Leben lang?

Diese Frage lässt sich ganz klar beantworten. Es ist völlig normal, dass ein Kristallschädel bei einem Hüterwechsel auch seinen Namen ändert, in den seltensten Fällen wird ein Kristallschädel seinen Namen ein Leben lang beibehalten.

Das hängt damit zusammen, dass jeder Name seine ureigenste Frequenz und Schwingung hat. Jeder Mensch spricht auf eine andere Frequenz gut an, so geht auch jeder Kristallschädelhüter mit einem anderen Frequenzmuster in Resonanz. Dabei ist es nicht nur möglich, dass durch dieses Frequenzband eine energetische Verbindung zwischen Hüter und Schädel entsteht, sondern auch, dass es diese Frequenz ist, die die Initialzündung zu dem gemeinsamen Arbeitsprozess zwischen Schädel und Hüter initiiert.

Versuchen Sie deshalb nicht, den Namen und die Energie, die Ihr Kristallschädel bei seinem vorherigen Hüter hatte, beizubehalten, weil sie den Namen so schön finden, sondern hören Sie auf die Durchgaben und Wünsche Ihres Schädels. Er weiß genau wie sein energetisches Muster in Ihrem Zusammenleben sein muss, alles andere wäre nur von unserem Ego vorgegeben.

Ich habe in den Jahren meiner Arbeit mit Kristallschädeln auch schon einige Fälle erlebt, bei denen ein Kristallschädel sogar bei dem gleichen Besitzer nach einigen Monaten oder Jahren seinen Namen geändert hat und dies auch klar und deutlich zu erkennen gegeben hat. In diesen Fällen war es so, dass die Schädel gemeinsam mit den Hütern einen langen Weg der Transformation hinter sich gebracht hatten, der zu einer nachhaltigen Änderung des Resonanzmusters des Hüters geführt hat und somit war dann die Konsequenz, dass sich auch der Name des Schädels geändert hat.

Dies sind jedoch Einzelfälle, die keineswegs allgemeingültig sind, Ihnen jedoch die Bandbreite der verschiedensten Möglichkeiten zeigen sollen.

Ich sage immer, es gibt so viele verschiedene Erscheinungsformen, wie es Kristallschädel gibt, jeder von ihnen ist einzigartig und tritt auch so auf.

49. Nimmt unser neuer Kristallschädel schon Kontakt zu uns auf bevor er zu uns kommt?

Ja, ja und nochmals ja, das tut er, auch wenn es rational noch so schwer nachvollziehbar ist. Unser Verstand ist nur in der Lage einen kleinen Teil der existierenden Wirklichkeiten rational zu erfassen und gerade auf energetischer Ebene versagt er immer wieder, obwohl die energetischen Gesetze eigentlich so einfach sind. Vielleicht manchmal zu einfach, haben wir doch in diesem Leben gelernt, dass alles kompliziert sein muss und bestimmten Regeln, die wir aufgestellt haben, zu folgen hat.

Wir senden permanent ein energetisches Muster aus, ohne dass wir uns wirklich darüber bewusst wären. Mit diesem energetischen Muster gehen sowohl Menschen als auch Dinge, Situationen und natürlich auch Kristallschädel in Resonanz (Resonanzgesetze).

Um mit uns in Resonanz zu gehen, ist es nicht erforderlich, dass wir uns gemeinsam in einem Raum befinden, Energie kennt keine Grenzen und Beschränkungen.

Einfach ausgedrückt, wir senden unterbewusst unser Resonanzmuster aus, damit die Informationen über unseren augenblicklichen Zustand, über das was wir brauchen etc. und auf dieses Resonanzmuster antwortet der Schädel, der zu uns gehört.

Dadurch kommt es dazu, dass wir zum Beispiel einen Schädel vor uns sehen, seinen Namen bekommen oder auch feststellen, dass er auf energetischer Ebene schon mit uns arbeitet, obwohl wir ihn in dieser physischen Welt noch gar nicht lokalisiert haben.

In der Regel ist es von diesem Zeitpunkt, bis zu dem Tag an dem er oder sie dann wirklich in unser Leben tritt, nicht mehr lange.

Sollte es einmal etwas länger dauern, werden Sie nicht ungeduldig, denn Zeit in unserem Sinne existiert nur in unserer Dimension.

Sobald der Zeitpunkt der richtige ist, wird Ihr Schädel zu Ihnen finden, das ist sicher.

Haben wir einen Schädel, z. B. auf einem Foto eines anderen Kristallschädelhüters gesehen, oder sind im Internet auf einen Schädel aufmerksam geworden, der auf unser Resonanzmuster antwortet und ist die bewusste Entscheidung gefallen mit ihm oder ihr das Leben zu teilen, werden Sie dann vermehrt erfahren, dass er oder sie bereits aktiv mit Ihnen arbeitet und die energetische Verbindung zwischen Ihnen stetig verstärkt wird, auch wenn sich Ihr Schädel noch auf der Reise zu Ihnen befindet.

Ist man sich mal unsicher, weil sich bei der Entscheidung der Verstand eingeschaltet hat und es geschafft hat unsere Intuition zu überlagern, dann machen Sie sich trotzdem keine Gedanken.

Ein Schädel der wirklich zu Ihnen will, wird seinen Weg zu Ihnen finden, und glauben Sie mir, Kristallschädel sind sehr, sehr einfallsreich, was das angeht.
Er wird Ihnen nicht mehr aus dem Kopf gehen, wird fortfahren Bilder und Signale zu senden, kurz, er wird Sie nicht mehr loslassen.
Dabei stellt man auch immer wieder fest, dass Schädel, selbst wenn unser Entscheidungsprozess über längere Zeit verläuft, auf uns warten werden. Schädel in Geschäften, die von vielen Kunden frequentiert werden, scheinen sich im wahrsten Sinne des Wortes unsichtbar zu machen, so dass sie zu ihrem wahren Hüter kommen und kein anderer sie vorher kauft.
Auch finanzielle Themen, die uns daran hindern unseren Schädel sofort zu kaufen, lösen sich wie durch Zauberhand auf. Sollten Sie je in eine solche Situation kommen, bitten Sie den Schädel und die geistige Welt dafür zu sorgen, dass Ihnen der Weg bereitet wird, damit Sie mit Ihrem Schädel zusammen sein können und es wird geschehen.
Geben Sie dabei aber nur Ihren Wunsch an die geistige Welt ab, nicht etwa wie er umgesetzt werden soll, die geistige Welt findet Mittel und Wege an die wir nicht einmal im Traum denken würden. Und fast noch wichtiger, zweifeln Sie nicht eine Sekunde daran, dass Ihr Wunsch in die Verwirklichung geht, sonst blockieren Sie die Energien selbst.

50. Wie kann man mit Kristallschädelkartendecks arbeiten?

Wie bei jedem anderen Kartendeck ist es auch bei einem Kristallschädelkartendeck wichtig, dass man, bevor man beginnt mit den Karten zu arbeiten, sie erst einmal Karte für Karte anschaut, um mit ihnen auf eine liebevolle und vertrauensvolle Art und Weise in Kontakt zu treten und dabei die Intention zu halten, dass sie immer zum höchsten Wohle aller Beteiligten arbeiten mögen.

Ist es Ihre Intention mit den Karten professionelle Readings und Legungen für Klienten zu machen, sollten Sie sich mit jeder einzelnen Karte, ihrer Aussage und ihrer heilenden Energie vertraut machen, bevor Sie damit mit Klienten arbeiten. Auch wenn die meisten Karten in den heutigen Kartendecks alle eine gechannelte Botschaft enthalten, kann in einem Reading etwas ganz anderes zutage treten, lassen Sie sich führen und vertrauen Sie Ihrer göttlichen Führung.

Bei dem von mir, mit vielen anderen weltweit arbeitenden Kristallschädelhütern gemeinsam kreierten Kristallschädelkartendeck, ist auf jeder Karte ein Kristallschädel abgebildet, wodurch Sie in direkten Kontakt mit seinen Energien treten können. Die Energien der abgebildeten Kristallschädel sind sehr speziell. Nicht selten wird sich bereits beim genauen Betrachten der Schädel einiges lösen und in Bewegung kommen. Vertrauen Sie darauf, dass alles so geschieht, wie es richtig ist.

Generell ist zu empfehlen mit allen Kartendecks auf eine eher intuitive Art und Weise zu arbeiten. Lassen Sie die Karten und ihre Botschaften zu sich sprechen. Jede Karte ist immer für ihren Empfänger in dem Moment, wenn er sie zieht oder gezogen bekommt, genau richtig für seine augenblickliche Entwicklungsebene und wird ihm eine Botschaft, die ganz alleine für ihn bestimmt ist, bringen.

Will man mit einer Legung für einen Klienten oder für sich selbst beginnen, sollte man sich erst einmal ruhig hinsetzen, sich entspannen, die Probleme des Tages ziehen lassen (3-mal kräftig und tief ein- und ausatmen, und beim Ausatmen alle Sorgen gehen lassen), sich zentrieren und erden.

Bitten Sie danach Ihre göttliche Führung und die göttliche Führung des Klienten, das Reading zu begleiten und ihre schützende Hand über Sie zu halten.

Nun bitten Sie das Gemeinschaftsbewusstsein der Kristallschädel, mit Ihnen zum besten Ausgang aller zu arbeiten.

Sobald der Kontakt mit der göttlichen Ebene hergestellt ist, halten Sie Ihren Fokus auf die zu stellende Frage, oder dem Thema, welches Sie oder Ihren Klienten bewegt, und beginnen damit die Karten zu mischen und sie sodann auszulegen. Bei der Kartenauslegung verlassen Sie sich auf Ihre Intuition, entweder Sie legen die Karten als Fächer aus oder auf einem Stapel, von dem dann die einzelnen Karten gezogen werden. Legt man die Karten auf einen Stapel, kann man intuitiv sowohl von oben, unten, als auch mitten aus dem Stapel heraus die Karten ziehen. Ihre göttliche Führung wird Sie leiten, vertrauen Sie darauf.

Bei der Benutzung dieses Kristallschädelkartendecks gibt es kein Richtig oder Falsch, vertrauen Sie, folgen Sie Ihrer Intuition, lassen Sie sich von Ihrem Herzen leiten, den Rest wird Ihre göttliche Führung und das Kollektiv der Kristallschädel für Sie erledigen.

Beispiele für Legemuster

Einzelkarte oder auch Tageskarte genannt

Die einfachste Legeform ist die Legung der Einzelkarte.
Um zu wissen, welches Thema Ihnen der Tag bringen wird, mit welcher Energie Sie arbeiten sollten oder aber um Führung für ein bestimmtes, konkretes Thema oder eine bestimmte Frage zu erhalten, ziehen Sie einfach eine Karte, dort wo Sie sich hingezogen fühlen. Sollte beim Mischen eine Karte herausfallen, ist dies die Karte, die Ihnen eine Botschaft zukommen lassen will.
Achten Sie darauf, dass Sie während des gesamten Prozesses des Fragens und Kartenziehens Ihre Intention mit großer Klarheit halten.

Abgesehen von der Botschaft, die Ihnen die Karte gibt, kann es sehr gut passieren, dass der auf der Karte abgebildete Kristallschädel Ihre ganze Aufmerksamkeit in Anspruch nimmt, eine direkte Verbindung zu Ihrem Herzen aufnimmt und Ihnen auf diesem Wege Ihre ureigene Botschaft zukommen lässt.

3-Karten-Legung

Diese Auslegungsform verhilft Ihnen dazu einen Überblick über eine bestimmte Situation zu bekommen, indem Sie eine Deutung zu Vergangenheit, Gegenwart und der möglichen zukünftigen Entwicklung erhalten.

Die erste gezogene Karte bezieht sich hierbei auf die unmittelbare Vergangenheit und wird auf der linken Seite ausgelegt. Ihre Informationen beziehen sich auf alle Ereignisse, Begebenheiten und Lernschritte, die zu der gegenwärtigen Situation geführt haben.

Die zweite Karte ist die Gegenwartskarte und wird rechts von der ersten Karte ausgelegt. Sie gibt Ihnen Erkenntnisse und Hilfestellungen, die Sie aus der momentanen Situation oder den gegenwärtigen Problemen folgern sollten.

Die dritte Karte ist die Zukunftskarte, sie wird wiederum rechts von der zweiten Karte ausgelegt. Sie zeigt uns einen möglichen Ausgang der Situation, nachdem wir die Lernaufgaben der Gegenwart bewältigt haben.

Es ist ratsam, sich mit jeder einzelnen Karte gesondert zu befassen, dabei mit der linken, zuerst gezogenen Karte, zu beginnen und sich bis zur rechten dritten Karte vorzuarbeiten. Lassen Sie sowohl die Botschaften als auch den jeweiligen Kristallschädel auf sich wirken.

Es ist wichtig zu wissen, dass die Zukunftskarte nur einen möglichen Ausgang in der Zukunft angibt, da wir über einen freien Willen verfügen, steht es uns jedoch jederzeit offen, die Karten unseres Lebens neu zu mischen und in eine Situation, die zum Beispiel von Angst begleitet wird, so viel Liebe zu geben, dass sich dadurch auch der Ausgang in der Zukunft ändern wird.

Verlassen Sie sich auf Ihre Intuition und vertrauen Sie darauf, dass Sie allzeit geführt, geschützt und begleitet sind.

Sollte Ihnen die Botschaft einer Karte unverständlich sein oder Sie möchten etwas mehr Information zu einem Thema erhalten, können Sie jederzeit eine zusätzliche Karte ziehen, die Intention haltend, sie möge die Botschaft präzisieren und erklären.

Jahreskreis – der Rat der 13 Kristallschädel

Idealer Zeitpunkt für diese Legung ist die Silvesternacht und der Neujahrstag, wie auch der eigene Geburtstag.

Mischen Sie die Karten entweder aus dem Stapel oder aus dem aufgelegten Fächer und ziehen Sie 13 Karten.
Die erste Karte wird in die Mitte gelegt, die übrigen 12 Karten bilden einen Kreis um die Karte im Zentrum des Kreises.
Die Karte im Zentrum gibt Ihnen das Thema, welches Sie in den kommenden 12 Monaten zentral beschäftigen wird.
Die zweite ausgelegte Karte ist im Falle einer Ziehung am 31.12. die Karte, die sich mit dem Monat Januar befasst, im Falle einer Ziehung an Ihrem Geburtstag stellt diese Ihren Geburtstagsmonat dar.
Die dritte Karte ist der darauffolgende Monat usw.

Die Botschaften geben Ihnen Monat für Monat einen Hinweis auf das, was im folgenden Jahr passieren könnte, Aspekte, die zu bearbeiten und anzuschauen sind, Lernaufgaben, die anstehen und erarbeitet werden wollen, sowie auf energetische Wechsel, die auf Sie zukommen könnten.
Wie bei allen Kartenlegungen können Sie natürlich auch bei der Jahreslegung den Ausgang verändern, indem Sie Ihre Gedanken und Intentionen in Bezug auf die Zukunft modifizieren.

Das waren nur drei Beispiele von unzähligen möglichen Legungen bzw. Arbeitsarten mit den vorliegenden Kristallschädel-Karten.
Öffnen Sie Ihre Herzen für die wundervolle Energie der Kristallschädel und diese werden Sie gepaart mit Ihrer Intention anleiten, wie Sie mit den Karten arbeiten können, um den bestmöglichen Nutzen und Ausgang in

der derzeitigen Situation und für Ihre derzeitige Entwicklungsstufe zu erhalten.
(Text zum Teil aus dem Begleitbuch meines Kristallschäldelkartendecks „Kristallschädel-Crystal Skulls“ übernommen.)

Neben dieser Anwendung der Karten als Orakelkarten gibt es natürlich auch hier noch unzählige andere Anwendungsmöglichkeiten.
Man kann sich seine ganz persönliche Tageskarte ziehen, nachdem man sich dann mit ihrer Energie verbunden hat und diese auf sich wirken lassen hat, steckt man die Karte ein, um sie den ganzen Tag über bei sich zu tragen, sie immer mal wieder anzuschauen und ihre Energien in den Tag zu integrieren.

Manche Klienten haben mir auch erzählt, dass sie sich abends mit der geistigen Welt verbinden und darum bitten eine Karte zu ziehen, deren Energien für die kommende Nacht wichtig sind und diese Karte dann bis zum Morgen unter ihr Kopfkissen legen.

Man kann die Kristallschädelkarten ebenfalls nehmen, um Wasser zu aktivieren und energetisieren, dafür einfach nur ein Glas Wasser für einige Zeit daraufstellen.

Zieht man sich seine persönliche Karte kann man sich sodann mit dem Schädel verbinden und gemeinsam mit seiner Energie in Meditation gehen, nicht selten werden uns dabei wichtige Botschaften übermittelt.

Viele Menschen haben mir auch geschrieben und mir Fotos zugeschickt, die zeigen, dass sie mit den Kristallschädelkarten einen Kreis ausgelegt haben (dazu kann man alle 44 Karten verwenden, aber auch nur einen intuitiv gezogenen Teil), um dann ihre Kristallschädel hineinzusetzen und sie zu energetisieren und mit den Energien aufzuladen.

In gleicher Weise kann man auch einen großen Kreis auslegen, um sich selbst hineinzubegeben, um die Energien aufzunehmen. Hierbei muss man darauf achten, dass man gut geerdet in die Sitzung geht, denn die Energien aller 44 Karten zusammen sind sehr hoch. Sollten Sie merken, dass Ihnen leicht schwindelig wird oder Sie anfangen zu fliegen, sollten Sie die Sitzung abbrechen und es zu einem späteren Zeitpunkt mit weniger Karten erneut versuchen.

Es gibt auch Menschen, die mir berichtet haben, dass sie die Kristallschädelkarten zum Beispiel mit in den Wald genommen haben, um sie dort zur generellen Energetisierung auszulegen.

Dies sind nur ein paar Beispiele der vielfältigen Einsatzmöglichkeiten meines oder anderer Kristallschädelkartendecks, lassen Sie Ihrer Fantasie freien Lauf und experimentieren Sie nach Lust und Laune. Viel Freude dabei!!!

51. Verändert die Arbeit mit Kristallschädeln unser Aurafeld?

Diese Frage kann ich eindeutig mit „Ja“ beantworten.

Jeder Mensch verfügt über eine Aura. Sie wird von feinstofflichen Energieausstrahlungen eines Menschen geprägt, die seinen Körper umgeben, diese kann man in verschiedenen Farben wahrnehmen.
Die Aura ist ein konkretes, real existierendes Energiefeld, das alle Lebewesen durchdringt bzw. umgibt und damit auch messbar ist.
Jeder Farbe sind dabei bestimmte Schwingungen zugeordnet, die man sodann deuten kann.
Auf diese Art und Weise liefert uns die Aura Informationen über den Bewusstseinszustand, die Emotionen, Gedanken, Fähigkeiten und Vitalenergien eines Menschen. Es gibt Menschen, die in der Lage sind eine Aura zu sehen und zu deuten. Bei den meisten von uns ist diese Fähigkeit aber aufgrund von mangelnder Übung verkümmert.

Die Aurafotografie, die sog. Kirlianfotografie oder auch hochfrequente Hochspannungsfotografie, ist in der Lage die Aura eines Menschen für uns sichtbar zu machen. Dazu werden spezielle Aurakameras benutzt. Unsere energetische Verfassung stellt sich als elektromagnetisches Schwingungsfeld dar und dieses Schwingungsfeld der Aura ist es, was die Kamera erfasst und farblich abbildet. Aufgrund der dargestellten Farben lassen sich dann Aussagen zu dem derzeitigen Zustand der fotografierten Person machen.
Damit lassen sich Aussagen treffen über das aktuelle Energieniveau, die augenblickliche emotionale Verfassung, den Entwicklungszustand und den energetischen Zustand der Chakren und vieles mehr.

Im langjährigen Einsatz der Aurafotografie hat man die Beobachtung gemacht, dass sich energetische Behandlungen auf die Aura auswirken, d. h. wir haben einen deutlichen Unterschied zwischen einem vor der Behandlung und einem nach der Behandlung gemachten Aurafoto.

Arbeitet man über längere Zeit regelmäßig mit seinem Kristallschädel, verändert sich die Aura, die Farben werden leuchtender und kräftiger.

Menschen, die vorher mehr im Kopf waren, hierfür spricht eine gelbe Aurafarbe, werden Farbveränderungen feststellen, um nur ein Beispiel zu nennen. Interessanterweise verändern Kristallschädel unsere Aura nicht erst nachdem wir über längere Zeit mit ihnen arbeiten.

Bereits nach einer Kristallschädelbehandlung ist eine deutliche Veränderung bzw. Verbesserung in der Aura festzustellen.
Um dies zu beweisen, haben wir mit einer Gruppe von Kristallschädelhütern Aurafotos vor einer Kristallschädelbehandlung und dann erneut Fotos kurz nach der Kristallschädelbehandlung aufgenommen. In allen Fällen hat sich die Aura zum Teil vergrößert, ihre Farben wurden klarer und leuchtender bzw. der energetische Zustand der jeweiligen Personen hat sich verbessert und der emotionale Zustand hat sich harmonisiert, was man deutlich an den Farben der Aurafotos ablesen konnte.

Fotos hierzu finden Sie auf meiner Homepage: www.horus-mystery-school.com in der Galerie.

52. Wie gehen Kristallkinder/Kinder der neuen Zeit mit Kristallschädeln um?

Es ist eine wahre Freude zu sehen, wie offen und lichtvoll die Kinder der neuen Zeit, auch Kristallkinder genannt, sind, wie sehr sie aus dem Herzen heraus agieren und welche Lebensfreude sie mitbringen.
Besonders wichtig für diese Kinder ist es, dass die Eltern, sie so annehmen, wie sie sind, ihnen die Möglichkeiten geben, sich ihren Fähigkeiten entsprechend zu entwickeln und vor allem ihre Verbundenheit, zu allem was ist, auszuleben.

Wunderschön ist es die Kristallkinder im Umgang mit Kristallen und Kristallschädeln zu beobachten. Man kann bereits im Babyalter beobachten, dass sie sich sehr von Kristallschädeln angezogen fühlen, das kann sich im Babyalter dadurch zeigen, dass sie in der Gegenwart von Kristallschädeln ausgesprochen in Balance sind, die Schädel anlächeln und versuchen sie zu berühren. Die Enkelin meiner Freundin hat es zum Beispiel bereits in frühem Babyalter geliebt, wenn man sie auf einen Kristallschädel gehalten hat, sodass sie sich quasi darauf legen konnte, um ihn ganz an ihrem kleinen Körper zu spüren. Wenn man dieses Glück und die Freude in den Augen des kleinen Mädchens sehen kann, weiß man was Verbundenheit bedeutet, man ist schier sprachlos und beglückt zugleich von der Welle der Liebe, die da fließt.

In einem meiner Seminare durften die Teilnehmer und ich ebenfalls einmal ein kleines Mädchen und ihre große Liebe zu Kristallschädeln erleben, ich habe selten ein kleines Kind erlebt, das so vor Freude gegluckst hat, sobald sie einen Schädel gesehen hat. Bei jeder Gelegenheit alleine zu Krabbeln ging ihr Weg sofort Richtung Schädel. Man konnte eindeutig merken, wie sehr sie die Energien der Schädel genossen hat und wie begierig sie diese in sich aufgenommen hat.

Sobald die lieben Kleinen dann etwas älter sind, hört man sehr häufig, dass sie sich einen Schädel aussuchen, den sie dann auch ganz für sich alleine beanspruchen, er schläft im Kinderzimmer, wird ins Spiel einbezogen und mit diesem Freund werden alle wichtigen Dinge besprochen. Es entsteht eine sehr starke Vertrauensebene und der Schädel wird zum besten Freund, der überall mit hingenommen wird und dem die Kinder sich auch mit ihren Sorgen, Problemen und auch Freuden anvertrauen.

Der Sohn einer lieben Freundin ist gerade 3 Jahre alt, für ihn ist es ganz wichtig seine eigenen Schädel immer bei sich zu haben, er hat meiner Freundin die Namen seiner Schädel gesagt, ohne dass er überhaupt wusste, dass Schädel Namen haben und genauso natürlich berichtet er auch darüber, was seine Schädel ihm mitteilen, für ihn ist das die normalste Sache der Welt. Natürlich werden sie geküsst und geknuddelt und schlafen mit im Bettchen.

Ganz intuitiv fangen Kinder irgendwann von selbst damit an Kristallschädel einzusetzen, wenn sie sich wehgetan haben, statt die Mama darum zu bitten, mal zu pusten. Nicht selten hört man, dass sie darüber berichten, wie man Kristallschädel einsetzen kann, wenn einem etwas wehtut. Beobachtet man sie dabei genau, sieht man, dass sie dabei vollkommen intuitiv z. B. auf den Chakren arbeiten, ihre Händchen auflegen etc., da fehlen selbst mir manchmal die Worte.

Je älter sie werden, desto mehr berichten sie uns natürlich über die gemachten Erfahrungen bzw. die Energien, die sie bei Schädeln wahrnehmen können und man spürt eine sehr große Verbundenheit.

Mein Sohn wächst sehr nahe mit Kristallschädeln auf, für ihn sind sie Familie und müssen an allem teilhaben. Wenn er merkt, dass er mal wieder aus der Schule eine Grippe mitgebracht hat, verzieht er sich mit seinem Soldalithschädel ins Bett, worauf es ihm sofort besser geht. Nachts schläft er mit Selma einem lebensgroßen Citrinschädel, die er heiß und innig liebt. Wenn Opa uns besucht hat es schon so manchen heftigen Streit gegeben, wenn er Selma mit dem Hinweis darauf, dass Luca sich wehtun

könnte, aus dem Bett entfernen will, das ist bei Luca ein absolutes No-Go, Selma schläft seit ihrer 1. Nacht bei uns im Bett und so wird es bleiben.
Wenn es mal Streitigkeiten in der Schule gegeben hat, geht er zu den Schädeln und erzählt ihnen alles.
Nicht selten kommt es auch vor, dass er zu mir sagt, er müsse jetzt eine Erdheilung mit den Schädeln machen, ich möge nicht stören und wupps ist er bei den Schädeln verschwunden.
Versteht sich von selbst, dass er ein absoluter Fan von Kristallschädelzeremonien und Ritualen ist, am liebsten im Freien, denn Kristallschädelkinder haben eine sehr große Verbindung zu Mutter Erde.
Der einzige Punkt, in dem wir uns beim Thema Kristallschädel gar nicht einig sind, ist beim Ausbringen von Kristallschädeln zu Erdheilungszwecken. Wenn es nach Luca ginge, dürften sie nicht alleine irgendwo im Wald zurückbleiben oder ins Meer gebracht werden, das ist jedes Mal ein Drama, bei dem es immer heiße Tränen gibt und ich mir anhören darf „Mama das ist Schädelquälerei, ich verstehe nicht wie Du so etwas tun kannst“. Er freut sich zwar, dass sie wieder zu Mutter Erde zurückkehren dürfen, ist aber unendlich traurig, dass sie alleine zurückbleiben müssen.

Der eine oder andere unter Ihnen wird jetzt sagen, das sind ja alles Kinder, die mit Kristallschädeln aufwachsen oder doch zumindest Kontakt mit ihnen haben, da ist das doch normal... Teilweise kann ich Ihnen da Recht geben.
Ich stelle allerdings immer wieder fest, dass, wenn wir mit einer Gruppe eine Zeremonie draußen abhalten oder mit den Schädeln im Freien arbeiten und Eltern mit ihren Kindern vorbeikommen, dass die Kinder sofort fasziniert sind, fragen, ob sie die Schädel mal anfassen und halten dürfen und sich dann kaum wieder von ihnen trennen wollen, selbst wenn sie bis zu diesem Tag noch nie einen Kristallschädel gesehen haben. Manche Eltern sind über dieses Interesse ihrer Kinder alles andere als beglückt.
Dürfen die Kinder verweilen, stellen sie ganz viele Fragen oder setzen sich still mit einem Schädel in eine Ecke, um ihn fasziniert zu halten und mit ihm zu kommunizieren ohne, dass man ihnen gesagt hätte das man das kann.

Kinder, die wissen, dass ich mit Kristallschädeln arbeite, fragen mich ganz oft danach, ob sie mich mal besuchen können, um sich die Schädel anzusehen. Alle diese Kinder kennen keine Kristallschädel und wissen nichts über das, was sie in diesem Leben erfahren hätten, aber sie spüren eine Verbindung, die sie neugierig und offen sein lässt.

Allgemein kann man auch in der Arbeit mit Kristallschädeln feststellen, dass immer mehr Jugendliche und junge Erwachsene beginnen aktiv mit Kristallschädeln zu arbeiten. Sie haben in der Regel einen sehr schnellen Zugang zu den Kristallschädeln und setzen sie völlig ungezwungen und intuitiv ein, nicht selten fühlen sie sich auch von Kraftorten, und natürlich der Natur, sehr angezogen und sind weltweit mit ihren Kristallschädeln unterwegs. In der Regel sind das keine Kinder von Kristallschädelhütern, sondern Menschen, die den Ruf der Kristallschädel sehr früh verspüren und deren Unterstützung auf ihrem Weg gerne willkommen heißen.

Ich finde das Interesse und die Spontanität der Kinder der neuen Zeit im Umgang mit Kristallschädeln herzerwärmend und erfrischend und freue mich auf eine Zukunft, in der diese Kinder die Hüter der Kristallschädel sein werden.

53. Wie kann ich meinem Kristallschädel eine besondere Freude machen?

Oh, jetzt höre ich schon einige unter Ihnen sagen, was soll denn das jetzt, Kristallschädel sind Steine, wieso sollte man denen denn eine Freude machen wollen... Weit gefehlt kann ich da nur sagen.

Kristallschädel sind Wesenheiten, die genau wie wir auch ihre Freude, ihre Liebe, ihre Verbundenheit, ihren Respekt, ihre Dankbarkeit zeigen und dies natürlich auch gerne selbst erfahren möchten.

Nur jemand, der je mit einem Kristallschädel gearbeitet hat, kann nachempfinden, was es heißt, wenn ein Kristallschädel uns zeigt, dass er sich freut, von innen heraus strahlt und vor lauter Glück von Energie nur so pulsiert. Allein die Erinnerungen an Momente, in denen mein Liebling Kasper vor Freude nur so gesprüht hat und man ihn quasi vor Lebensfreude Freudentänze aufführen sehen konnte, treiben mir Tränen in die Augen. (Oh Mann, jetzt sitze ich hier, in der Absicht ein Buch zu schreiben und kann vor lauter Tränen den Bildschirm nicht erkennen – also kurze Pause, dann geht es weiter im Text.)

Meine Patentante hat mir vor vielen Jahren den Spruch „Was Du nicht willst, das man Dir tu, das füg auch keinem anderen zu“ in mein Poesiealbum geschrieben. Damals hab ich ihn nicht in seinem vollen Ausmaß verstanden, aber er sollte zum Leitspruch meines Lebens werden.

Umgekehrt ausgedrückt müsste er heißen „Das was Du willst, das man Dir tu, das lasse auch anderen zuteil werden" und ja genau das ist es, wenn wir unsere Mitmenschen und Mitwesenheiten so behandeln, wie wir selbst behandelt werden wollen, wird Freude, Glück, Verbundenheit und Harmonie entstehen.
Wieder zurück zu unseren Kristallschädeln heißt das, dass wir unsere Freunde und Begleiter hin und wieder mit Nettigkeiten überraschen dürfen, sie verwöhnen, ihnen kleine Geschenke machen und einfach Spaß zusammen haben.
Ob das ein kleines Geschenk ist, was wir ihnen mitbringen – meine Kristallschädel bekommen von jedem Kraftort auf der Welt, an dem ich arbeite, einen Stein oder einen kleinen Ast o. ä. mitgebracht, unsere Sammlung wächst stetig –, ob wir sie mit einem Bad verwöhnen, ob wir sie in einem Kreis mit Heilkräutern auftanken lassen, ob wir sie zu einem besonders schönen Spaziergang mitnehmen, ob wir sie mit einer besonders schönen, gefundenen Feder schmücken, ob wir ihnen eine duftende Blume mitbringen, ob wir für sie Wasser einer Heilquelle holen, ob wir für sie trommeln, ob wir sie streicheln, knuddeln und küssen oder ob wir gemeinsam einen Tanz aufs Parkett legen, ist egal, alles was gefällt und unsere Lebensfreue und Liebe zum Leben ausdrückt ist erlaubt und wird mit Begeisterung aufgenommen.

Es ist mir ein Herzensanliegen, Sie zu ermutigen es selbst zu versuchen! Sie werden feststellen wie die Energien pulsieren und ebenfalls auf Sie überspringen, denn auch hier gilt, alles was ich aussende, kehrt potenziert zu mir zurück.
Das Leben kann so leicht sein, erlauben Sie es sich in den Fluss des Lebens mit Ihren Kristallschädeln einzutauchen und pure Lebensfreude zu leben.

54. Wie kann ich mir Kristallschädelwasser herstellen und wofür kann ich es einsetzen?

Zur Herstellung von Kristallschädelwasser verwenden wir frisches Quellwasser, oder sollte das nicht zur Hand sein, alternativ ein hochwertiges Wasser aus der Flasche. Bitte darauf achten, dass das Wasser aus Glasflaschen kommt und keine Kohlensäure enthält.

Wir können, um Kristallschädelwasser herzustellen, entweder intuitiv einen Kristallschädel auswählen, der sich gerade zur Verfügung stellt oder wir gehen je nach Indikation gezielt vor.
Stellen Sie sicher, dass der Kristallschädel gut gereinigt ist, bevor Sie ihn in eine große Glaskaraffe geben und diese mit Wasser auffüllen.
Die Karaffe platzieren Sie idealerweise auf der Fensterbank, das hat den zusätzlichen Vorteil, dass Ihr Kristallschädelwasser mit den Energien von Sonne und Mond in Kontakt kommt. Ich selbst lasse mein Kristallschädelwasser einen vollen Tag- und Nachtzyklus energetisieren, bevor ich es trinke. Sollten Sie jedoch schnelleren Bedarf haben, genügt es auch, wenn der Schädel das Wasser nur wenige Stunden aufgeladen hat.
Wasser ist ein idealer Informationsträger, Empfänger und Speicher, somit werden die Energien des Kristallschädels in ihm aufgenommen und gespeichert und beim Verzehr dann an Sie weitergegeben.
Kristallschädelwasser eignet sich hervorragend zur generellen Energetisierung und Vitalisierung.
Man kann Kristallschädelwasser allerdings auch für eindeutige Indikationen herstellen, zum Beispiel kann man ein Wasser zur Unterstützung der Erdung herstellen, dazu eignen sich besonders schwarze Turmalinschädel, rote Jaspisschädel, Hämatitschädel und Rauchquarzschädel.
Fühlt man sich lustlos, antriebslos und würde sich am liebsten verkriechen, können wir mit einen Citrinschädel ein Wasser herstellen, das uns dabei unterstützt wieder aktiver zu werden und den Alltag mit Lebenslust und Freude anzugehen.
Rauchquarzwasser bringt uns, neben seiner erdenden Wirkung, eine allgemeine Kräftigung und Unterstützung in schwierigen Situationen.

Rosenquarz wird uns in Prozessen der Selbstliebe, aber auch bei unserem generellen liebevollen Umgang mit uns und dem Leben selbst unterstützen.
Achtung, mit Fluoritschädeln, Malachitschädeln und einigen anderen sollte man allerdings kein Kristallschädelwasser herstellen, da sie giftig sind.
Weitere Informationen zu den verschiedenen Kristallarten und ihren Einsatzgebieten finden Sie in meinem Buch „Kristallschädel – Anleitung zur Energiearbeit mit Kristallschädeln“ oder im Heilsteinlexika.

Abgesehen von ihren unterschiedlichen Einsatzmöglichkeiten kommt auch noch dazu, dass Kristallschädelwasser ausgesprochen erfrischend und lecker schmecken.

Versuchen Sie es, stellen Sie Ihr eigenes Kristallschädelwasser her und Sie werden feststellen, dass das Wassertrinken wieder Spaß macht und nichts von seinem sonst häufig leeren und langweiligen Charakter enthält.

Ich wünsche viel Freude beim Ausprobieren und guten Durst!!!

55. Was sind Drachenschädel und wie arbeiten sie mit Kristallschädeln zusammen?

Wir und der gesamte Planet haben uns in den letzten Jahren in dramatischen Zeiten des Wandels, der Transformation und des Umbruchs befunden. Zahlreiche Portale wurden geöffnet, um das energetische Niveau auf der Erde langsam, aber stetig zu erhöhen und unseren gemeinsamen Aufstieg vorzubereiten. Bei vielen Menschen hat parallel dazu eine immer größer werdende Bewusstheit stattgefunden, die zu einer Hinwendung zu Mutter Erde geführt hat. Wir beginnen die Erde als das zu sehen, was sie ist, unsere große Mutter, die genauso beseelt ist wie wir selbst. Zur Unterstützung dieses Prozesses sind uns genau in dieser Zeit die Drachenwesen mit ihren ursprünglichen, kraftvollen archetypischen Energien zur Seite gestellt worden.

Die Drachenenergie entspricht der Energie von Mutter Erde. Als Kinder von Mutter Erde sind auch wir ganz eng mit den Drachen und ihren Energien verbunden. Je mehr wir in der Lage sind hinter den Schleier der Dualität zu blicken, desto besser können wir erkennen, dass wir alle miteinander verbunden sind, als Teile des großen Ganzen. Wir werden erkennen, dass wir die Schützer und Bewahrer von Mutter Erde sind und ihr und allen Geschöpfen mit Liebe, Demut und Dankbarkeit begegnen, sowie unsere Rückverbindung spüren und leben können.

Wir werden nun bereit sein, auch die lang vergessenen Energien der Drachen als Teil von Mutter Erde und damit als Teil von uns selbst anzuerkennen und sie in unser Leben zu integrieren bzw. unsere Arbeit durch ihre Energien unterstützen zu lassen.

In dieser nun angebrochenen neuen Zeit geht es darum wieder in Balance zu kommen, den Gleichklang zu integrieren und in Harmonie zu leben. Jeder einzelne entscheidet, wie schnell er für sich diesen Prozess durchläuft.

In der aktuellen Phase befinden sich auf der Erde sowohl die alten, verhärteten Energien, es stehen uns aber auch bereits die neuen Energien zur Verfügung und haben begonnen Schritt für Schritt ihren Platz

einzunehmen. Wir haben nun die Wahl uns zu entscheiden mit welchen Energien wir arbeiten, welche Energien wir in unser Leben einladen und für uns nutzbar machen werden, jeder einzelne für sich selbst.
Drachen verfügen über eine sehr hohe Energie und ursprüngliche Kraft, die wir hervorragend mit den Energien der Kristallschädel sowohl zu unserer eigenen Unterstützung und Weiterentwicklung einsetzen können, als auch zur generellen energetischen Arbeit für Mutter Erde.
Hierbei symbolisieren die Kristallschädel uns selbst als Menschen, während die Drachen Mutter Erde mit all ihren Lebewesen symbolisieren. Durch die Arbeit von Kristallschädeln mit den Drachen wird die Einheit gefördert und manifestiert.
Die Drachen verhelfen uns dazu unsere eigene Schöpferkraft wieder zu entdecken und zu aktivieren. Diesen Prozess der Erinnerung begleiten sie in kraftvoller Unterstützung. In schwierigen persönlichen Zeiten, die es für jeden von uns hin und wieder geben wird, stehen sie uns unterstützend zur Seite und natürlich werden sie zu unseren ganz persönlichen Beschützern.

Drachen gibt es in verschiedenen Formen und Mineralien. Die wohl am meist verbreitetsten sind die Drachenschädel, die es in verschiedenen Designs, je nach Schleifer und Herkunftsland, und in vielen verschiedenen Kristallarten gibt. Zudem gibt es Drachen, die so geschliffen sind, dass sie nicht nur den Schädel der Drachen abbilden, sondern den ganzen Körper. Auch bei dieser Form stehen uns verschiedene Mineralien zur Verfügung.
Zu welcher Form man sich hingezogen fühlt, sollte man intuitiv entscheiden. Lassen Sie dabei einfach Ihr Gefühl entscheiden, welcher Drachen Sie ruft bzw. welchen Drachen Ihr Kristallschädel ruft.

Als Drachenhüter können wir die Energien der Drachen, sowohl in Sitzungen für uns selbst, wie auch für andere Menschen intuitiv einsetzen, sie können hierbei mit unseren Kristallschädeln in jeglicher Form kombiniert werden. Da die Energie der Drachen, wie auch die Energie der Kristallschädel sehr hoch ist und sie bei gemeinsamen Einsatz ihre Energien nochmals um ein Vielfaches potenzieren, empfehle ich allerdings in Sitzungen für den Menschen maximal mit ein bis zwei Drachen zur gleichen Zeit zu arbeiten, um unseren physischen Körper als energetisches System nicht zu überfordern, denn er muss die erhaltenen Energien integrieren.

Ein weiteres Einsatzgebiet der Drachen ist der Bereich Erdheilung. Hierbei können wir sie sowohl in Erdheilungsmeditationen, in Erdheilungszeremonien, als auch in direkten Erdheilungen in der freien Natur, in Erdheilungs-

mandalas und in Erdheilungsinstallationen einsetzen. Hierbei kann man sie ebenfalls sehr kraftvoll mit den Kristallschädeln verbinden und so eine massive Energieerhöhung erzielen.
Und last but not least lieben es die Drachen an einem von ihnen gewählten Platz in der Natur platziert zu werden, um dort selbstständig wirken zu können. Freuen Sie sich auf die Bereicherung, die die Energien der Drachen Ihnen bringen werden und nehmen Sie sie mit Dankbarkeit in Ihr Leben auf. Sie werden begeistert sein und diese wundervollen und kraftvollen Energien nicht mehr missen wollen.

56. Wie kann ich meine Chakren mit einem Kristallschädel reinigen?

Gerade in der heutigen Zeit, in der die Energien immer weiter ansteigen und im Außen jede Menge chaotische Energien anzutreffen sind, ist es besonder wichtig, dass wir darauf achten unser Chakrensystem regelmäßig zu reinigen und auszubalancieren.
Man sollte eine Chakrenreinigung mindestens 2-mal pro Woche mit in sein Programm integrieren. Gönnen Sie sich und Ihrem energetischen System als Abschluss des Tages etwas Gutes, Ihre Kristallschädel werden Sie gerne dabei unterstützen.
Man kann eine Chakrenreinigung sowohl mit einem, als auch mit mehreren Schädeln gleichzeitig machen. Ideal ist ein Citrinschädel für diesen Gebrauch, man kann bereits mit Schädeln ab 100 Gramm gut arbeiten.
Besitzt man einen Kristallschädel, legt man diesen mit dem Wurzelchakra, beginnend für ca. 10 Minuten pro Chakra, auf und arbeitet sich langsam von Chakra zu Chakra nach oben vor.
Steht Ihnen nur wenig Zeit zur Verfügung, legen Sie Ihren Kristallschädel intuitiv auf das Chakra auf, welches sich sofort meldet.
Mit mehreren Schädeln kann man entweder gleichzeitig mehrere Chakren bearbeiten oder aber Chakra für Chakra nach oben gehen und nur den entsprechenden Schädel je nach Chakra wechseln.
Im Idealfall stehen Ihnen 7 oder mehrere kleinere Schädel in den Chakren zugeordneten Farben zur Verfügung, sodass sie auf einmal alle Chakren bearbeiten können.
Wie auch immer Sie arbeiten werden, hat keinen Einfluss auf das Ergebnis. Eine Chakrenreinigung mit 1 Schädel ist genauso effizient und effektiv wie eine mit 7 Schädeln.

Sollte Ihnen eine größere Anzahl von Kristallschädeln zur Verfügung stehen, achten Sie immer auf die eigene Intuition. Es ist ein Irrglaube, dass auf das Herzchakra immer ein rosafarbener oder grüner Kristall aufgelegt werden sollte, es kann die Wahl genau so gut auf einen Sodalith fallen.
Sehr empfehlenswert ist es unsere Chakren abends als Abschluss des Tages zu klären und den Tag danach in Ruhe ausklingen zu lassen.
Die Chakrenharmonisierung wird uns von den Energien des Tages reinigen, wieder in unsere Mitte kommen und uns unsere innere Balance und Harmonie finden lassen.
Denken Sie daran sich regelmäßig etwas Gutes zu tun, bauen sie unbedingt eine Chakrenreinigung in Ihren Plan ein, so oft es möglich ist. Mit Ihrem Kristallschädel steht Ihnen hierbei ein idealer Begleiter zur Seite, der sich freut, wenn er Ihnen diesen Dienst erweisen darf.

57. Was sollte man bei einer Kristallschädelsitzung für andere auf jeden Fall beachten?

Arbeiten wir mit unseren Kristallschädeln in einer Sitzung für jemand anderen, dann sollten wir uns immer vor Augen führen, dass wir nur als Kanal arbeiten. In diesem Zusammenhang muss unser Kanal klar und intentionsfrei sein, nicht wir, oder besser gesagt unser Ego, bestimmen den Verlauf einer Sitzung, sondern ausschließlich die geistige Welt. Wir sind nur ausführendes Organ und richten uns exakt nach den Durchgaben, egal wie seltsam sie uns vielleicht vorkommen mögen.
Machen Sie sich vor jeder Behandlung bewusst, dass nicht Sie heilen, sondern die göttliche Quelle durch Sie, als Kanal, arbeitet.
Bleiben Sie in jeder Sekunde der Sitzung bei sich, offen und absolut ohne Wertung gegenüber dem Behandelnden oder dem Verlauf der Sitzung. Unsere Intentionen haben in einer Sitzung nichts zu suchen. Unsere einzige Intention darf nur bezwecken, die empfangenen Energien so an unseren Partner weiterzuleiten, wie es für diesen heilsam und stimmig ist.
Es sind nicht wir die entscheiden, was für unseren Klienten gut und heilsam ist oder welche Wendung sein Weg nehmen soll, dies ist alles bereits lange im großen Plan festgelegt.

Ich habe es mir deshalb zur Regel gemacht, mit meinen Klienten nur ein kurzes Einführungsgespräch vor der Sitzung zu machen, in dem ich mich auf die Informationen zur Sitzung beschränke und mir keine oder nur die nötigsten Informationen des Klienten mitteilen lasse. Das hilft klar und unvoreingenommen zu bleiben und lässt unser Ego erst gar nicht versuchen die empfangenen Daten und Infos während einer Sitzung zu interpretieren. Eine ausführliche Besprechung kann man dann nach der Sitzung durchführen.

Schwerer wird es, wenn der Behandler zu dem Klienten in einem persönlichen Verhältnis steht. In solchen Situationen ist es oft schwierig die eigenen Interessen und Wünsche bzw. unser Vorwissen außen vor zu lassen. Man neigt in einem solchen Fall dazu, sich vom eigenen Ego überrumpeln und leiten zu lassen, was einer bewussten Manipulation sehr nahe kommt. Also bitte mit besonderer Vorsicht und Achtsamkeit an solche Fälle herangehen und immer wieder überprüfen, dass wir als klarer Kanal arbeiten.

Behandeln wir jemanden, den wir gut kennen, dessen Probleme und Wünsche uns hinreichend bekannt sind, müssen wir dringend darauf achten, nicht unsere Intentionen bezüglich der Heilung einfließen zu lassen. Wir dürfen auf keinen Fall entscheiden wollen, wie eine Situation zu lösen ist oder ob ihre Lösung bereits ansteht. Alles dies entzieht sich unserer Kenntnis und sollte unter allen Umständen an die höhere Instanz abgegeben werden.

Behandler oder Therapeuten, die mit der Frage an einen herantreten „Wieviele Leute hast Du denn schon geheilt?" sind auf dem Holzweg oder besser gesagt auf dem totalen Egotrip. Wir sind ausschließlich Kanäle, die Energien leiten, nicht mehr und nicht weniger und als solche verhelfen wir den Menschen dazu ihre Selbstheilungskräfte zu aktivieren. Machen Sie sich das immer wieder klar, es ist das A und O unserer Arbeit.

Zurück zu unserer Sitzung heißt das für uns, dass der gesamte Verlauf der Sitzung durch die göttliche Quelle durchgegeben wird und wir nur ausführendes Organ sind. Wir geben das göttliche Licht und die allumfassende Liebesenergie an unseren Partner weiter.

Erst zum Ende der Sitzung hin kommt ein wichtiger Part, den wir bewusst durchführen sollten, nämlich das Abtrennen der Energien, die während der Behandlung eventuell von uns auf unseren Partner übergelaufen sind oder umgekehrt von ihm zu uns.

Vergessen Sie diesen Teil bitte niemals.

Wolfgang Hahl, von dem ich in viele Techniken des energetischen Arbeitens eingeführt wurde, nennt diese energetische Abtrennungstechnik **„Magnet-Meditation“**, sie wird wie folgt durchgeführt:

1. Stellen Sie sich vor, Sie sind ein Magnet und ziehen jetzt alle evtl. von Ihnen übergeflossenen, persönlichen Energien wieder zu sich zurück, wie ein Magnet die Eisenspäne anzieht. Während Sie diese Vorstellung halten, mehrmals kräftig einatmen und die Energien zu sich zurückziehen.
2. Nun stellen Sie sich vor, Ihr Behandlungspartner ist ein Magnet und zieht jetzt alle evtl. von ihm zu Ihnen geflossenen persönlichen Energien zu sich zurück, wie ein Magnet die Eisenspäne. Dabei mehrmals kräftig ausatmen und die Energien gehen lassen.
3. Hat man das Gefühl, dass sehr negative, dunkle oder kranke Energien zu einem übergeflossen sind, beide Handflächen auf den Boden legen und mehrmals kräftig ausatmen, während man sich vorstellt, dass diese Energien in das reinigende Feuer der unterirdischen Magma von Mutter Erde abfließen, dort verbrannt und transformiert werden.

Machen Sie es sich zur Gewohnheit, diese einfache und effiziente Meditation als Abschluss einer jeden Sitzung durchzuführen, sowohl zu Ihrem als auch zum Schutz Ihres Klienten oder Partners.

Eine generelle Einleitung bzw. einen Abschluss für alle energetischen Sitzungen finden Sie unter Frage 17.

Mit diesem Rüstzeug im Gepäck sind Sie für jede energetische Sitzung gut ausgerüstet. Und immer gilt, das kann man nicht oft genug erwähnen, sobald wir bei uns oder bei einem Klienten Anzeichen einer Krankheit vermuten oder diese offensichtlich sind, hat das Aufsuchen eines Arztes oberste Priorität. Unsere Arbeit ersetzt in keiner Weise die Konsultation und Behandlung eines Arztes oder Therapeuten und bitte, niemals Diagnosen stellen oder Heilversprechen abgeben.

Unsere Arbeit ist rein spiritueller Natur, sie dient der Selbsterforschung und Selbstwahrnehmung, wodurch die Selbstheilungskräfte aktiviert werden und Heilung geschehen kann. Wer zu uns kommt, muss darauf hingewiesen werden, damit er sich dessen völlig bewusst ist. Außerdem sucht er uns aus freien Stücken (Willen) auf, eventuelle Interpretationen, die aus Informationen oder Botschaften während der Sitzung gemacht werden, hat der Klient selbst zu verantworten und Reaktionen daraus selbst zu vertreten.

58. Kann man Kristallschädel zur Reinigung bzw. zu Clearings von Häusern und Räumen einsetzen?

Ja, das kann man und sogar sehr gut. Die einfachste Art mit Kristallschädeln die Umgebung zu reinigen, besteht darin sie einfach in den betreffenden Räumen zu platzieren, damit sie dort ihre Energien verbreiten können.

Bereits nach kurzer Zeit werden wir feststellen, dass sich das energetische Niveau des Raums, in dem sich der oder die Schädel befinden, verändert hat, alte und negative Energien gereinigt wurden und eine gesamte Anhebung der Energie stattgefunden hat.
Kristallschädel verfügen über eine hohe Energie, diese verankern sie an ihrem Standort bzw. geben sie von dort an die Umgebung ab, zum anderen aber sind sie in der Lage die Energien in ihrer Umgebung zu klären und zu reinigen, d. h. sie transformieren Negativenergien und alte Problemfelder jeglicher Art.
Dadurch kommt es zu einer generellen Harmonisierung der Energie und einer Anhebung des energetischen Niveaus. Die Schädel sollten allerdings über einen längeren Zeitraum (Tage oder sogar in schweren Fällen einige Wochen) an dem zu klärenden Ort verbleiben.
Man kann Kristallschädel sowohl zur Reinigung im privaten Bereich, als auch in Geschäftsräumen und Büros, sowie in freier Natur zur Landschaftsreinigung einsetzen.
Ich persönlich bevorzuge zur Reinigung bzw. zu Clearings von Räumen, Häusern und Landschaften Kristallschädel aus der Quarzfamilie, da der piezoelektrische Effekt uns hier zum Vorteil gereicht.

Bei Räumen und Häusern, die massiv von negativen Energien und alten Anhaftungen kontaminiert sind, sollte man darüber hinaus ein Clearing machen.
Wir können dabei einen oder mehrere Kristallschädel als Generatoren einsetzen, um die universellen Energien zu verstärken und zielgerichtet zu senden.
Um ein Clearing in einem Raum, Haus oder Bürogebäude vorzunehmen, empfehle ich zuerst die betreffenden Räume mit Salbei oder Weihrauch gründlich auszuräuchern. Gehen Sie dabei so vor, dass Sie bis in die letzte Ecke alles ausräuchern. Gegebenenfalls diese Prozedur 2- bis 3-mal wiederholen, bevor Sie mit dem eigentlichen Clearing beginnen.

Nachdem ich alles geräuchert habe, habe ich es mir angewöhnt die jeweiligen Räume mit einer Trommel oder einer Ocean-Drum zu begehen, um weitere Negativenergien zu eliminieren.
Erst wenn ich dies gründlich und durchaus laut erledigt habe, beginne ich mit dem Clearing.
Informieren Sie vor dem Trommeln sicherheitshaltbar etwaige Nachbarn. Ich habe vor Jahren ein Clearing in einem leerstehenden Haus gemacht bei dem ich Ocean-Drums eingesetzt habe, die ich durchaus sehr laut verwendet habe. Leider hatte ich zuvor vergessen die Nachbarn zu informieren, die sich verständlicherweise sehr wunderten, was in dem leeren Haus vor sich ging, also durfte ich kurzerhand mein Tun der angerückten Polizei erklären, die sich allerdings sehr offen und verständig gegeben hat.

Um mit dem Clearing zu beginnen, verwenden wir zuerst die allgemeine Einleitung für energetische Sitzungen, danach platzieren wir unseren bzw. unsere Schädel so, wie es von der geistigen Ebene durchgegeben wird. Es kann gut sein, dass mehrere Kristallschädel im ganzen Raum oder Gebäude verteilt werden sollen. Ein Kristallschädel wird bei uns als Generator verbleiben, dieser sollte idealerweise von größerer Größe sein (mindestens 2 kg).
Wir schauen nun welcher Platz uns ruft, um uns mit dem Generatorschädel dorthin zu begeben.
Nachdem wir die geistige Welt gebeten haben die betreffenden Räumlichkeiten zu clearen, beginnen wir die universellen Energien durch uns hindurch zu dem Schädel zu schicken, der sie seinerseits sowohl in den gesamten Raum, als auch an seine mitarbeitenden Schädelkollegen weiterschickt.
Wir konzentrieren uns während des gesamten Sitzungsverlaufs lediglich darauf, die Energien permanent am Laufen zu halten und auf die Intension „Clearing". Weder das „wie" noch das „wovon" spielen für uns eine Rolle, diesen Part übernimmt die geistige Ebene.

Wir sollten bei einem Clearing die Energien erfahrungsgemäß ca. 1 Stunde lang laufen lassen, bevor wir zum Abschluss kommen.

Sollten Sie aber eindeutig die Info bekommen, dass die Sitzung nach einem Zeitraum von 1 Stunde weitergeführt werden soll, tun Sie dies bis Sie merken, dass der Energiefluss nachlässt.

Im Anschluss an ein Clearing, empfinde ich es als sehr schön, nochmals eine Räucherung mit etwas Energetisierendem zu machen.

Auch lasse ich gerne noch für ein paar Tage einige aufgeladene Kristalle oder Pocket-Kristallschädel im gesamten Gebäude bzw., wenn die Energien sehr negativ gewesen sind, lege ich mehrere schwarze Turmaline (in der Größe von ca. 500 Gramm bis 1 Kilo) aus.

Sollte man je das Gefühl haben, dass ein Gebäude trotz intensivem Clearing nicht vollständig gereinigt ist, das kann vorkommen wenn es sich um Energien handelt, die in dem Gebäude bereits über Generationen sind oder sehr dunkle Energien ihren Weg dorthin gefunden haben, empfehle ich für einige Zeit die schwarzen Turmaline dort zu lassen. Zusätzlich mit einigen Rauchquarz- oder schwarzen Turmalinschädeln für einige Zeit (ca. 21 Tage) ein energetisches Feld dort aufzubauen und anschließend nochmals zu clearen.

Achten Sie vor einem Clearing unbedingt auf Ihren eigenen energetischen Schutz und trennen Sie danach die Energien von Ihrem energetischen System ab.

59. Warum sind schwarze Turmalinschädel so selten und wofür setzt man sie ein?

Schwarzer Turmalin wächst zumeist in langestreckten, prismatischen Kristallen und weist ein Härte von 7 bis 7,5 auf, was seinen Schleifprozess sehr schwierig macht. Nicht nur, dass er sehr hart und schwer zu verarbeiten ist, er neigt auch dazu während des Schleifens leicht zu zersplittern, was der Grund dafür ist, dass er bei Schleifern nicht sehr beliebt ist und dementsprechend selten auf dem Markt zu finden ist.
Nichtsdestotrotz ist der schwarze Turmalin ein sehr wichtiger Vertreter der Kristallschädelfamilie, da er ein hervorragender Schutzschädel ist und zusätzlich ideal zur Erdung.

Aufgrund seiner Seltenheit und der großen Nachfrage nach schwarzen Turmalinschädeln kommt es immer wieder zu Fälschungen. Es werden zum Beispiel schwarze Obsidianschädel als Turmalinschädel verkauft, aber auch Imitationen aus farbigem Glas und synthetischem Spinell hergestellt.

Laut Ginger ist der schwarze Turmalin in der Lage überschüssige Energie abzuleiten und bei energetisch unterversorgten Stellen Lebenskraft zuzuführen.

Bekannt ist der schwarze Turmalin ebenfalls dafür, dass er Strahleneinflüsse und Elektrosmog neutralisiert (nach Newerla), er sollte also an keinem Computer fehlen.

Er regt den Energiefluss im Körper an und verhilft zur Entgiftung des Körpers, sogar bei Schwermetallen (nach Korse).

Auf der seelischen Ebene verhilft der Turmalin dazu, das freie geistige Wesen, das Ich, den Verstand, das Gemüt und den Körper zu einer integren Einheit zu verbinden und von einem klaren Standpunkt heraus schöpferisch tätig zu werden, sowie stets zur rechten Zeit am rechten Ort zu sein (so Holst).

Schwarzer Turmalin ist der stärkste Schutzstein und wurde als solcher schon vor Tausenden Jahren von unseren Vorfahren eingesetzt.

Laut Holst filtert er die schädlichen Informationen und bösen Absichten heraus und hält sie zurück, sorgt aber gleichsam dafür, dass die gereinigte Energie dem Organismus zur Verfügung steht und spendet so sehr viel Energie.

Es ist allerdings wichtig auf eine gründliche und häufige Reinigung zu achten.

Schwarzer Turmalin verhilft uns dazu, die eigenen Gedanken und Gefühle zu kontrollieren und bringt uns Willensstärke.

Er wirkt Albträumen entgegen und fördert einen gesegneten Schlaf.

Und last but not least ist er ein idealer Erdungsstein.

Schwarze Turmalinschädel kommen zumeist in einer Größe von wenigen 100 Gramm bis zu 1 Kilo vor, in ganz seltenen Fällen auch größer und haben aufgrund ihrer Seltenheit und schweren Verarbeitung ihren Preis.

Da wir in der heutigen hochenergetischen Zeit immer mehr Menschen haben, die Probleme mit ihrer Erdung haben, ist der schwarze Turmalinschädel gleichsam beliebt und sehr wichtig. Er sollte in keiner größeren Kristallschädelfamilie fehlen, da er bei Meditationen und Kristallschädeln für die nötige Erdung sorgt und uns optimal schützt.

60. Warum bilden Kristallschädel Familien?

Um ehrlich zu sein, kann ich Ihnen das auch nicht genau sagen. Ich kann nur Vermutungen anstellen bzw. aus meiner Erfahrung mit Kristallschädeln sprechen. Einmal hat das, denke ich, etwas mit der Tatsache zu tun, dass Gleiches Gleiches anzieht, aber das ist sicherlich nur eine

Nebenerscheinung. Viel mehr scheint es mir logisch zu sein, dass wir, da wir im Laufe unseres Lebens verschiedene Themenkomplexe aufarbeiten, immer wieder andere Kristallschädel in unser Leben ziehen, da diese auf unser jeweiliges Resonanzmuster in den jeweiligen Situationen antworten. Es kommt dazu, dass unterschiedliche Kristallschädel sich auf energetische Art und Weise ideal zu einem Ganzen ergänzen.
Bin ich z. B. dabei einen schwierigen Transformationsprozess zu durchlaufen, kann es gut sein, dass ich einem Amethystschädel an meiner Seite habe, der in der Lage ist meine Muster, Blockaden und alten Strukturen zu transformieren. Ihn unterstützend könnte dann ein Rauchquarzschädel dazukommen, der mir den Mut, die Kraft und die nötige Power für den augenblicklichen Prozess gibt. Ein Citrinschädel mit seiner wunderbar lichtvollen Energie könnte die ideale Ergänzung sein, um die Phase des Übergangs und des Wandels zu erleichtern. Citrinschädel sind offensichtlich in der Lage unsere dunkelsten Seiten zu bestrahlen, sie zu erhellen und wieder Licht ins Dunkel unseres Lebens zu bringen, sodass auf allen Ebenen wieder Glück, Liebe und damit auch Lebensfreude einkehren kann. Dazu kommt mit Sicherheit die Tatsache, dass Kristallschädel, wenn sie mit mehreren zusammen sind, ihre Energien potenzieren und so in der Lage sind mächtige Energie- und Heilungsfelder aufzubauen, die dann sowohl uns als auch unserer Umwelt zugutekommen.

Da Kristallschädel darum wissen, ist es nur allzu verständlich, dass sie Kollegen in ihr Leben ziehen um gemeinsam zu wirken.

Und last but not least stelle ich immer wieder fest, dass sich Kristallschädel in Gegenwart ihrer Artgenossen einfach wohl fühlen und sich schneller entfalten können als Kristallschädel, die alleine mit ihrem Hüter leben.

An dieser Stelle möchte ich Ihnen noch einen Schwank aus meinem Leben erzählen. Vor nicht allzu langer Zeit kam ein Pärchen mit ihrer Kristallschädeldame zu mir und erzählte mir, dass sie einen Ehemann für besagte Kristallschädeldame suchen würden. Sie klärten mich darüber auf, dass sie von der geistigen Welt darüber in Kenntnis gesetzt worden seien, dass die Hochzeit ihrer Schädeldame kurz bevorstehe und man jetzt auf die Suche nach dem Bräutigam gehen müsse.
Bei mir sollte sich dann angeblich der Gesuchte befinden. Es dauerte nicht lange, da fiel das Auge der Dame auf einen meiner Schädel, sie wirbelte begeistert auf und meinte sie habe ihn gefunden, jetzt sei für die Hochzeit alles bereit.

Hier gab es jedoch ein Problem, der Bräutigam, um bei dem Sprachgebrauch zu bleiben, sprang förmlich auf meinen Arm und rief „oh, lieber Gott rette mich“. Am Ende musste, oder besser gesagt durfte, ich ihn dann retten. Ich brauche nicht zu sagen, dass er heute noch bei mir lebt.
Was ich mit diesem auf den ersten Blick lustigen Beispiel verdeutlichen will, ist, dass wir unsere Schädel nicht vermenschlichen dürfen und in sie unsere eigenen Wünsche projizieren sollten. Für Kristallschädel gibt es keine Trennung, sie existieren nicht in der Dualität, wie wir, sondern verkörpern die Einheit, da braucht es dann keine Hochzeit zwischen Kristallschädeln.

Wenn jemand unter Ihnen eine weitere Theorie hat, warum Kristallschädel Familien bilden, würde ich mich sehr freuen, wenn Sie mir eine email schreiben, um mich an Ihren Gedanken teilhaben zu lassen. Meine email-Adresse finden Sie am Ende des Buches.
Schon an dieser Stelle lieben Dank.

61. Kann man Kristallschädel auch negativ (schwarzmagisch) gebrauchen?

„Energie folgt dem Bewusstsein“ – das ist einer der wichtigsten Sätze, die man sich merken sollte, wenn man energetisch arbeiten möchte. Seine Bedeutung ist jedoch auch von höchster Wichtigkeit für unseren Alltag und unsere zwischenmenschlichen Beziehungen.

Häufig höre ich von Klienten „Ich würde ja auch gerne mit Kristallschädeln arbeiten, aber ich kann das ja sowieso nicht“, oder „Ich wünsche mir einen neuen Partner, aber da draußen gibt es 1000 interessantere Frauen als mich, also klappt das bei mir ja eh nicht“.
Da ich immer ehrlich antworte, lautet meine ehrliche Antwort darauf dann auch folgerichtig „Ja, das stimmt“.
Dann kommt aber die Erklärung dazu, wenn ich nämlich von Anfang an davon ausgehe, dass ich etwas nicht kann oder nicht bekomme, weil ich es nicht verdient habe und glaube nicht gut genug dafür zu sein, fokussiere ich meine Energien genau auf diesen Ausgang, also kann ich es auch nicht können oder bekommen.
Energien folgen dem Bewusstsein, um es nochmal zu sagen, wenn ich mir also sicher bin, dass ich etwas kann oder bekomme, dann werde ich es auch bekommen, so einfach ist das, das ist eines der wichtigsten energe-

tischen Gesetze. Man zieht immer das an, was man aussendet, man sollte also sehr bewusst damit umgehen, was man an Energien aussendet.

Und hier kommen wir dann auch an den Punkt, ob man mit Kristallschädeln negativ oder schwarzmagisch arbeiten kann: Natürlich kann man das. Man kann mit allem, egal ob Kristallschädel, Kristall oder anderes energetisches Hilfsmittel, auch negativ arbeiten. Auch ohne jegliches Hilfsmittel kann jeder von uns zu jeder Zeit negativ arbeiten, denn hier kommt nun unser energetisches Gesetz wieder ins Spiel „Energie folgt dem Bewusstsein", d. h. wenn ich etwas Negatives oder Schwarzmagisches bewusst aussende, wird dies meinen ausgesendeten Energien folgen.

Hier müssen wir aber gar nicht so weit gehen, dass wir an bewusste schwarzmagische Arbeit denken, jeder von uns, der sich zum Beispiel ständig über seinen Nachbarn aufregt, weil er seinen Rasen nicht ordentlich mäht und ihm unfreundliche Gedanken sendet, arbeitet vielleicht unbewusst, aber trotzdem im negativen Bereich.
Senden Sie jemandem, der Sie ständig nervt, doch mal fortwährend positive Gedanken und Liebesenergie und Sie werden feststellen, dass sich sein Resonanzmuster Ihnen gegenüber ändert und er vielleicht gar nicht so unangenehm ist, wie Sie gedacht haben, sondern einfach nur unsicher.

Ganz wichtig ist, dass wir uns immer darüber im Klaren sein sollten, dass alles was wir aussenden immer zu uns zurückkommt.
Wenn mir jemandem negative Energien senden, in der bewussten Absicht ihm zu schaden, werden diese Energien früher oder später 7-fach zu uns zurückkehren, wir schaden uns eigentlich nur selbst und blockieren unseren Lebensweg.

Als Menschen haben wir einen freien Willen, d. h. die Entscheidung, ob wir im negativen Bereich arbeiten oder nicht liegt ganz bei uns allein, wir können dies mit Kristallschädeln oder anderen Hilfsmitteln tun, aber auch ohne. Wir sollten uns aber immer darüber bewusst sein, dass alles was wir tun, auf uns selbst zurückkommt.

Menschen, die mit Kristallschädeln arbeiten und leben, diese bewusst in ihr Leben eingeladen haben, haben in der Regel durch die Kristallschädel einen hohen Grad an Bewusstheit und innerer Klarheit erreicht, fühlen die Einheit und Verbindung zwischen allem was ist, sodass es für sie außer Frage steht im negativen Bereich zu arbeiten, ist ihr Herzenswunsch doch eine Welt in Einheit, Harmonie, Frieden und Liebe.

Aber natürlich kann es auch den einen oder anderen geben, der die Kristallschädel negativ einsetzt, das sind bei Kristallschädeln allerdings sicherlich weitaus weniger Menschen, als in anderen Bereichen.

Für alle diese Menschen, die Kristallschädel negativ einsetzen, kommt hinzu, dass Kristallschädel Energien verstärken, sie sollten sich darüber im Klaren sein, dass das auch die negativen Energien verstärken wird, die sie selbst zurückbekommen werden.
Und das allein wäre für mich Grund genug mein Tun nochmals zu überdenken.

Ich selbst habe seit Jahren einen Kristallschädel, der einem Schamanen in Colorado gehört hat, der ihn zu schwarzmagischen Zwecken eingesetzt hat. Es hat 7 Jahre gedauert, bis sein früherer Besitzer nach vielen tragischen Zwischenfällen und Unfällen sich von dem Schädel getrennt hat und er auf unergründlichen Wegen zu mir gekommen ist.
Als er bei mir eingetroffen ist, kam deutlich die Botschaft, dass er nach Ägypten musste um ihn zu reinigen und mit der Energie dieser alten Hochkultur neu aufzuladen, bevor er wieder energetisch arbeiten durfte. Ich brauch nicht zu sagen wie erstaunt ich war, da bekommt man einen Schädel und kauft einen Urlaub mit dazu. Ich bin ein Mensch der Tat, also hab ich einen Flug gebucht und bin mit Belem nach Ägypten geflogen, um ihm Heilung zukommen zu lassen.
Wir leben jetzt schon einige Jahre zusammen und ich habe keine Sekunde bedauert, dass ich ihn in mein Leben aufgenommen habe, obwohl ich mehrfach gewarnt worden bin.
Aber nicht der Schädel ist oder war böse, er ist nur von seinem Besitzer missbraucht worden, hat aber seinen Weg gefunden, um diesem Zustand zu entkommen und sein Besitzer hat teuer für sein Tun bezahlt.

62. Inwieweit wirken sich der Schleifer und seine Energie auf den Kristallschädel aus und warum wird diese Energie durch den Reinigungsprozess nicht entfernt?

Um diese Frage genau beantworten zu können bedarf es einiger weiterer Informationen über den Schleifprozess als Voraussetzung.
Man benötigt die 4-fache Menge an Rohstein um einen Schädel zu schleifen, d. h., will man einen Schädel von ca. 1 Kilo schleifen, benötigt man einen Rohstein von 4 Kilo als Ausgangsmaterial.

Hat der Schleifer nun seinen Rohstein ausgewählt, aus dem er einen Kristallschädel schleifen möchte, wird er sich als erstes mit dem Rohstein verbinden, um zu erfühlen welcher Schädel daraus entstehen möchte, wie in etwa seine Form sein wird, wo die Wuchsrichtung des Ursprungskristalls liegt (das ist bei einigen Kristallen von großer Wichtigkeit, denn würde der Schleifer gegen die Wuchsrichtung des Kristalls arbeiten, würde er kaputtgehen oder doch zumindest seine energetischen Muster zerstört werden, da man ihn in eine Form zwingt, die nicht seine ist) und vieles mehr. – Der Schleifer geht also bereits in diesem frühen Stadium des Entstehungsprozesses eng in Kommunikation mit dem entstehenden Schädel.
Die Gefühle, Ideen und das kreative Potential des Schleifers und der Schädel verbinden bereits jetzt ihre Energien um die Initialzündung für den Schleifprozess zu legen.

Hat der Schleifer alle Info erhalten, kann er daran gehen sie umzusetzen.
Jetzt wird entschieden, ob und wie der Rohstein zugeschnitten werden muss. Dann beginnt der eigentliche Schleifprozess, in dem Schritt für Schritt der spätere Schädel geformt wird. Dem Schleifen folgt das Polieren des fertigen Schädels. Dies ist ein Prozess, je nach Schädel und Größe, von mehreren Tagen bis Wochen, manchmal sogar von Monaten.
Der Schleifprozess ist ein Akt der Schöpfung, in den die ganze Aufmerksamkeit und Liebe des Schleifers sowie sein ganzes Können, seine ganze Kreativität gepaart mit seinen Empfindungen, einfließen bis er am Ende den fertigen Kristallschädel in den Händen hält.
Ein guter Schleifer wird sich dabei immer wieder neu mit dem Schädel verbinden, sich wieder und wieder auf die Besonderheiten des Kristalls einstellen bis daraus der fertige Schädel erwächst.

Dass dieser Entstehungsprozess sehr eng verbindet bzw. dass in ihn ein Großteil der Energien des Schleifers und seine gesamte Kreativität einfließen, brauche ich nicht extra zu erwähnen.
Schleifer sind Künstler, die mit ihrem ganzen Herzblut bei der Arbeit sind. Als Künstler, die sich auf ihr Material einlassen, sind sie sehr offen, um diesen gemeinsamen Schöpfungsprozess erst zu ermöglichen.

Verdeutlichen wir uns jetzt, dass diese Energien in dem Schöpfungsprozess unserer Kristallschädel quasi die Initialenergien sind, die zu seiner Schöpfung geführt haben bzw. diese erst möglich gemacht haben, dann wird uns klar, wie sehr die Energien des Schleifers mit dem Kristallschädel, den er erschaffen hat, verankert sind.

Wir wissen, dass Energien, die Kristallschädel aus dem Außen aufgenommen haben, z. B. in Kristallschädelsitzungen etc., gereinigt werden können (siehe dazu Frage 10). Das heißt natürlich auch, dass wir Energien, die vom Schleifer in den Schädel übergegangen sind, die dort nicht hingehören, reinigen können.

Die Schöpfungsenergie, Liebe und Verbundenheit, die ein Schädel während seines Entstehungsprozesses von seinem Schöpfer/Schleifer erhalten hat, werden jedoch in dem Schädel für immer gespeichert sein, sind sie doch eng mit seiner Entstehungsgeschichte verbunden und Voraussetzung dafür, dass er überhaupt zum Leben erweckt wurde.

63. Kann ein in Massenproduktion, z.B. in China hergestellter Kristallschädel, die gleiche Energieausstrahlung bekommen wie ein von Hand gearbeiteter Schädel?

Ich bin mir bewusst darüber, dass diese Frage in mancherlei Hinsicht ein Fettnäpfchen darstellt, aber ich werde sie trotzdem beantworten, da sie mir von einer lieben Kristallschädelhüterin und Freundin gestellt wurde.
In die Beantwortung dieser Frage fließt meine eigene jahrelange Erfahrung und Arbeit mit Kristallschädeln ein und sie ist selbstverständlich meine persönliche Meinung, die keinen Anspruch auf Allgemeingültigkeit hat. Jeder muss und darf für sich selbst entscheiden, wie er das für sich sieht.

Mir wurde allerdings schon sehr häufig von Kristallschädelhütern bestätigt, dass sie einen deutlichen Unterschied zwischen maschinell hergestellten Massenproduktionen und handgeschliffenen Unikaten sehen, sowohl hinsichtlich ihrer Energien als auch ihrer Offenheit dem Hüter gegenüber.

Rufen wir uns hierzu erneut die Fakten aus der letzten Frage ins Gedächtnis und wenden unseren Blickwinkel dann der maschinellen Massenproduktion eines Schädels zu.
Bei der maschinellen Massenproduktion werden Rohsteine zum Teil im Akkord zugeschnitten, um diese dann in den Schleifmaschinen zu fixieren. Sowohl der Schleifprozess als auch das Polieren läuft maschinell ab, ist also vollständig unbeseelt. Es herrscht keine Verbindung und Kommunikation zwischen dem entstehenden Schädel und dem herstellenden Medium. Es läuft vielmehr das immer gleiche hundertfach wiederkehrende Programm ab, an dessen Ende ein fertiger Schädel steht.

Hier gibt es keine Verbindung, Aufmerksamkeit, Kreativität und Liebe, die in den Entstehungsprozess mit einfließen.
Meiner Meinung nach beantwortet sich unsere Frage hier bereits selbst. Ein auf diese Art und Weise hergestellter Schädel kann niemals die Energie mit sich bringen, wie ein in Handarbeit entstandener Schädel, bei dessen Schöpfungsprozess der Schleifer sich immer wieder auf den Kristall eingestellt und ihn nach seinen Wünschen und seinen Eigenheiten entsprechend geformt hat.

Für mich kommt ebenfalls dazu, dass Kristallschädel bzw. Kristalle, die in maschinellen Massenproduktionen entstanden sind, ja nur als solche entstanden sind, weil es darum geht, eine möglichst große Stückzahl in möglichst kurzer Zeit, zu möglichst geringen Kosten herzustellen, um möglichst hohen Gewinn zu erzielen.
Es versteht sich von selbst, dass dies keine optimalen Voraussetzungen bzw. Energien sind, um ein spirituelles Hilfsmittel zu erschaffen, was uns auf dem Weg der Bewusstwerdung und des globalen Erwachens unterstützt.

An dieser Stelle sei mir noch eine kurze Anmerkung an die Dame gestattet, der wir diese Frage zu verdanken haben: „Liebes, Du hast selbst traumhaften Kristallschädeln in mühevoller Kleinarbeit den Weg ins Leben geebnet, in die nicht nur jede Menge Herzblut und Liebe eingeflossen sind. Sei Dir sicher, dass sie niemals energetisch mit Schädeln aus maschinellen Massenproduktionen gleichzusetzen sind. Der energetische Unterschied ist gravierend und jeder, der einen Deiner Schädel in den Händen hält, wird es sofort feststellen."

64. Woran erkennt der Laie, dass mit einem Schädel bereits gearbeitet wurde und/oder ob er schon aktiviert wurde?

Generell kann man sagen, dass alle Kristallschädel, die man bei einem Händler, egal ob in einem Geschäft oder im Internet kauft, sowie alle Kristallschädel, die man bei einem Schleifer oder über einen Zwischenhändler ersteht, die noch keinen Vorbesitzer gehabt haben, sicherlich nicht aktiviert sind.

Übernimmt man allerdings einen Kristallschädel von einem Kristallschädelhüter, der bereits mit ihm gearbeitet hat und ihn in Ritualen und Zeremonien eingesetzt hat, kann man davon ausgehen, dass er bereits aktiviert wurde.

Jeder Kristallschädelhüter, der ein enges Verhältnis zu seinen Schädeln hat, wird Ihnen aber auch gerne darüber Auskunft geben. Fragen Sie ruhig immer danach, wie lange sich der Schädel bei seinem Hüter befunden hat und wie oft mit ihm gearbeitet wurde.

Leider gibt es auch immer wieder Händler, die sich als Kristallschädelhüter ausgeben bzw. Kristallschädelhüter, die zwar eigene Kristallschädel haben, aber eigens für den Verkauf Schädel anschaffen, die nicht aktiviert sind, wenn sie an die neuen Hüter weitergehen.
Es gibt auch leider kein eindeutiges äußeres Zeichen, das uns ermöglicht auf einen Blick zu erkennen, ob mit einem Schädel bereits gearbeitet wurde und er aktiviert ist oder nicht.

Um dies erkennen zu können, muss man sich auf seine Intuition verlassen und in die Energien des Schädels reinfühlen. Das erfordert, zugegeben, schon einige Erfahrung und wird einem neuen Kristallschädelhüter nur schwer möglich sein, da er ja noch keine Vergleichsmöglichkeiten zu anderen Schädeln hat.

Aktivierte Kristallschädel sind in der Regel wesentlich offener, koppeln leicht an den neuen Hüter an und bauen eine schnelle energetische Verbindung zu ihm auf. Oft teilen sie ihm auch unverzüglich Dinge mit, die der neue Hüter auf mentalem Wege fragt.
Außerdem sind aktivierte Kristallschädel, je nach ihrem Grad der Aktivierung, in der Regel deutlich schneller in ihrem Energieansatz.

Denken Sie immer daran, dass der Aktivierungsprozess ein jahrelanger gemeinsamer Prozess ist, also bei Ihnen als neuem Hüter weitergeht.
Manchmal gibt es Leute, die wollen einen aktivierten Schädel kaufen, da sie denken, dass sie dies dann nicht mehr tun müssen, weil sie auf diesem Gebiet unsicher sind oder sich nicht auskennen. Dies ist jedoch falsch, da sich der Aktivierungsprozess über Jahre erstreckt (s. dazu auch Frage 11).

Selbst wenn Sie einen nicht aktivierten Kristallschädel bei einem Schleifer erstehen ist das kein Grund zur Sorge, Sie werden ihn gemeinsam Schritt für Schritt aktivieren.

Für Anfänger ist es allerdings schöner einen Kristallschädel zu erstehen, der bereits aktiviert ist, weil man in diesem Fall einen deutlichen Unterschied im Energieansatz hat und schneller eine Verbindung aufbauen wird, sowie Botschaften erhalten und das baut natürlich bei dem Einsteigen anfängliche Unsicherheiten schnell ab.

Wenn man über Erfahrung mit Kristallschädeln verfügt wird man feststellen, dass sie sich über die Jahre, und damit zusammenhängend mit zunehmender Aktivierung und Vernetzung, auch optisch verändern. Sie werden zum Teil deutlich klarer, bekommen mehr Regenbögen und strahlen im wahrsten Sinne des Worten von innen heraus.
Dies sind allerdings Kennzeichen, die man nur erkennen wird, wenn man einen Schädel über eine längere Zeit in seiner Obhut hat und seine Veränderung beobachten kann.

65. Wie aktivieren die Kristallschädel unsere Selbstheilungskräfte?

Wie wir schon erfahren haben, sind Kristallschädel in der Lage uns unsere Emotionen vor Augen zu führen, sie uns reflektieren zu lassen. Dadurch wird ein Prozess der Selbstbeobachtung, Selbstreflektion und der schonungslosen Ehrlichkeit mit uns selbst in Gang gesetzt.

Wir werden die Muster und Strukturen erkennen, die uns zu bestimmten Emotionen und damit verbunden zu gewissen Handlungsmustern bringen. Emotionen wie Angst, Wut, Schmerz, Hilflosigkeit, Unsicherheit und die damit verbundenen Stimmungen werden entlarvt, damit sind wir in der Lage den Teufelskreis unserer Emotionen zu durchbrechen, die uns bestimmen und kontrollieren.

Oft hört man von Menschen „Mir geht es nicht gut, weil dies oder das passiert ist". Was diese Leute aber übersehen ist, dass sie es selbst sind, die darüber entscheiden, ob es ihnen gut geht oder nicht. Es mag mich jemand geärgert oder beleidigt oder zu Unrecht zurechtgewiesen haben, aber nicht er/sie entscheidet, wie ich damit umgehe und wie ich darauf reagiere. Ich und nur ich allein entscheide darüber, ob ich deshalb verärgert, traurig oder böse bin oder ob ich nicht mehr mit diesen Emotionen reagiere, weil sie mir schaden, mich runterziehen und mit in einen Kreislauf der negativen Energien bringen.

Entscheidet man sich für den ewig alten Kreislauf der negativen Energien, muss man sich darüber im Klaren sein, dass man, nach dem Resonanzgesetz, sobald man negative Energien aussendet auch negative Energien anzieht. Wenn jemand schon morgens für sich weiß, dass an seinem Arbeitsplatz alles schlecht laufen wird, sein Chef ihn überfordert, seine Kollegen unfreundlich sind, immer Stress herrscht und sowieso die Bezahlung nicht stimmt und er immer abends total kaputt ist, zu nichts mehr

Lust hat. Ja, dann wird das auch so sein, weil genau das, was man ausstrahlt, man auch zurückbekommt.

Unsere Kristallschädel verstärken unsere Emotionen und lassen sie uns reflektieren, damit bekommen wir die Chance zu erkennen, was uns bisher angetrieben hat und können es in Zukunft aktiv ändern.

Wir werden unser Leben wieder selbst aktiv in die Hand nehmen und ohne Angst und niedere Gefühle reagieren können, so wie es für uns heilsam ist.

Wir alle wissen, dass es die Emotionen wie Angst, Selbstzweifel, Neid, aufgestaute Wut und nicht zuletzt Selbstmitleid sind, die uns auf Dauer nicht nur blockieren sondern uns krank machen, das kann physische und psychische Leiden verursachen. Denn wie heißt es so schön „Krankheit fängt im Kopf an".

Unsere Kristallschädel führen uns genau dies überdeutlich vor Augen. Diese Art der Interaktion zwischen Mensch und Kristallschädel stellt für uns ein großartiges und sehr wertvolles Hilfsmittel zur Aktivierung der Selbstheilungskräfte dar und gibt uns die perfekte Möglichkeit der Selbstentwicklung, aber nur wenn wir bereit sind diesen Weg mit großer Ehrlichkeit und höchster Bewusstheit zu gehen.

Auf dem Weg der Bewusstheit müssen wir lernen uns selbst anzunehmen, uns zu lieben, zu respektieren und zu ehren, wir dürfen erkennen was uns bisher daran gehindert hat und können es so auflösen. Dieser Weg kann sich von Zeit zu Zeit als ein steiniger und schwieriger erweisen. Die Mühe wird aber belohnt werden, sobald wir erkennen, dass wir in Wahrheit frei sind und mit einem freien Willen ausgestattet, der uns in jeder Situation zu jedem Moment die Wahl lässt, selbst zu entscheiden, wie wir mit Emotionen, Situationen, Menschen und vor allem mit unserem Leben auf dieser Erde umgehen.

Kristallschädel entfernen die Blockaden, Strukturen, Muster und Verhaltensweisen, die uns im Wege gestanden haben. Sie lassen unsere Leben wieder frei von Stagnation und Stillstand werden, sodass alles wieder in den freien Fluss kommen kann, sowie es unser Schöpfungsplan vorgesehen hat.

Wir werden lernen die Schöpfer unseres Lebens zu sein und diesen Part mit Freude und Spannung übernehmen.

Jeder, der je mit einem Kristallschädel gearbeitet hat, wird Ihnen bestätigen, dass durch die Kristallschädel wieder Lebensfreude und Lebensmut in sein Leben zurückgekehrt sind und er gelernt hat die Fülle zu sehen und sie in sein Leben willkommen zu heißen.

Darüber hinaus tragen die Kristallschädel zu einer generellen Energetisierung unseres Körpers bei. Sie verhelfen unserem Chakrensystem dazu, gereinigt, ausbalanciert und harmonisiert zu bleiben, was zu einer Steigerung unseres körperlichen Wohlbefindens und zu einer aktiven Vitalisierung beiträgt.

66. Wie gestaltet man eine Einweihungszeremonie bei der Ankunft eines Schädels?

Nachdem Ihr neuer Kristallschädel bei Ihnen eingetroffen ist und Sie die ersten gemeinsamen Stunden miteinander verbracht haben, ist die Zeit gekommen in einer Willkommenszeremonie in die Energie des anderen einzutauchen und eine gegenseitige energetische Verbindung zu schaffen, als Basis für den gemeinsamen Weg, der nun vor Ihnen liegt.

In einer Einweihungs- oder Willkommenszeremonie erweisen wir den Wesenheiten der Kristallschädel unseren Respekt und Dank, unsere Verbundenheit und Liebe, sowie unsere Freude und Offenheit.

Wenn man sich unsicher fühlt, dann kann man eine Einweihung zum Beispiel durch den vorherigen Kristallschädelhüter oder durch einen anderen erfahrenen Kristallschädelhüter vornehmen lassen.

Man kann dies aber genauso gut selbst machen. Haben Sie dabei einfach Vertrauen und folgen Sie Ihrer Intuition. Sie sollten aber auf keinen Fall versäumen eine Willkommenszeremonie für Ihren neuen Schädel zu machen.

Wählen Sie für die Einweihungszeremonie einen Zeitpunkt, zu dem Sie genügend Zeit zur Verfügung haben und stellen Sie sicher, dass Sie während des Rituals nicht gestört werden. Diese erste gemeinsame Zeremonie ist sehr wichtig für Sie beide und wird so nie wiederholbar sein und als solches sollte man sie auch zelebrieren.

Schaffen Sie für sich und den Schädel eine angenehme, gemütliche und ruhige Atmosphäre, legen Sie eine meditative CD auf , trommeln Sie oder setzen Klangschalen ein, zünden Sie eine oder mehrere Kerzen an, machen Sie eine Räucherung oder zünden Sie ein Räucherstäbchen an, alles was gefällt und sich stimmig anfühlt ist erlaubt. Lassen Sie Ihrer Fantasie freien Lauf und vertrauen Sie auf Ihr Gefühl. Nachdem die Vorbereitungen erledigt sind, setzen Sie sich entspannt hin, zentrieren und erden sich und

nehmen den Schädel in beide Hände. Halten Sie Ihren Schädel dabei auch mal für einige Zeit auf Höhe Ihres Herzchakras. Fühlen Sie seine Energie und lassen Sie ihn Ihre Energie aufnehmen. Oft ist es einfacher, wenn man hierbei die Augen geschlossen hält. Lassen Sie sich Zeit und fühlen Sie in die Energie des Kristallschädels hinein.
Es kann gut sein, dass er Ihnen bereits in dieser ersten gemeinsamen intensiven Kontaktaufnahme seinen Namen, seine Aufgabe, sein energetisches Muster und sogar auch Bilder zeigt, die an vergangene Leben anknüpfen, aber auch eine Vorschau auf eine gemeinsame Zukunft bringen können. Wichtig ist, dass Sie offen sind und ohne jegliche Erwartungshaltungen mit ihm in Verbindung treten.
Geben Sie ihm mental oder auch laut zu verstehen, dass Sie sich freuen ab sofort mit ihm gemeinsam durch das Leben gehen zu dürfen, von ihm zu lernen und an und mit ihm wachsen zu dürfen.

Dann sprechen Sie laut die folgenden Worte oder formulieren sinngemäß ein Gebet mit Ihren eigenen Worten:

Ich danke dafür, dass mir dieser Schädel zugeführt wurde und gelobe ihn ausschließlich zum höchsten Wohle aller in Liebe einzusetzen, auf dass Harmonie und Einheit für uns alle entstehen wird.
Ich bitte darum, dass nur die feinsten, klarsten und dem Höchsten dienenden Energien und Frequenzen durch den Schädel geleitet werden mögen und durch ihn arbeiten.
Möge dieser Schädel zu jeder Zeit allen Menschen, die mit ihm und seinen Energien in Berührung kommen, zu ihrem höchsten Wohle dienen und ihnen Licht und Liebe auf ihrem Weg bringen, damit sie ihren nächsten Entwicklungsschritt erreichen können, sowie es heilsam und stimmig für sie ist. So sei es, so sei es, so sei es. Amen. Amen. Amen.
Bleiben Sie so lange in diesem gemeinsamen Zustand der Einheit und inneren Angebundenheit, wie es sich für Sie stimmig anfühlt. Diese ersten Momente mit Ihrem Kristallschädel sind wichtig und wunderschön und werden so nie wiederkommen, deshalb sollte man sie genießen.

Wenn Sie beide bereit sind in das Tagesbewusstsein zurückzukehren, bedanken Sie sich nochmals bei Ihrer göttlichen Führung und bei dem Kristallschädelbewusstsein, dass man Sie als Hüter für diesen Schädel bestimmt hat und bei dem Schädel, dass er zu Ihnen gefunden hat.

Nach der Begrüßungszeremonie ist es schön, wenn man dem Schädel die Möglichkeit gibt, die anderen bei Ihnen befindlichen Schädel kennen zu lernen (falls es noch andere Schädel im Haus gibt) und sich mit ihnen zu verbinden. Ich genieße es, mich bei dieser ersten Kontaktaufnahme der Schädel untereinander zu den Schädeln zu setzen und einfach die Energien, die fließen, aufzunehmen und zu beobachten. Nicht selten kommt es bereits in den ersten Minuten, die die Schädel miteinander verbringen, zu Situationen gegenseitigen Wiedererkennens und es entstehen sehr enge Verbindungen und Freundschaften, was wunderschön zu beobachten ist. Genießen Sie es und seien Sie dankbar für diese wunderschönen Momente.

67. Wie übermitteln Kristallschädel uns ihre Botschaften?

Oft werde ich gefragt, wie die Kristallschädel uns ihre Botschaften übermitteln bzw. wie man Antworten auf seine Bitten und Fragen erhält.

Es gibt verschiedenste Möglichkeiten, wie diese Übermittlung erfolgen kann, im Nachfolgenden seien nur einige typische Arten aufgeführt:

1. Innere Führung „göttliche Führung" oder genaue Instruktionen, damit Sie die Schritte erkennen, die Sie als nächstes unternehmen müssen, um auf Ihrem Weg voranzukommen bzw. um Ihre Wünsche zu manifestieren.
2. Sie erhalten Zeichen, um zu wissen, dass Ihnen Hinweise übermittelt werden, wie Zahlen (gerne auch auf Autokennzeichen oder sogar auf dem Kassenbeleg), Gerüche, Farben, wiederholt auftretende Worte etc.
3. Sie wissen plötzlich innerlich die Antwort auf eine gestellte Frage oder eine Situation und es gibt keinen Zweifel daran.
4. Es können aber auch direkte Interventionen und Manifestationen Ihrer Wünsche auftreten, die Sie Ihrem Ziel/Wunsch ein Stück näher bringen.

In diesem Zusammenhang ist es auch immer interessant und wichtig auf Zeichen der Präsenz unserer geistigen Führung und unserer derzeitigen Begleiter aus der anderen Dimension zu achten, diese können sich durch plötzliche Lichterscheinungen, durch eine Art Lufthauch, den wir fühlen, durch das Gefühl einer Hand auf der Schulter und vieles mehr äußern.

Engel z. B. können sich auch als Lichtblitze oder Lichtstreifen zeigen.

Häufig stellt sich uns in diesem Zusammenhang die Frage: *„Wie weiß ich, ob die erhaltenen Antworten auch wirklich von den Kristallschädeln bzw. aus dem Kristallschädelbewusstsein kommen?"*

Erstens werden sie Ihnen grundsätzlich immer liebevolle, ermutigende und positive Antworten und Botschaften übermitteln. Diese, falls nötig, auch mehrfach wiederholen. Alles, was Sie ängstigt oder verwirrt oder destruktiven Charakter trägt, ist niemals eine Botschaft der Kristallschädel.

Grundsätzlich sei nochmals angemerkt, dass Gott alle Menschen mit einem freien Willen ausgestattet hat, entsprechend können wir jederzeit unsere eigenen Entscheidungen treffen. Dies gilt auch bezüglich der erhaltenen Botschaften und Antworten, es liegt ganz bei uns, ob wir sie annehmen und wie wir sie umsetzen.

Die geistige Welt weiß ohnehin, was wir brauchen und wo unser Weg liegt, aber ohne unsere Erlaubnis und Bitten werden sie nie in unser Leben eingreifen.

Bei allen Antworten, die negativ oder destruktiv sind, für uns oder andere schädlich oder jemanden ängstigen und unter Druck setzen, kann man unter Garantie davon ausgehen, dass dies keine Antworten unserer geistigen Führung bzw. des Kristallschädelbewusstseins sind, sondern entweder von niedrigen Energien stammen oder nur egomotiviert sind. Unser Ego ist oft negativ, so nach dem Motto „das kannst Du nicht“; „das bist Du nicht wert“; „das hast Du nicht verdient“ etc., fallen Sie nicht darauf herein.

Wie findet die Nachrichtenübermittlung der Kristallschädel statt?

Es gibt 4 Kanäle der Übermittlung:

a. Hellsichtigkeit: Sie erhalten Bilder z. B. von Personen, Situationen etc., die Ihnen die Botschaften visuell übermitteln.

b. Hellfühlen: Sie fühlen die Antwort, Ihr Bauchgefühl zeigt Ihnen den richtigen Weg.

c. Hellhörigkeit: Sie hören die Antwort, das kann eine Zahl, ein Name, ein Geräusch oder Ähnliches sein, welches Ihnen die Antwort assoziiert.

d. Hellwissen: Sie wissen die Antwort einfach, oft ist dies der erste Gedanke, der Ihnen ganz plötzlich in den Kopf kommt. Intuition.

Je nach Veranlagung erhalten wir die Antworten auf unsere Fragen auf eine der oben beschriebenen Arten, oder aber auch als Kombination aus mehreren Wahrnehmungsmethoden.

Es gibt Menschen, die sind hellwissend und hellfühlend, aber erhalten keinerlei Bilder (hellsichtig), das heißt nicht, dass sie besser oder schlechter als jemand sind der hellsichtig ist. Oft wird in spirituellen Kreisen

verzweifelt versucht, die eigene Hellsichtigkeit oder das was man darunter versteht, zu erwecken, da man glaubt dann besser zu sein. Erstens gibt es kein besser oder schlechter, zweitens nichts was man unter Druck zu erreichen versucht, wird sich einstellen (man setzt vielmehr Blockaden dadurch) und drittens ist gar nicht jeder hellsichtig. Dieser Wirbel um die Hellsichtigkeit kommt eindeutig aus den Medien und wurde in spirituellen Kreisen ebenfalls aufgenommen.
Ich habe in meiner Arbeit mit den Kristallschädeln festgestellt, dass sehr häufig durch die Arbeit und Verbindung mit den Kristallschädeln nach und nach immer häufiger Bilder empfangen werden und sich dieser Kanal öffnet, aber nie der Erwartungshaltung entsprechend sondern mit unserer Entwicklung synchron laufend.
Viele Menschen würden sich auch wünschen mehr Bilder zu empfangen, da es ihnen nicht leicht fällt ihrem Hellwissen bzw. Hellfühlen zu vertrauen. Sie denken, wenn man Bilder gesehen hat, dann kann man sich sicher sein, weiß genau, dass die Durchgaben stimmen.
Vertrauen Sie sich selbst, lernen Sie Ihren Durchgabekanälen zu vertrauen und wie bei so vielen macht auch hier Übung den Meister.
Ständiges Üben und Praktizieren lässt uns sicher im Umgang mit den erhaltenen Botschaften werden, wir werden uns immer mehr öffnen und uns dem Fluss des Lebens hingeben.

68. Kann man mit Hilfe von Kristallschädeln Kontakt zu Verstorbenen aufnehmen?

Unter Mediumship versteht man die Kontaktaufnahme und Kommunikation mit Verstorbenen. Kristallschädel können uns hierbei sehr kraftvoll und zugleich schützend unterstützen.
Mit Hilfe der Kraft und dem energetischen Fingerprint des Namens des Verstorbenen nehmen wir mit diesem Kontakt auf. Hierzu benötigen wir den vollen Geburtsnamen, keine Kosenamen oder geänderte Namen. Die Energie des vollen Geburtsnamens ist weiterhin der energetische Schlüssel zu einer Person, auch wenn diese schon lange verstorben ist.
Es ist empfehlenswert vor der Kontaktaufnahme mit dem Verstorbenen keine weiteren Informationen über diesen, sein Leben oder sein Ableben mit dem Angehörigen zu wechseln, da uns derartige Informationen beeinflussen oder falsch leiten können (Ego).

Man baut eine Sitzung am besten so auf, dass man, nachdem man sich zentriert hat und seine göttliche Führung um Beistand und Führung gebeten hat, seine eigenen Schutzengel, die des Klienten und ebenfalls die des Verstorbenen bittet dieser Sitzung beizuwohnen und dazu beizutragen, dass sie heilsam und stimmig für alle Beteiligten ablaufen möge.

Danach nehmen wir unseren Kristallschädel, bevorzugt einen Vertreter der Quarzfamilien, in die Hand oder auf den Schoß und berühren ihn mit einer oder beiden Händen. Nun rufen wir den Verstorbenen bei seinem Namen und bitten ihn mit uns Kontakt aufzunehmen, wie es sich sein Verwandter, Freund, Bekannter, der hier anwesend ist, wünscht. Wir fokussieren uns weiterhin im Kopf auf den Namen, fühlen seine Vibration und warten ab, ob jemand aus der anderen Dimension zu uns in Kontakt tritt.
Die Vibration bzw. energetische Ebene von Verstorbenen ist niedriger als bei der Kontaktaufnahme zu hochschwingenden Wesenheiten, da es sich bei ihnen um Menschen handelt und somit ist eine Kontaktaufnahme leichter herstellbar.

Wir dehnen unsere eigene Energie und Vibration soweit aus bis wir fühlen, dass wir verbunden sind, dann ist der richtige Zeitpunkt gekommen und wir werden Informationen erhalten.
Achtung an dieser Stelle! Nicht jede Wesenheit, die sich mit uns in Verbindung setzt, ist auch der Verstorbene, da könnte im wahrsten Sinne des Wortes jeder kommen. Sobald wir eine Antwort erhalten, begrüßen wir den Verstorbenen und setzen ihn darüber in Kenntnis, wer mit ihm in Kommunikation kommen möchte und bitten ihn als Zeichen an diesen eine Situation, ein Kleidungsstück, einen typischen Satz oder was auch immer zu senden, welchen es dem Klienten sofort möglich macht, den Verstorbenen zu identifizieren bzw. zu verifizieren.

Dann warten wir darauf, was der Verstorbene uns mitteilt, was auch immer wir erhalten, jede Kleinigkeit, sei sie auch noch so banal oder in unseren Augen absurd, ist wichtig und muss an den Klienten weitergeleitet werden. Wir können zum Beispiel ein rotkariertes Hemd sehen, mag uns komisch vorkommen, kann aber ein Erkennungszeichen für den Verstorbenen sein, der z. B. gerne diese Hemden getragen hat. Es ist jede Art der Botschaft denkbar. Dinge, die der Verstorbene geliebt hat oder die ihn ausgezeichnet haben, Wörter oder Sätze, ganze Situationen, Lichtreflexe oder ganze spezifische Sätze, alles ist möglich und muss Beachtung finden und weitergegeben werden. Dies gilt nicht nur für die Phase der Identifikation, sondern für das gesamte Reading.

Manchmal ist es notwendig mehrere Male um eine eindeutige Identifikation zu bitten, weil gegebene Zeichen nicht sofort verstanden oder erkannt werden.

Sobald eine eindeutige Identifizierung stattgefunden hat, kann die Kommunikation beginnen. Hierbei ist es empfehlenswert erst einmal zu sehen, ob der Verstorbene unserem Klienten selbst irgendwelche Botschaften zukommen lassen möchte, erst wenn er dazu Gelegenheit gehabt hat, sollten wir ihn fragen, ob wir ihm einige gezielte Fragen stellen dürfen. Erhalten wir seine Erlaubnis können wir fortfahren, wird dies abgelehnt sollten wir seinen Wunsch respektieren und uns bei ihm bedanken und ihn vielleicht mit einer letzten Botschaft unseres Klienten verabschieden.

Botschaften bekommen wir als Sätze, Worte, Bilder, Filme von Situationen, Töne, oder was auch immer, das kann bis zu direkten Veränderungen im Raum gehen. Alles ist möglich und alles was wir erhalten ist richtig. Einzige Ausnahme ist es, wenn sich eine Reading in eine beängstigende oder bedrohlich Situation wandelt, dann sollten wir die geistige Welt, z.B die Erzengel um ihre Mithilfe bitten, dem Verstorbenen umgehend danken, ihn in Licht und Liebe hüllen und die Verbindung trennen. Grundsätzlich sollte man auch in solchen Situationen die Ruhe bewahren und keine Angst zulassen, sondern alles in Licht und Liebe erledigen.

Für uns als Medium ist es von essentieller Wichtigkeit, dass wir unser Ego total ausschalten, in absolutem Vertrauen bleiben und dem Glauben daran, dass selbst das kleinste Detail von größter Wichtigkeit sein könnte und weitergegeben werden muss. Vertrauen Sie darauf, dass immer die erste erhaltene Botschaft die richtige ist. Genauso wichtig ist es auch, dass wir uns trauen Dinge weiterzugeben, die wir glauben (Ego) dieser Person vielleicht nicht sagen zu können, oder die uns durchaus Schwierigkeiten bereiten. Wir sind ein Kanal sonst nichts und in dieser Funktion handeln wir, wenn wir die Botschaften weiterleiten.

Achtung: Wir geben nur die Botschaften und empfangenen Details weiter, niemals eine Interpretation!!!!! Genauso wenig steht es uns zu, zu beurteilen oder zu verurteilen!!!!

Unsere Aufgabe als Kanal/Medium ist es zuzuhören und die erhaltenen Botschaften zu übermitteln.

Es steht uns hierbei frei, ob wir eine Aufzeichung der Sitzung befürworten oder ablehnen.

Sind alle Fragen gestellt oder gibt der Verstorbene uns zu verstehen, dass er die Kommunikation beenden möchte, danken wir dem Verstorbenen und entlassen ihn in Licht und Liebe.
Danach danken wir unserer göttlichen Führung, dem Kristallschädelbewusstsein, dem Schädel mit dem wir gearbeitet haben und allen Anwesenden für ihre Kooperation.

Benötigt der Klient Unterstützung, sollten wir uns immer die notwendige Zeit nehmen, um mit ihm zu reden oder ihn zu beruhigen, aber nicht sich von ihm in Interpretationen oder Beurteilungen ziehen lassen.
Es sei darauf hingewiesen, dass eine Kommunikation mit Verstorbenen keineswegs immer so verlaufen wird, wie sich der Klient oder sein Ego dies erhofft hat und manchmal eben auch Dinge zutage treten, die im ersten Moment verletzen können, aber wohl für den Klienten in seiner Situation notwendig sind.

Die Kontaktaufnahme zu Verstorbenen ist eine ernste Sache und genauso sollten wir sie auch behandeln. Es handelt sich hier nicht um ein Gesellschaftsspiel, dass man in regelmäßigen Abständen macht, weil es einem in den Sinn kommt, dass man mal wieder mit einem verstorbenen Angehörigen reden könnte. Deshalb sollten wir uns als Medium auch nur zu einer Kontaktaufnahme mit Verstorbenen bereit erklären, wenn diese wirklich wichtig für das Weiterkommen und die Entwicklung unseres Klienten ist, weil dadurch beispielsweise Schuldgefühle abgelegt werden können und offene Dinge einen Abschluss finden, sodass der Hinterbliebene endlich loslassen kann und sowohl er, als auch der Verstorbene, ihren Weg frei weitergehen können.

69. Wie kann man mit Hilfe der Kristallschädel die Öffnung des 3. Auges unterstützen?

Das 3. Auge wird als Tor zu unserem Bewusstsein gesehen, als Hauptrezeptor und Verbindung zu höheren Energien.

Der deutsche Metaphysiker Max Heindel (1865-1919) ging in seinem Buch „Westliche Weisheitslehren" davon aus, dass eine Verbindung zwischen dem 3. Auge und den Drüsen, die sich an dieser Stelle im Gehirn befinden, besteht und die Drüsen dafür verantwortlich sind, ob wir in einer Traumwelt oder höheren Ebene leben oder eben, wie wir heute, in einer materialistischen Welt leben.

Heutzutage wissen wir, dass wir bewusst wollen und bitten können, dass unser 3. Auge geöffnet wird und die Drüsen aktiviert, dazu kann man die Kristallschädel wunderbar als kraftvolles Hilfsmittel einsetzen.

Zur Öffnung des 3. Auges eignen sich besonders Amethyst und Ametrinschädel in einer kleineren Größe, sodass man sie während der Sitzung bequem auf das 3. Auge auflegen kann. Haben wir uns oder unserem Partner einen entsprechenden Schädel aufgelegt, bitten wir sowohl unsere, als auch die geistige Führung um Unterstützung zur Öffnung des 3. Auges und das Kristallschädelbewusstsein um Verstärkung und Lenkung der Energien, so wie es stimmig und heilsam ist. Nun legen wir den Mittelfinger der rechten Hand (immer die Hand mit der man schreibt) auf den sich auf dem 3. Auge (zwischen den Augenbrauen) befindenden Kristallschädel und beginnen damit Licht durch ihn hindurch in das 3. Auge unseres Partners zu schicken. Das Licht tritt durch unser weit geöffnetes Kronenchakra in unseren Körper, gelangt von da aus in unseren Finger und wird durch diesen durch den Schädel hindurch in das 3. Auge unseres Partners weitergeleitet.

Wir beginnen mit violettem Licht, um das Chakra zu reinigen und Blockaden zu transformieren. Wenn wir das Gefühl haben, dass das Chakra gereinigt und gesättigt ist, was das violette Licht betrifft, gehen wir dazu über, weißes Licht als Schutz und zur Erhöhung des Energielevels zu senden. Wir erhöhen den Energiefluss des weißen Lichts langsam, sodass es für unseren Partner angenehm ist. Um den Energiefluss weiter zu erhöhen, ist es sehr hilfreich den Energiefluss spiralförmig laufen zu lassen.

Ist der Energiefluss hoch genug, und angenehm für unseren Partner, ist er bereit für die 3. Phase, die Phase der Öffnung des 3. Auges. Nun beginnen wir goldenes Licht durch unseren Finger über den Schädel in das 3. Auge unseres Partners einfließen zu lassen. Hierdurch beginnt sich das 3. Auge für die Welt zu öffnen. Der Energiefluss wird solange aufrechterhalten und wenn möglich auch verstärkt, wie es sich für unseren Partner angenehm und stimmig anfühlt.

Es kann kurzzeitig zu einem Druckgefühl und auch zu Kopfschmerzen kommen.

Generell sei angemerkt, dass sich, sobald sich im 3. Auge eine Blockade befindet, der Energiefluss mit violettem Licht zu Beginn nicht sofort flüssig anfühlen wird. Es ist eine Resistenz fühlbar, die wir langsam durch die violette Energie auflösen müssen. Manchmal kann ein 3. Auge auch so verstopft oder blockiert sein, dass es mehrerer Sitzungen zu dessen Öffnung bedarf. Immer umsichtig und nicht unbedacht und überstürzt vorgehen.

Nach einer Sitzung zur Öffnung des 3. Auges sollte sich die Person mit der wir gearbeitet haben, Ruhe gönnen und wenn möglich nicht sofort ins Außen begeben, da sie zum einen in einem geöffneten Zustand ist und zum anderen die Energien integrieren muss.

70. Wozu eignen sich Pocket-Kristallschädel?

Bei den sogenannten Pocket-Kristallschädeln handelt es sich um Kristallschädel in Größen von ca. 30 bis 60 Gramm. Trotz ihrer relativ kleinen Größe gibt es zahlreiche Einsatzgebiete, die sie wundervoll abdecken.

Viele Kristallschädelhüter gehen ohne Schädel gar nicht mehr aus dem Haus, zumindest ein Kristallschädel muss dabei sein. Dabei fällt die Wahl häufig auf einen Pocket-Kristallschädel, den man bequem in die Hosentasche stecken kann.
Da man Pocket-Kristallschädel selbstverständlich auch mit seinen anderen großen Schädeln vernetzen kann und sie natürlich auch einem Aktivierungsprozess unterzogen werden, stehen sie ihren großen Kollegen in nichts nach und sind ideale energetische Begleiter für den Tag.

Oft möchten auch Kinder einen eigenen Kristallschädel haben, vor allem Kristallkinder sind sehr offen für die Energien der Kristallschädel und wünschen sich einen eigenen Kristallschädel. Hier sind Pocket-Kristallschädel ebenfalls ideal, da sie in der Regenl günstig sind und die Kinder sie bequem bei sich tragen können.

Aber auch zur Chakren-Reinigung kann man ideal Pocket-Kristallschädel einsetzen. Da man sie sowohl als Vertreter der Quarzfamilie als auch in anderen Mineralien bekommen kann, kann man sich hier ein Set in den entsprechenden Chakrenfarben zulegen, sodass man alle Chakren gleichzeitig bearbeiten kann.

Man kann mit den Pocket-Kristallschädeln ebenfalls auf den Kristallschädel-Bewusstseinsgrids arbeiten, sie darauf wie beschrieben aufladen, um sie in Sitzungen mit dem Grid zu verwenden.

Und last but not least sind sie perfekt für die Erdheilungsarbeit geeignet. Es kommt häufig vor, dass wir den eindeutigen Impuls bekommen, einen

Kristallschädel an einen bestimmten Ort auszubringen, das kann ein Gewässer sein, welches einen Kristallschädel benötigt, man kann feststellen, dass ein Baum oder eine Pflanze energetische Unterstützung benötigt oder ganze Wälder die Hilfe von Kristallschädeln brauchen. Es können sich Landschaften zeigen, die einen energetischen Kick brauchen oder auch Plätze, die im Laufe der Menschheitsgeschichte energetisch sehr gelitten haben, weil sie zum Beispiel Kriegsschauplätze waren. Die Möglichkeiten sind grenzenlos.

Man hat hier grundsätzlich zwei verschiedene Möglichkeiten. Bei einem einzelnen Baum oder einer klar definierten Stelle in der Landschaft, lädt man einen Pocket-Kristallschädel, oder aber auch einen kleineren Kristallschädel auf und bringt ihn so aus, dass er nicht direkt von dem nächsten Spaziergänger weggenommen werden kann. Dafür eignen sich z. B. Baumhöhlen, man kann den jeweiligen Schädel aber auch direkt unter der Erdoberfläche eingraben.

Sollte man feststellen, dass eine gesamte Landschaft energetische Unterstützung benötigt, sollte man zuerst abfragen, wie viele Kristallschädel man benötigt, dann die erforderlichen Kristallarten.

Hat man alle benötigten Schädel ausgetestet, vernetzt man sie in einem nächsten Schritt mit einem weiteren Kristallschädel, der bei uns lebt und sich dafür bereit erklärt zukünftig Heilimpulse als Generatorkristall an die ausgebrachten Kristallschädel zu senden.

Das hat den Vorteil, dass wir so immer wieder Energie über unseren als Generatorkristall fungierenden Kristallschädel an die ausgebrachten Pocket-Kristallschädel senden können und damit die Plätze gezielt mit Energie versorgen können.

Ich habe so über die Jahre sehr, sehr viele Kristallschädel ausbringen dürfen, die der energetischen Unterstützung von Mutter Erde dienen dürfen und ihr in gewissem Sinne wiedergegeben wurden.

Anfänglich hatte ich häufiger Diskussionen mit meinem Sohnemann, der jedes Mal sehr traurig war, wenn wir uns von einem Schädel verabschiedet haben und meinte es sei Schädelquälerei, wenn man sie alleine aussetzt. Heute hat er verstanden, dass wir damit der Erde einen Dienst erweisen und die energetische Frequenz der Orte erhöhen, allerdings fällt ihm deshalb der Abschied von den Schädeln nicht wirklich leichter.

Macht man eine Zeremonie oder ein Ritual in der Natur finde ich es ebenfalls eine sehr schöne Geste, aus Dankbarkeit an Mutter Erde und die geistige Welt, einen kleinen Pocket-Kristallschädel als Zeichen der Liebe und Verbundenheit am Ort des Ritual zurückzulassen.

Man sieht, dass die Pocket-Kristallschädel in ihren Einsatzmöglichkeiten ihren großen Kollegen in nichts nachstehen und für Erdheilungszwecke natürlich große Vorteile aufweisen, da ihr Preis deutlich günstiger ist, sodass man sie problemlos ausbringen kann.

71. Welche verschiedenen Formen der Kristallschädel gibt es?

Neben der herkömmlichen weit verbreiteten Kristallschädelform, die sich zwar im Hinblick auf die verschiedenen Schleifarten ihrer unterschiedlichen Schleifer etwas unterscheiden und je nach Herkunftsland charakteristische Unterschiede aufweisen (chinesische Kristallschädel sehen deutlich anders aus, als Kristallschädel auch Brasilien und diese sind wieder anders als ihre Kollegen aus Indien oder Madagaskar) gibt es noch einige weniger verbreitete Sonderformen.
Die bekanntesten Sonderformen sind dabei:

1. **Kristallschädel mit abnehmbarem Unterkiefer**: Ihr wohl berühmtester und bekanntester Vertreter ist der Mitchell-Hedges-Skull der im Januar der Jahres 1924 in den Ruinen der Maya-Stadt Lubaantun im heutigen Belize von der Adoptivtochter des Archäologen F. A. Mitchell-Hedges gefunden wurde. Bei diesem Schädel handelt es sich um einen Ancient-Kristallschädel der weltweit bekannt ist und uns allen den Weg geebnet hat. Diese Form der Kristallschädel kann man natürlich auch heute erwerben. Sie kommen allerdings eher selten vor, da ihre Herstellung ein sehr großes Können erfordert und dementsprechend teuer ist. Dazu kommt, dass Kristallschädel mit abnehmbarem Unterkiefer sehr fragil sind, ihr Einsatz somit eingeschränkt.
2. **Singing Skulls/Kristallschädel:** Bei den Singing Skulls handelt es sich um eine vorwiegend in China hergestellte Sonderform des Kristallschädels. Diese Schädel sind teilweise hohl von innen und verfügen über einen offenen Mund, der aussieht, als singen oder sprächen sie gerade.
3. **Kristallschädel ohne Unterkiefer:** Die bekanntesten Kristallschädel ohne Unterkiefer sind wohl die in England entstandenen Preseli Bluestone-Kristallschädel, deren Rohkristall aus den Preseli Mountains in Wales stammt und bei dem Bau von Stongehenge zum Einsatz gekommen ist. Ihre Schädelform kommt von einem Abbild eines riesigen Schädels, das in dem Gebiet der Preseli Mountains zu finden ist und

aus der Luft lokalisiert werden kann. Wie so oft wurde auch diese Sonderform sehr schnell weltweit kopiert.
Neben diesen Sonderformen der Kristallschädel, die sich von ihren herkömmlichen Kollegen in der Form und Ausführung des Kiefers unterscheiden, gibt es hauptsächlich in China Schädel, die im Inneren teilweise oder ganz hohl sind, ein bekannter Vertreter dieser Gruppe sind die sog. Hongshan-Schädel, die zumeist aus Nephrit Jade bestehen.
Bei Schädeln, die im Inneren hohl sind, handelt es sich allerdings auch sehr oft um Schädel, die aus geschmolzenem Quarzstaub durch Gießen in Gussformen hergestellt sind, damit eigentlich keine Kristallschädel sind.
Weltweit vertreten sind auch Kristallschädel, bei denen der Schleifer die Spitze des Ursprungskristalls erhalten hat und an der anderen Seite quasi das Gesicht des Schädels eingeschliffen hat.
In den letzten Jahren haben sich zu diesen Kristallschädeln die sog. „Alien"-Kristallschädel hinzugesellt, die es mittlerweile in den verschiedensten Formen gibt. Es gibt sie in verlängerter Schädelform, d. h. vorne haben sie ein relativ normales Kristallschädelgesicht laufen aber an der Kopfrückseite in einer verlängerten Form aus. Man kann sie aber auch als absolute Alien-Kristallschädel finden, deren gesamter Kopf samt Gesichtsgestaltung an einen Alien erinnert.
Es sei darauf hingewiesen, dass diese Kristallschädelform nicht so gut mit uns in Resonanz geht, wie die normalen Kristallschädel, da, wie wir uns erinnern, gleiche Formen gleich schwingen, unsere Schädelform sich aber von den Alien-Schädeln deutlich abhebt bzw. so gut wie keine Gemeinsamkeit aufweist.

72. Wieso braucht ein Kristallschädel einen Menschen um seinen vollen Aufgabenbereich zu erfüllen und somit zum Aufstieg von Mutter Erde beitragen zu können?

Ich denke nicht, dass man diese Frage so pauschal beantworten kann.
Es ist meine feste Überzeugung, dass es auf dieser Welt noch viele alte und sicher auch noch Ancient-Kristallschädel gibt, die uns bis heute unentdeckt geblieben sind. Diese Kristallschädel werden sehr wohl zur globalen Bewusstseinsanhebung beitragen und damit auch zum Aufstieg von Mutter Erde, da sie schon vor Hunderten vielleicht sogar vor Tausenden von Jahren von unseren Vorfahren gearbeitet wurden und somit aktiviert sind. Sie haben bislang eine Aufgabe, die sie auch alleine im

Verborgenen ausführen können und die auch wiederum in das gesamte Kristallschädelbewusstsein eingespeist wird, über das alle auf der Welt existierenden Schädel miteinander verbunden sind.
Wenn die Zeit dafür reif ist, werden sie sich zeigen und ihre Hüter finden.

Was die heute geschliffenen Kristallschädel anbelangt, da verhält es sich etwas anders, da sie in dem Moment, wo sie den Schleifer verlassen, noch nicht aktiviert sind und auch keine Vernetzung zu anderen Kristallschädeln stattgefunden hat, außer vielleicht zu weiteren Schädeln des selben Schleifers, die aber auch nicht aktiviert sind. Hier kommen wir als Menschen dann ins Spiel, zum einen ist es unsere Aufgabe unsere Kristallschädel zu aktivieren, um sie in voller Energie erblühen zu lassen, zum anderen werden wir ihnen bei der Vernetzung mit anderen Kristallschädeln, sowohl unseren eigenen, als auch denen von anderen Kristallschädelhütern helfen. Durch diese Prozesse wird es erst möglich, das in den einzelnen Kristallschädeln gespeicherte Wissen global über die Erde auszubreiten.
Dazu kommt, dass mit jedem Kristallschädel, der seinen neuen Hüter findet, auf der weltweiten Netzwerkkarte der Kristallschädel ein neuer Punkt dazu kommt und sich aktivieren kann. Damit wird das Gitternetz der Kristallschädel, was ihre Verteilung über den Erdball anbelangt, immer enger und damit ihre energetische Potenz und Power immer stärker.

Auf der anderen Seite kommt natürlich hinzu, dass jeder Kristallschädel, der zu seinem neuen Hüter findet, dazu beiträgt, dass sich in diesem ein Bewusstseinswandel vollzieht, bedingt durch die gemeinsame Arbeit.
Je mehr Menschen jetzt diesen Prozess der Bewusstwerdung, der Rückverbindung zur Mutter Erde und der Einheit von allem was ist erfahren und dieses Wissen integrieren und leben, desto mehr werden sich die Energien auf dieser Welt verändern.
Man kann sich das wie ein Schneeballsystem vorstellen, ist der Ball erst mal ins Rollen gekommen, werden immer mehr Menschen daran teilhaben. In unserem Falle heißt das, je mehr Menschen sich öffnen, um ihren Weg der Seele zu gehen, desto mehr werden wir aus alten verhärteten Strukturen hinausfinden, erkennen, dass es keine Dualität gibt, wir alle miteinander und mit allem das es gibt, verbunden sind.
Wir werden erkennen, dass wir ein Teil des Ganzen sind, ein Mikro-Kosmos im Makro-Kosmos, wo sich alles gegenseitig bedingt.

Somit werden wir Stück für Stück die alten Energien aufweichen und den neuen Energien Platz machen, damit auf dieser Erde die Liebe, der Frieden und die Harmonie wieder Einzug halten können.

73. Wie kann man die Energie eines Kristallschädels messen?

Eine Art die Energie der Kristallschädel zu verifizieren ist die sog. Photonenfotografie. Auf diesem Gebiet wurden von Karin Tag, der Hüterin von Corazon de Luz, einige interessante Entdeckungen gemacht. Sie konnte durch zahlreiche Untersuchungen mit ihrem Schädel nachweisen, dass z. B. Bergkristall, die Quarzart aus der die meisten Ancient- und alten Kristallschädel sind, Photonenenergie aussendet. Photonen sind Lichtquanten oder Lichtpartikel, sie sind reine Energie. Das Wort Photon wurde bereits von Albert Einstein geprägt. Bei der Durchkreuzung von Energiefeldern verändert sich die Energie der Photonen und damit auch ihre Schwingungsfrequenz.
Bei Aufnahmen mit der Photonenkamera lassen sich diese Veränderungen als Lichtbänder darstellen.
Des Weiteren hat sie dargestellt, dass der Mensch krank wird, wenn er ein zu schwaches Biophotonenfeld besitzt. Ein Bergkristall ist bereits in kleiner Größe in der Lage dieses Biophotonenfeld des Menschen wieder zu aktivieren, d. h. arbeiten wir mit einem Bergkristallschädel haben wir eine ständige Aktivierung unseres Biophotonenfeldes als Nebeneffekt.
Halten wir unseren Schädel in den Händen, erwärmt unsere Körpertemperatur den Schädel, dadurch verändert sich seine Dichte, da sie temperaturabhängig ist. Durch den Druckanstieg im Inneren des Schädels kommt es dazu, dass er Energie in Form von Photonenenergie freisetzt, die dem Biophotonenfeld des Menschen zugutekommt.

Mit Hilfe der Photonenfotografie ist es ebenfalls gelungen, die Kommunikation zwischen zwei Schädeln darzustellen. Stellt man Kristallschädel nebeneinander, dann kann man feststellen, dass sich die Aktivität der Photonen deutlich erhöht.

In ihrem Buch „Mysterium Kristallschädel: Ein Rätsel der Menschheit wird entschlüsselt“ hat Frau Tag dies sehr anschaulich mit Farbfotografien veranschaulicht und belegt.

Eine weitere Art der Energiedarstellung der Kristallschädel kann durch die Aurafotografie, die sog. Kirlianfotografie oder auch hochfrequente Hochspannungsfotografie getätigt werden (siehe dazu auch Frage 51).

Die Aurafotografie ist, wie wir erfahren haben, in der Lage die Aura eines Menschen für uns sichtbar zu machen, dazu werden spezielle Aurakameras benutzt. Unsere energetische Verfassung stellt sich als elektromagnetisches Schwingungsfeld dar und dieses Schwingungsfeld der Aura ist es, was die Kamera erfasst und farblich abbildet. Dadurch lassen sich direkte Aussagen zu unserem derzeitigen energetischen Niveau treffen. Bereits nach einer Kristallschädelbehandlung zeigt das Vorher-Nachher-Aurafoto eine deutliche Veränderung unseres energetischen Zustandes, was eine Indikation für einen erhöhten Energiefluss, der zwischen Mensch und Schädel stattgefunden hat, ist.

Sicherlich wird es in den kommenden Jahren neue revolutionäre Techniken in der Wissenschaft geben, die in der Lage sind, das energetische Niveau bzw. die Energieausschüttung von Kristallen bzw. Kristallschädeln für das menschliche Auge sichtbar zu machen.
Aber auch ohne derartige Methoden sind wir als Kristallschädelhüter heute schon in der Lage die Energien, die zwischen uns und unseren Schädeln fließen, zu fühlen und nur das zählt wirklich.

74. Kann ein Schädel beim falschen Hüter sein und dadurch seine Energie verlieren?

Sicherlich kann es vorkommen, dass ein Kristallschädel nicht bei seinem wirklichen Hüter angekommen ist, vor allem wenn wir einen Kristallschädel deshalb kaufen, weil wir in ihm ein Schnäppchen wittern, Angst haben, dass ein anderer ihn uns wegschnappen könnte oder weil nun mal alle gerade einen Karneol-Kristallschädel haben (um nur mal ein Beispiel zu nennen). Dann kann es gut vorkommen, dass ein Schädel zu uns kommt, der in uns nicht wirklich seinen richtigen Hüter gefunden hat.
Hier dürfen wir dann aber auch unsere Lernaufgabe sehen und diese dankbar annehmen, dann wird uns das zukünftig nicht mehr passieren.

Auch Menschen, die dazu neigen ihre erste intuitiv getroffene Entscheidung für einen Kristallschädel noch wochenlang verstandesmäßig zu überdenken, alle Pros und Kontras abzuwägen, neigen dazu die falsche Entscheidung zu treffen. Das ist dann wie im richtigen Leben, man sollte Entscheidungen intuitiv treffen und über einmal getroffene Entscheidungen hinterher nicht ewig brühten, sondern sie voller Vertrauen angehen.

Genauso wichtig ist es, dass Sie sich von dem Verkäufer oder demjenigen, der den Kristallschädel abgibt, nicht belabern lassen oder unter Druck setzen, nach dem Motto „Ich sehe genau, dass Du diesen Schädel dringend brauchst“ oder „Du wirst schon sehen, was passiert, wenn Du diesen Schädel nicht nimmst...“, entscheiden Sie selbst aus Ihrem Herzen heraus oder lassen Sie den Schädel entscheiden.

Niemals darf diese Entscheidung von einem Dritten abhängig sein, der manipulativ versucht einzugreifen oder durch sein Ego gesteuert an die Sache herangeht.
Die Entscheidung für einen Kristallschädel muss von Ihnen und aus Ihrem tiefsten Inneren heraus kommen, dann ist sie auch richtig.

Sollten Sie jemals in die Situation kommen, bei der Sie merken, dass sich ein Schädel Ihnen verschließt oder sich niemals öffnet, dann könnte es sein, dass Sie nicht sein wirklicher Hüter sind. In diesem Fall fragen Sie ihn danach, ob er weitergehen möchte.
Halten Sie sich jetzt an seine Wünsche und handeln nicht kopflos und überstürzt, um ihm schnellstens einen neuen Hüter zu suchen.

Es gibt hin und wieder auch Situationen, wo klar ist, dass ein Schädel zu jemandem nur deshalb geht, weil er weiß, dass er über diesen zu jemandem anderen gelangen wird.
Also machen Sie sich nicht zu viele Gedanken, sondern geben sich dem Fluss der Dinge hin.

Generell gilt, wir Menschen haben einen freien Willen, können uns intuitiv und aus unserem Herzen heraus entscheiden. Sollten wir mal feststellen, dass wir eine falsche Entscheidung getroffen haben, was jedem schon passiert ist und sicherlich noch häufiger in diesem Leben passieren wird, haben wir jederzeit die Möglichkeit einer Kurskorrektur, damit die Dinge wieder in die richtigen Bahnen kommen, das gilt bei Kristallschädeln, aber auch für jeden anderen Aspekt des menschlichen Lebens.
Fürchten Sie sich nie vor falsch getroffenen Entscheidung, viel schlimmer ist es, sich gar nicht zu entscheiden. Eine Entscheidung birgt immer auch eine Lernaufgabe für uns, die uns auf unserem Weg weiterbringen wird.

75. Woher kommt die weit verbreitete Angst vor Schädeln, wo sie doch unsere menschliche Anatomie versinnbildlichen?

Eine Frage, die mir gerade von Menschen häufig gestellt wird, die selbst bereits mit Kristallschädeln arbeiten, aber in ihrer direkten Umgebung auf offene Ablehnung und Unverständnis stoßen, wenn die Rede auf ihre Kristallschädel kommt.

Wenn wir diese Frage beantworten wollen, müssen wir uns ins Gedächtnis rufen, dass dieses Phänomen bei weitem nicht in allen Kulturkreisen vorherrscht, sondern typisch für unseren Kulturkreis ist.
In Südamerika ist die Schädelform völlig normal für die Menschen. Die Mexikaner feiern am 2. November einen ihrer wichtigsten Feiertage, den „Dia de los Muertos", an dem in Mexiko traditionell der Verstorbenen gedacht wird. Gefeiert wird vom 31. Oktober bis zum 2. November. An diesem Tag ist es traditionell so, dass man Schädel aus Zucker herstellt, sie reichlich verziert und dann untereinander verschenkt, die Straßen und Geschäfte sind in dieser Zeit in Mexiko mit Skeletten und Totenköpfen aus Pappmaché geschmückt.
Der Tod wird in Mexiko nicht tabuisiert, er wird als etwas betrachtet vor dem man sich nicht fürchten muss, etwas was auf natürliche Weise zum Leben dazugehört.
Der Umgang der Mexikaner mit dem Tod wird auf viele Menschen in den westlichen Kulturen befremdlich wirken, haben wir doch genau das Gegenteil von Kindesbeinen an gelernt.
Stellen bei uns Kinder Fragen über den Tod, weicht man ihnen aus oder gibt ihnen Erklärungen, die ihnen Angst machen.
Im weiteren Verlauf ihres Heranwachsens nimmt der Einfluss der Kirche immer weiter zu, hier wird der Tod mit dem Ende gleichgesetzt, an dem auch noch das Jüngste Gericht auf uns wartet, um über unsere Sünden in diesem Dasein zu richten. Wen wundert es dann, dass die Menschen Angst vor dem Tod bekommen.

Kristallschädel hat es zu allen Zeiten gegeben und eingeweihte Menschen haben weltweit damit gearbeitet.
In Europa allerdings verbinden wir, geprägt durch eine von der Kirche beeinflusste Erziehung, mit der Form eines Totenkopfs/-Schädels etwas Negatives, was in Verbindung mit dem Tod steht oder diesen versinnbildlicht. Und der Tod selbst ist etwas Böses!!!
Auf die Idee, dass ein Schädel, oder wie in unserem Falle ein Kristallschädel, unsere menschliche Anatomie versinnbildlicht kommen wir vor lauter Angst vor dem Tod nicht.
Die Tatsache, dass der Tod Veränderung, Transformation, einen neuen Anfang bzw. einen Übergang in eine andere Dimension darstellt und damit sehr positiv ist, lässt man bis heute außer Acht.
Es würde allerdings zu weit führen an dieser Stelle auf religiös motivierte Muster einzugehen.

Es sei nur so viel erwähnt, dass durch diese Darstellung der Schädelform, Kristallschädel in vielen Menschen erst einmal ablehnende, eher unangenehme Gefühle, je nach Erziehung sogar bis hin zu negativen Gefühlen wachrufen können. Ich kann Ihnen aus eigener Erfahrung sagen, dass es Menschen gibt, die diese Haltung auch nicht ablegen werden.

In diesem Zusammenhang gibt es eine bemerkenswerte Ausstellung mit dem Namen „Schädelkult“, die im Oktober 2011 weltweit erstmals in den Reiss-Engelhorn-Museen in Mannheim ihre Türen geöffnet hat. Die Ausstellung widmet sich diesem kultur- und zeitübergreifenden Menschheitsthema mit über 300 beeindruckenden Exponaten, die auf die besondere Bedeutung des Schädels in der Kulturgeschichte des Menschen eingeht.
Während ich diese Zeilen schreibe ist die Ausstellung gerade von Mannheim aus auf großer Deutschlandtour. Ich hatte mit einer Seminargruppe im März 2012 die Möglichkeit und das Glück einer privaten Führung in der Ausstellung. Wir haben diese Gelegenheit natürlich auch dazu genutzt mit unseren mitgebrachten Schädeln dort zu arbeiten.
Ich kann jedem Schädelinteressierten und jedem anderen diese Ausstellung nur wärmstens empfehlen. Sie gibt uns eine detaillierte wissenschaftliche Darstellung des Themas und räumt mit vielen Vorurteilen auf und lässt uns Europäer unsere Überheblichkeit im Umgang mit dem Thema erkennen.

Es gibt allerdings auch Menschen, die sich wahrscheinlich aus Gründen der Erinnerung an frühere Leben und weil sie nicht in den Vorgaben der Kirche gefangen sind, sofort sehr zu Kristallschädeln hingezogen fühlen und es genießen in deren Gegenwart zu sein und sich bewusst oder unbewusst auf deren Energien einlassen bzw. sich diesen öffnen.

Als Kristallschädelhüter haben wir nicht die Aufgabe zu missionieren, sondern wir sollten erkennen dass es Menschen gibt, die mit der Materie umgehen können und bereit dazu sind und Menschen, die eine ablehnende Haltung gegenüber den Kristallschädeln und unserer Arbeit einnehmen. Das ist völlig in Ordnung so, jeder Mensch kann, darf und sollte seine Wahl alleine treffen.
Lassen Sie sich nicht entmutigen oder glauben Sie nicht, dass Sie sich und Ihre Schädel verteidigen müssen, wenn Sie auf jemanden treffen der Ihnen seine ablehnende Haltung deutlich zum Ausdruck bringt.
Wir sollten uns nicht verstecken und brauchen es auch nicht, aber wir müssen uns sicherlich auch vor niemandem verteidigen und rechtfertigen.

Das hatten wir alles schon einmal. Diese Zeiten sind vorbei und können es auch bleiben, wenn wir authentisch sind, zu unseren Kristallschädeln stehen und nicht glauben im Verborgenen damit arbeiten zu müssen.

76. Muss ich regelmäßig mit all meinen Schädeln arbeiten, um ihnen gerecht zu werden?

Eine Frage, die mir immer wieder gestellt wird und mich gerade heute wieder erreicht hat.
In diesem Zusammenhang ergeben sich dann Folgefragen, wie z. B. „Kann ein Schädel beleidigt sein, wenn ich längere Zeit nicht mit ihm gearbeitet habe?“ oder „Werde ich dadurch die Hüterschaft verlieren?“

Nein, natürlich nicht, ein Kristallschädel wird Ihnen nicht böse sein oder traurig werden, wenn Sie über einen längeren Zeitraum nicht mit ihm gearbeitet haben und Sie werden dadurch auch nicht die Hüterschaft verlieren.
Erstens hat es etwas damit zu tun, dass wir in manchen Zeiten mehr mit dem einen oder anderen unserer Schädel arbeiten, weil wir bestimmte Themen aufarbeiten oder uns in bestimmten Prozessen befinden, in denen uns ein spezieller Schädel mehr zur Seite steht. Wir gehen dann mit dem jeweiligen Schädel mehr in Resonanz, während die anderen etwas mehr in den Hintergrund treten.
Bei der Ankunft eines neuen Kristallschädels wird unser Fokus auch für einige Zeit mehr auf dem Neuankömmling liegen, als bei unseren anderen Schädeln, das ist völlig normal.

Zweitens sollten wir nicht vergessen, dass ja all unsere Kristallschädel miteinander vernetzt und verbunden sind, d. h. das selbst wenn wir uns mit einigen Schädeln in gewissen Phasen nicht aktiv beschäftigen, sie doch mit ihren Energien in das Geschehen eingebunden sind und somit mitarbeiten ohne, dass uns das bewusst ist.

Drittens kommt dazu, dass Kristallschädel sicherlich nicht sauer werden, das sind typisch menschliche Eigenschaften, die unser Ego auf sie projiziert die es aber bei den Kristallschädeln, die in einem Einheitsbewusstsein leben nicht gibt. Achtung, passen Sie auf, hier lauern alte Muster, die uns dazu bringen wollen Schuldgefühle zu bekommen und uns schlecht und unsicher zu fühlen. Gerade das sind aber Themen, bei denen die Kristallschädel uns helfen wollen diese abzulösen, damit wir frei von Angst und Schuld leben können, um in unsere volle Kraft zu gelangen und

mit unserem Schöpfungsplan zu leben. Also lassen Sie sich hier nicht von Ihrem Ego einfangen.
Sollte es doch mal die Situation geben, dass Ihr schlechtes Gewissen an die Tür klopft, machen Sie einfach eine Zeremonie mit all Ihren Kristallschädeln, in der Sie allen Ihre Liebe und Dankbarkeit senden. Danach können Sie Ihr Ego bewusst wieder vor die Tür schicken.

Hier liegt eine wichtige Lernaufgabe, die die Kristallschädel uns bringen und für die wir sehr dankbar sein dürfen. Sie helfen uns nicht nur dabei unseren ständigen Gedankenfluss zu kontrollieren, sie lassen uns auch unser Ego erkennen, geben uns wertvolle Hilfestellungen unser Ego Stück für Stück durch immer mehr einkehrende Klarheit und Bewusstheit auszuschalten, damit wir nicht als Sklaven unseres Egos durch die Welt rennen, sondern vielmehr den Klang unserer Seele wahrnehmen und unserem Weg der Seele folgen können.

77. Woran merkt man, dass ein Kristallschädel zu einem neuen Hüter weitergehen möchte?

Jeden Schädelhüter wird früher oder später die Frage beschäftigen, woran man merkt, dass es für einen Schädel an der Zeit ist weiterzugehen.
In den meisten Fällen wird uns unser Schädel dies bewusst mitteilen. Nicht selten lässt er uns dann auch seine genauen Vorstellungen wissen, welche Kriterien der neue Hüter erfüllen muss, wann genau es an der Zeit ist, dass er weitergehen wird, manchmal sogar wohin.

Antonella, einer meiner absoluten Lieblingsschädel, hat mir in 2011 ganz klar zu verstehen gegeben, dass sie nun weitergehen möchte und dass sie in die Schweiz ziehen will, weil sie dort in die Energien der Berge eintauchen will. Ich war nicht gerade begeistert darüber, da ich eigentlich gehofft hatte, dass sie noch ein Weilchen bei mir bleiben würde, aber da dies gar nicht mehr zur Diskussion stand und ich gelernt habe, das zu tun, worum mich meine Schädel bitten, hab ich mich mit der Idee angefreundet. Und wie konnte es auch anders sein, in meinem nächsten Seminar waren zwei Schweizerinnen anwesend. Eine davon stürmte dann sogleich auf Antonella zu und überschüttete mich mit Fragen zu Antonella und meinte sie würde sie gerne haben.
Antonella verhielt sich allerdings sehr verhalten. Was hatte das nun zu bedeuten? Sie wollte in die Schweiz umziehen, hier gab es eine Schweizerin, die sich sehr für sie interessierte, aber von ihr kam kein

eindeutiges Zeichen. Ich sagte der Dame sie möge sich doch erst mal einfach gedulden und wir würden die Seminarwoche abwarten, um zu sehen wie es am Ende der Woche aussehen würde.
Jeden Tag kam die Dame wieder zu mir, um zu erfahren, ob Antonella jetzt in ihre Hüterschaft gehen würde und jeden Tag hüllte sich Antonella in diesem Punkt in absolutes Schweigen, obwohl sie sonst ein sehr gesprächiger Schädel ist.
Die zweite Dame aus der Schweiz hingegen bekundete kein Interesse an Antonella.
Gegen Ende der Woche kam dann ganz klar von Antonella „Ich ziehe in die Schweiz und zwar am Ende dieser Woche, aber nicht zu der Frau, die mich haben will“. Ja, wie durfte ich das nun wieder verstehen?? In der Nacht meinte Antonella dann zu mir „ich werde mit der anderen Dame gehen...“. Sie können sich vorstellen, dass ich in diesem Moment dachte vor einem echten Problem zu stehen, der interessierten Dame musste ich absagen, was sie nicht gerade toll fand und mir übel genommen hat und die andere Dame sollte ich nun davon überzeugen, dass sie mit Antonella im Gepäck zurück in die Schweiz fahren würde.
Als ich an diesem Morgen mit gemischten Gefühlen in den Seminarraum kam, fragte mich die 2. Dame, ob sie kurz mit mir alleine reden könnte.
Und Sie wissen schon, wie das Gespräch ausgegangen ist, die Dame teilte mir mit, dass sie in der Nacht in einem Traum empfangen hätte, dass sie Antonella mit in die Schweiz nehmen solle.
Antonella lebt jetzt in der Schweiz, wo ich sie regelmäßig besuche und sie sowohl die Energien der Berge, als auch der anderen Schädel mit denen sie zusammenlebt genießen kann.

Was ich mit diesem Beispiel verdeutlichen wollte, ist, verlassen Sie sich immer auf Ihren Schädel und seine Durchgaben, er weiß genau wohin sein Weg geht und wird dafür sorgen, dass selbst anfänglich unmöglich erscheinende Situationen bereinigt werden.

Es kann aber auch den Fall geben, dass eine Freundin oder Bekannte bei uns ist, einen unserer Schädel sieht und man sofort spürt, dass er ihr direkt ins Herz geht, dass eine unbeschreiblich nahe Verbindung besteht. Das kann in manchen Fällen ein eindeutiges Zeichen dafür sein, dass es nun für den Schädel an der Zeit ist weiterzuziehen und sich anderen Aufgaben zuzuwenden. Er wird Ihnen die weiteren Botschaften zukommen lassen, vertrauen Sie darauf.

Manchmal kommt es aber auch vor, dass wir merken, dass sich einer unserer Schädel langsam von uns zurückzieht und bereits mit anderen Dingen beschäftigt ist, die sich uns im Moment noch verschließen. Dies kann ebenfalls ein deutliches Zeichen dafür sein, dass er bereits dabei ist seinen Umzug zu planen.

Seien Sie nicht traurig, wenn ein Schädel weitergehen möchte, sondern seien Sie dankbar für die gemeinsam verbrachte Zeit und die gemeinsam erfüllten Aufgaben.

Ich selbst weiß nur zu gut, wie schwer es sein kann sich von einem geliebten Kristallschädelwesen zu trennen. Für mich ist es deshalb sehr wichtig, dass ich weiß, dass sie zu ihrem richtigen Hüter kommen. Ich würde niemals einen Schädel gegen seinen Willen abgeben oder ihn nur verkaufen, weil mir jemand viel Geld dafür bietet.

Nachdem mein erstes Buch auf dem Markt erschienen ist, habe ich eine Anfrage bezüglich Kasper bekommen, bei der es um sehr viel Geld ging. Die betreffende Person war der Meinung, dass er ein Buch schreiben würde, wenn er Kasper hätte.

Um ehrlich zu sein, Kasper und ich haben uns darüber kaputt gelacht, zeigte diese Anfrage doch wie wenig die Person über Kristallschädel und ihr Wesen verstanden hatte.

Wenn ein Kristallschädel von einem Hüter zum nächsten weitergeht, heißt das nicht, dass er bei ihm auch die gleichen Fähigkeiten aktivieren wird. Kasper ist kein Garant dafür, dass man ein Buch schreibt. Er würde bei jemandem anderen vielleicht den Sportler ans Licht bringen oder was auch immer. Aber darüber brauchen wir uns keine Gedanken zu machen, er sitzt neben mir und smiled während ich dies schreibe.

Aber noch etwas lernen wir aus dieser eigentlich lustigen Begebenheit, Geld sollte niemals der Motivator sein, um einen Kristallschädel weiterzugeben.

78. Mache ich etwas falsch mit meinem Kristallschädel, wenn er mir seinen Namen nicht gleich nennt?

Nein, natürlich machen Sie in diesem Fall nichts falsch. Es kann gut sein, dass ein Schädel sich Zeit damit lässt seinen Namen oder andere Botschaften durchzugeben. In der Regel ist es aber gar nicht der Schädel, der sich Zeit lässt oder sich Ihnen verschließt, wie viele sofort meinen.

Es ist vielmehr unsere eigene Erwartungshaltung, die uns blockiert und uns dabei im Wege steht, dass wir die Botschaften verstehen, die uns unser Schädel sendet.
Wenn Sie sich dazu berufen fühlen Ihr Leben mit einem Kristallschädel zu teilen, gehen sie vollkommen erwartungsfrei und vor allem ohne einen genauen Ablaufplan im Kopf an die Situation heran, das sind alles Egoprojektionen, die uns fehlleiten.
Der nächste Gedanke ist bei vielen Menschen, dass sie glauben, nicht gut genug zu sein, über kein genügendes Können zu verfügen oder einfach nicht offen genug zu sein. All dies sind alte erlernte Angstmuster, die uns blockieren, uns lenken und uns vor allem daran hindern in unsere volle Kraft zu kommen, um unsere mitgebrachten Fähigkeiten zu leben. Tappen Sie nicht in diese Egofalle!!!!

Sie können mit einem Kristallschädel nichts falsch machen, solange Sie auf die Basisdinge, wie Reinigung, Aktivierung etc. achten. Ihr neuer Lebensbegleiter ist vielmehr dafür da, um bei Ihnen genau diese alten Muster und Strukturen aufzulösen, die Sie daran hindern kraftvoll zu sein und Ihr Licht in die Welt erstrahlen zu lassen.
Es ist immer viel einfacher sich klein zu machen, unbedeutend zu sein und an sich selbst zu zweifeln, als aus diesem Schatten der Vergangenheit herauszutreten und sich selbst dazu zu ermächtigen seine Kraft zu leben, glücklich und erfüllt zu sein.

Also nur Mut, lassen Sie sich auf die Chancen ein, die Ihr neuer Freund in Ihr Leben bringen wird und vertrauen Sie darauf, dass alles was im Leben geschieht seine Richtigkeit hat.
Bleiben Sie aber so offen, dass Sie die Spiegel, die Ihr neuer Begleiter Ihnen vorhält erkennen. Nur wenn wir die Spiegel im Außen erkennen, können wir an uns arbeiten.

79. Wollen alle Kristallschädel in Sitzungen und Behandlungen für andere Menschen eingesetzt werden?

Diese Frage lässt sich ganz klar mit „Nein“ beantworten. Bei Weitem nicht alle Kristallschädel wollen zu Sitzungen für andere Menschen und in Behandlungen eingesetzt werden.
Häufig kommt es sogar vor, dass man einen ganz persönlichen Schädel hat. Das muss nicht unbedingt der Hauptschädel sein, der keinen Kontakt

mit anderen Menschen haben möchte und schon gar nicht in Sitzungen mit anderen Menschen eingesetzt werden möchte.
Das muss nicht immer so bleiben, kann ein vorübergehender Zustand sein, aber wir sollten immer den Wunsch unserer Schädel respektieren.
Ich habe in meiner Kristallschädelfamilie einige Kristallschädel, die mich noch nie auf ein Seminar begleitet haben und auch noch nie in Kristallschädelsitzungen eingesetzt werden wollten.
Häufig kann man bei solchen Schädeln feststellen, dass sie sich eher Erdheilungszwecken widmen, an Kraftorten und heiligen Stätten arbeiten, Landschaften aktivieren oder andere Aufgaben haben.
Oder sie sind einfach nur Begleiter für unseren eigenen Weg.

Es sei darauf hingewiesen, dass auch bei weitem nicht jeder Kristallschädelhüter die Aufgabe hat Behandlungen, Meditationen und Sitzungen für andere Menschen durchzuführen.

80. Was passiert, wenn ich mich zwischen 2 Kristallschädel lege?

In dieser Sitzung verwenden wir 2 Kristallschädel, einen am Kopf und den anderen an den Füßen. Der Schädel am Kopf sollte auf jeden Fall, ein Vertreter der Quarzfamilie sein, während der 2. Schädel ein beliebiges Mineral sein kann, besser aber auch ein Quarzkristallschädel.
Die verwendeten Schädel sollten sich in der Größe vorzugsweise nicht zu sehr unterscheiden, je größer sie sind desto größer wird ihr energetisches Volumen sein.
Der Schädel, der über dem Kopf platziert wird, ist mit dem Gesicht zu Ihnen gerichtet, der Schädel zu Ihren Füßen schaut mit seinem Gesicht in Richtung seines Kollegen.
Nachdem Sie die Schädel so aufgestellt haben, dass Sie sich bequem dazwischenlegen können, nehmen Sie Ihren Platz flach auf dem Rücken liegend ein und beginnen die Sitzung mit der allgemeinen Einleitung für energetische Sitzungen.
Die beiden Schädel bauen ein energetisches Feld auf. Sie werden merken, dass der über Ihnen stehende Schädel Energie in Ihr Kronenchakra einleitet, welche durch den 2. Schädel an Ihren Füßen unterstützt (gezogen) durch Ihren Körper strömt und an den Füßen Ihren Körper Richtung Schädel verlässt. Auf diese Art und Weise werden energetische Störstellen effizient aus dem Körper ausgeleitet und schlechte Energien

transformiert. Man kann feststellen, dass die Energie in unserem Körper, in den Meridianen und Nadis wieder ungehindert fließen kann.
Ihnen wird auffallen, dass der Gedankenstrom in Ihrem Kopf, vollständig zum Erliegen gekommen ist und Sie sich ganz dem Energiefluss und den Energien im Energiefeld hingegeben haben.
Nicht selten kann man beobachten, dass man zeitweise tief und fest einschläft oder zumindest jegliche Relation zu Zeit und Raum verliert.
Sie können die Sitzung zwischen 30 und 60 Minuten ausdehnen, sollten Ihnen die Energien zu hoch werden, beenden Sie die Sitzung und wiederholen Sie diese zu einem späteren Zeitpunkt erneut.
Wir beendigen die Sitzung mit dem allgemeinen Abschluss für spirituelle Arbeit.

Ist es zusätzlich notwendig die Energien durch einen Partner verstärken zu lassen, wie z. B. durch Handauflegen?

Es ist nicht erforderlich diese Sitzung durch einen Partner energetisch verstärken zu lassen, der uns während der Sitzung z. B. durch Handauflegen unterstützt, man kann dies jedoch tun, wenn man sich danach fühlt.
Es kann im Gegenteil sehr angenehm sein, sich einmal nur auf sich selbst und die Kristallschädel einzulassen und einfach zu genießen in ihrem Energiefeld zu liegen, um danach gereinigt, energetisiert und vitalisiert wieder durchzustarten.
Nicht jedem steht außerdem ein Partner zur Verfügung der ihm behilflich sein könnte, zumal es sich dabei ja schon um jemanden handeln sollte, der mit energetischem Arbeiten und den entsprechenden Grundkenntnissen vertraut sein sollte.
Des Weiteren ändert sich natürlich der gesamte Charakter der Sitzung, wenn sie von jemand anderem durchgeführt wird, dann bewegen wir uns eindeutig im therapeutischen Bereich und der sollte auch von einem erfahrenen Therapeuten durchgeführt werden.

81. Sollte jeder, der mit Kristallschädeln Sitzungen anbietet, alle Vertreter aus der Quarzfamilie als Kristallschädel haben?

Meine persönliche Meinung ist „Ja“, aber so pauschal lässt sich diese Frage nicht beantworten.
Jeder der Sitzungen mit Kristallschädeln anbietet, sollte zumindest einen größeren (mind. 1,5-2 Kilo) bis lebensgroßen Kristallschädel haben, der der Quarzfamilie entstammt.

Da die verschiedenen Vertreter der Quarzfamilie sehr unterschiedliche Aufgaben haben und damit natürlich verschiedene Einsatzgebiete, bin ich persönlich schon der Meinung, dass man jeweils einen Vertreter der Hauptquarzgruppe (Rauchquarz, Amethyst, Citrin, Bergkristall und Rosenquarz) in einer Schädelgruppe integriert haben sollte, die für den Einsatz an anderen Menschen gedacht ist.
Nehmen wir mal an, Sie haben einen Citrinschädel und es kommt jemand zu Ihnen, der sich in einem massiven Transformationsprozess befindet, da wäre aufgrund seiner Transformationseigenschaften der Amethyst angebracht, es könnte aber auch ein Rosenquarz oder Rauchquarz erforderlich werden. Jetzt höre ich schon einige von Ihnen sagen, das macht doch nichts, mein Schädel ist mit einem Amethyst-Schädel vernetzt und kann in einem solchen Fall auf dessen Energien zugreifen. Das stimmt, aber wenn man mit einem Partner oder Klienten arbeitet, also quasi Mann an Mann, ist es verständlicherweise ein deutlicher Unterschied, ob man die Energien auf energetischem Wege zuführt oder ob ein Kristallschädel dies selbst macht, indem er mit dem Körper desjenigen in Resonanz geht, seine Energien abliest, sie transformiert und dann wieder zuführt.
Jeder der einmal selbst eine Kristallschädelbehandlung erlebt hat, wird mir das bestätigen.
Dabei können, dann neben einem größeren Vertreter aus der Quarzfamilie, die anderen 4 Schädel natürlich schon kleiner sein, sie sollten aber auch nicht zu klein sein, Pocket-Kristallschädel halte ich für diesen Einsatz zum Beispiel nicht für ideal.

Manche Behandler arbeiten allerdings so, dass sie nur auf energetische Weise arbeiten, ihr Schädel sie dabei unterstützt, aber nicht in direkten Kontakt mit dem Klienten kommt. In einem solchen Fall ist es sicherlich ausreichend mit einem Kristallschädel zu arbeiten, der aber auf jedem Fall der Quarzfamilien entstammen sollte.

Die von mir entwickelte Kristallschädeltherapie nach Kirsten Hilling® basiert auf dem direkten Einsatz der Kristallschädel am Klienten, ist daher nicht vergleichbar mit dem Einsatz eines Kristallschädels als Generatorkristall während einer Sitzung.
In meinen Sitzungen finden immer mehrere Kristallschädel ihre Anwendung, je nach den aus der geistigen Welt erhaltenen Durchgaben, werden verschiedene Kristallschädel kombiniert, so wie es für den Klienten zum gegebenen Zeitpunkt am heilsamsten und stimmigsten ist.

Ich kann für mich nur aus meinen Erfahrungen bzw. den Erfahrungen meiner Seminarteilnehmer und Klienten sprechen, aber selbstverständlich sollte jeder intuitiv an seine Sitzungen herangehen und seine eigenen Erfahrungen im Einsatz der Kristallschädel in Behandlungen machen.

Des Weiteren ist es natürlich ein Unterschied, ob man mit seinen Kristallschädeln eine Sitzung für eine Freundin oder den Ehemann im privaten Bereich machen möchte oder ob man diese professionell einem Klientel anbietet.

82. Wie kommt es dazu, dass immer mal wieder in Höhlen Kristallschädel gefunden werden?

Funde, wo Kristallschädel, oftmals sogar gleich mehrere, in Höhlen entdeckt werden, werden uns häufig aus der Himalaya-Region berichtet.
Im Jahre 2002 wurden dort in einer Höhle von Dr. Frank Loo gleich 13 Kristallschädel und einige Dropa-Scheiben gefunden. Weltweit bekannt geworden sind diese 13 Kristallschädel unter dem Namen
„Himalayan Crystal Skulls“ bzw. „Himalaya Kristallschädel“.
Obwohl das genaue Alter dieser Kristallschädel bis heute unbekannt ist, gehen einige Channelmedien, die mit ihnen gearbeitet haben, davon aus, dass sie ca. 10.000 Jahre alt sein müssten, was aber bis heute reine Spekulation ist.
Seit 2002 hat es immer wieder vereinzelt Funde einzelner Schädel in der Himalaya-Region gegeben, die mehr oder weniger bekannt geworden sind.
Wie kommt es nun dazu, dass man in Höhlen in den Bergen Kristallschädel findet?? Ein Grund ist, dass die Chinesen nach der Machtübernahme von Mao Zedong im Jahre 1949, den Anspruch auf Tibet und seine Wiedereingliederung in das chinesische Mutterland geltend machten. Sie marschierten in Tibet ein, dadurch kam es dazu, dass tibetische Lamas und Mönche, die seit Jahrhunderten mit Kristallschädeln gearbeitet hatten, diese vor den Aggressoren retten wollten. Da sie nicht die Möglichkeit sahen, diese auf der Flucht mit sich zu nehmen, versteckten sie die Schädel in Höhlen in den Bergen, die ihnen vor dem Feind sicher erschienen.

Auch aus der Mongolei wird hin und wieder von Schädelfunden dieser Art berichtet. Wir wissen, dass weltweit in vielen Kulturen bereits von unseren Vorfahren mit Kristallschädeln gearbeitet wurde. Es wird also auch damals bereits Situationen gegeben haben, wo sie ihre Kristallschädel zurücklassen mussten oder es als sicherer erachteten sie zu verstecken, wo sie dann über Jahre verborgen blieben, bis sie in heutiger Zeit nach und nach gefunden wurden und werden.

Ähnlich verhält es sich ja auch mit den Kristallschädeln, die von Hochkulturen, wie z. B. den Mayas, verwendet wurden. Sie sind durch den Untergang dieser Hochkulturen verschollen und wie im Falle des Mitchell-Hedges-Schädels hunderte Jahre später durch Archäologen, oder hier besser gesagt, durch seine Stieftochter, wieder zutage befördert worden.

Bekannte Kristallschädel aus China entstammen der Hongshan Dynastie, sie gingen bei deren Niedergang ebenfalls verschollen und wurden erst in unserer Zeit bei Ausgrabungen wieder entdeckt.
So verhält es sich weltweit nicht nur mit Kristallschädeln, sondern auch mit anderen Relikten aus vergangenen Epochen.

83. Was sind tibetische Kristallschädel und stimmt es, dass sie in tibetischen Klöstern geschliffen werden?

Es gibt auf dem Markt zwei verschiedene Arten von Kristallschädeln, die unter dem Namen „Tibetische Kristallschädel“ vertrieben werden. Beide stammen aus dem asiatischen Raum, unterscheiden sich aber grundlegend voneinander.

Bei der einen Art handelt es sich um Kristallschädel, die aus Bergkristall oder aus schwarzem Quarz bestehen, deren Rohsteine aus Tibet stammen. Zumeist kommen sie heute von Schleifern aus China. Es gibt sie sowohl als handgeschliffene Unikate, als auch als maschinell hergestellte Kristallschädel.
Einer der bekanntesten alten Kristallschädel aus Tibet ist der Kristallschädel „Amar“. Er wurde von einem buddhistischen High Lama, durch die Himalaya-Region nach Nepal gebracht, um ihn vor der Invasion der Chinesen zu retten. „Amar“ ist ein tibetischer Bergkristallschädel und wiegt 10,06 kg. Er verkörpert die Energien von Liebe und Mitgefühl, lebt heute in einem spirituellen Zentrum in Nordamerika.
Ein weiterer bekannter Fund von 13 tibetischen Kristallschädeln ist Dr. Frank Loo im Jahre 2002 in der Himalya-Region gelungen, auch diese Schädel wurden offensichtlich von buddhistischen Lamas und Mönchen vor den Chinesen versteckt.

Die zweite Art der Kristallschädel, die unter diesem Namen verkauft wird, oder aber unter dem Namen „Tibetische buddhistische Ritual-

Kristallschädel"/„Tibetan buddhism ritual crystal skull", handelt es sich um Bergkristallschädel, die reichlich mit Edelsteinen, kleinen Knochenschädeln, Buddhas und buddhistischen Symbolen, sowie Silber oder Gold in den fantasievollsten Formen verziert sind. Diese Schädel werden, sowohl als alte Schädel als auch hin und wieder mit dem Zusatz „neu" verkauft. In der Regel sind sie aufgrund ihrer feinen Handarbeit und der verwendeten Materialien sehr teuer.
Man muss allerdings bei ihrem Erwerb sehr aufpassen, an welchen Verkäufer man gerät, da auch hier bereits billige Kopien mit synthetisch hergestellten Steinen auf dem Markt sind, deren angebliches Silber aus billigen Metalllegierungen besteht. Diese Kopien stammen meistens aus China oder Hongkong während die wirklichen tibetischen buddhistischen Kristallschädel ausnahmslos aus Tibet stammen.
Diese sind in der Regel durch kunstvollste und feinste Handarbeit gekennzeichnet, die echte Edelsteine und tibetisches Silber oder Gold (dort gibt es andere Legierungen als bei uns) in ihren Verzierungen haben. Selten findet man unter ihnen auch Schädel, die als Verzierung eine ganze Kappe haben, die man komplett von dem darunter befindlichen Schädel abnehmen kann.
Immer sind sie mit typisch buddhistischen Symbolen bestückt. Manche haben von beiden Seiten des Kopfes ausgehende Flammen, ein buddhistisches Symbol verziert mit Türkis, Granat oder anderen Edelsteinen. Wie wir wissen haben buddhistische Lamas und Mönche schon vor Hunderten von Jahren mit Kristallschädeln gearbeitet und es ist anzunehmen, dass ein Teil dieser Schädel auch in den buddhistischen Klöstern hergestellt wurde.

Bei den heute auf dem Markt befindlichen tibetischen Kristallschädeln lässt sich allerdings nicht überprüfen, ob sie tatsächlich in Klöstern hergestellt wurden, da müssen wir auf die Angaben der Verkäufer vertrauen.
Es ist mir allerdings nicht bekannt, dass es ein spezielles Kloster in Tibet gibt, dass auf die Herstellung dieser Schädel spezialisiert ist.
Selbst als langjährigem Buddhist mit vielen Kontakten zu Lamas aus Tibet ist es mir bis heute nicht gelungen in Erfahrung zu bringen, wo genau diese Schädel heute hergestellt werden.

Aber, wie schon so oft erwähnt, spielt das meiner Meinung nach auch keine wirkliche Rolle, solange die Herzensverbindung zu dem Schädel, der uns ausgewählt hat, die Welt in Ordnung ist.

84. Warum greifen manche Menschen ihren Schädeln in die Augen, um sich zu verbinden? Ist die Verbindung dann besser?

Von meinen Seminarteilnehmern werde ich häufiger gefragt, warum manche Menschen ihren Kristallschädeln in die Augenhöhlen greifen um sich mit ihnen zu verbinden. Mir war das selbst auch schon auf einigen Kristallschädel-Events aufgefallen und, um ehrlich zu sein, ich konnte mir nie einen Reim darauf machen. Deshalb habe ich dann auch einige Leute angesprochen, um dieser Art der Verbindung auf den Grund zu gehen.
Ich muss Sie aber leider enttäuschen, mir ist es nicht gelungen eine plausible Erklärung zu bekommen, die auch logisch nachvollziehbar wäre. Eine Erklärung war „weil ich es so gelernt habe", der Herr konnte mir allerdings nicht sagen, warum er es so gelernt hat, sondern er hat das Erlernte nur kopiert ohne es zu hinterfragen.
Andere meinten, das habe man schon in früheren Zeiten so gemacht, mit dem Verweis auf indigene Völker. Wo genau das so gewesen sein soll und warum man das gemacht haben will, darauf mussten sie mir die Antwort schuldig bleiben.
Wieder andere meinten, sie würden über die Augen eine intensivere Verbindung herstellen können, warum konnten sie mir allerdings nicht sagen. Keine Frage, dass ich das daraufhin selbst versucht habe, ich muss allerdings sagen, dass ich dieses Empfinden nicht teilen kann. Für mich ist weder die Verbindung intensiver, noch ist der Energiefluss über die Augen verstärkt.
Klar, wir wissen, dass die Kristallschädel in dem Moment in das Kristallschädelbewusstsein übertreten, in dem der Schleifer ihnen die Augen einschleift, aber das heißt für mich nicht, dass wir ihnen auch in die Augen fassen müssen, um uns mit ihnen zu verbinden.
Ich finde diese Art der Verbindung für mich eher hinderlich, da es auf der einen Seite ziemlich umständlich ist, ihnen in die Augen zu fassen, da wir die Hand dabei nicht entspannt lassen können. Auf der anderen Seite muss ich gestehen, finde ich es recht seltsam ihnen in die Augen zu fassen. Ich persönlich fühle mich dabei nicht wohl.
Ich bevorzuge es meinen Schädeln meine Hand einfach locker auf den Kopf zu legen, so dass mein Handchakra quasi auf ihrem Kronenchakra liegt. Auf diese Art und Weise fühle ich schon bei geringster Berührung eine Verbindung, die sehr intensiv ist.

Ich denke jeder sollte selbst ausprobieren, welche Methode der Verbindung für ihn und seinen Schädel stimmig ist, das ist ganz individuell.
Eine Methode, die für uns alle gilt, gibt es dabei meiner Meinung nach nicht. Im Zweifelsfalle würde ich immer meinen Schädel fragen, wie er gerne berührt werden möchte, um eine intensive und hochenergetische Verbindung aufzubauen, da sind wir dann immer auf der sicheren Seite.
Probieren Sie es einfach selbst aus und entscheiden Sie sich für die Methode, die Ihnen am kraftvollsten und stimmigsten erscheint.

85. Kann es vorkommen, dass bestimmte Kristallschädel nicht zueinander passen?

Ja, das kann in der Tat hin und wieder vorkommen.
Die Tatsache, ob Kristallschädel zueinander passen oder nicht, hat nichts mit der Kristallart zu tun aus der sie geschliffen sind, sondern mit ihren Energien und damit verbunden mit ihren Persönlichkeiten.
Das heißt nicht, dass ein Schädel mit viel Energie nicht zu einem Schädel mit weniger Energie passt, oder ein großer Schädel nicht zu einem kleineren Schädel und auch nicht, dass ein alter Schädel nicht zu einem heute geschliffenen Schädel passt. Ebenfalls hat es nichts mit dem Herkunftsland eines Kristallschädels zu tun. Schädel aus China lassen sich sehr wohl mit Schädeln aus Brasilien oder Indien vergesellschaften.
Jeder Kristallschädel hat seine eigene Persönlichkeit. Es gibt wohl so viele verschiedene Persönlichkeiten, wie es Kristallschädel gibt. Auch hinsichtlich seiner Energie ist jeder Kristallschädel anders.
Jeder Kristallschädelhüter wird mir zustimmen, dass, wenn man einen neuen Kristallschädel bekommt, sehr schnell klar ist zu welchen von unseren anderen Kristallschädeln er dazugestellt werden möchte und in welche Gruppe er gar nicht hineinpasst. Stellt man ihn an einen Platz den er nicht mag, sprich zu Schädeln zu denen er sich nicht hingezogen fühlt, wird man sehr schnell merken, dass die Energien im wahrsten Sinne des Wortes nicht rund laufen und eine energetische Barriere entsteht, wo eigentlich eine Potenzierung der Energien stattfinden sollte.
In einem solchen Fall sollte man eindeutig die Gesellschaft des betreffenden Schädels wechseln und ihn zu Kollegen stellen, die eine energetische Übereinstimmung mit ihm aufweisen.

Wächst unsere Kristallschädelfamilie an, dann werden wir immer mal wieder die Erfahrung machen, dass manche Schädel sich gegenseitig eher

anziehen, andere weniger. Das ist in meinen Augen völlig normal und heißt nicht, dass man sich deshalb von den Schädeln trennen sollte.
Man muss sie vielmehr nur so zusammenbringen, dass man erkennen kann, dass zwischen ihnen die Energien frei und ungehindert fließen können.
Wenn man unsicher ist, kann man das natürlich austesten oder auspendeln.

Gerade bei einer großen Kristallschädelfamilie kommt es hin und wieder auch vor, dass Kristallschädel umgestellt werden möchten, um mal näher mit anderen zusammen zu sein. Wir müssen in diesen Fällen nicht wissen warum das so ist, sondern sollten einfach den Wünschen der Schädel nachgeben.

Eine andere Situation ist eine Kristallschädelbehandlung oder Kristallschädelsitzung. Hier muss sichergestellt sein, dass alle zum Einsatz kommenden Kristallschädel in jedem Fall energetisch zueinander passen, damit die Energien frei und ungehindert fließen können, da der Klient sonst niemals in den Genuss ihres vollen energetischen Volumens kommen kann, oder je nachdem wie offen er oder sie ist, die Störfrequenz selbst wahrnehmen wird und sich dadurch gestört fühlt.
Gerade in Sitzungen ist dies häufiger der Fall, wenn man zu viele wild durcheinandergewürfelte Kristallschädel zum Einsatz bringt, die sich in Hinblick auf ihre Kristallarten und deren Eigenschaften zu sehr unterscheiden bzw. bei einer großen Anzahl von Schädeln einfach ein zu großes energetisches Durcheinander produzieren.
In einem solchen Fall ist es immer besser mit weniger Schädeln zu arbeiten, die untereinander energetisch stimmig sind, als mit zu vielen, wo die Energien nicht rundlaufen. Viel ist nicht immer mehr!
Deshalb vergewissern Sie sich in Behandlungen immer, dass die Energien stimmig sind, denn ein erfahrender Behandler merkt das sofort.

86. Wie und warum arbeitet man mit Kristallschädeln in Zeremonien und Ritualen?

Laut *Wikipedia* ist eine Zeremonie ein nach einem festgelegten Protokoll oder Ritus ablaufender förmlicher feierlicher Akt. In einer Zeremonie finden in der Regel bestimmte Rituale oder vorgegebene Handlungen statt, die oft Symbolcharakter besitzen. Die Regeln, nach denen eine Zeremonie abläuft, bezeichnet man als Zeremoniell. Zeremonien finden häufig öffentlich oder vor einem Publikum in repräsentativem Rahmen statt, kön-

nen aber auch im privaten Umfeld angesiedelt sein. Sie sind im religiösen und sakralen Raum (Kult und Gottesdienst) ebenso beheimatet wie im weltlichen Bereich (z. B. Hofzeremoniell, Staatsakt). Viele Zeremonien gehen auf althergebrachte Traditionen zurück.
Lange Zeit waren Zeremonien und Rituale in unserer Gesellschaft in den Hintergrund getreten, da die Menschen, die keiner Religionsgemeinschaft mehr angehören sie als überflüssig erachteten.
Seit einigen Jahren versuchen wir uns wieder mehr alter Traditionen zu erinnern, die auf unsere Vorfahren und ihre Art zu leben zurückgehen. Wir können erfreulicherweise feststellen, dass Zeremonien wieder sehr an Bedeutung gewinnen und vermehrt abgehalten werden.
Zeremonien und ihr Kraftpotenzial finden wieder Anerkennung und werden von den Menschen in ihrem herkömmlichen Sinne genutzt.
Zeremonien können zu ganz unterschiedlichen Anlässen abgehalten werden. Das geht von Geburt, Taufe, Hochzeit, Verabschiedung eines Menschen, Eintritt ins Erwachsenenalter, Jubiläum, Einweihungen von Häusern und Gebäuden, Berufswechsel bis hin zu Dankeszeremonien, Loslassenszeremonien, Vergebungszeremonien, Erdheilungszeremonien, Zeremonien, die im Zusammenhang zu bestimmten Zeitqualitäten, wie Vollmond, Wintersonnenwende etc. und natürlich Aktivierungszeremonien anlässlich von Portalöffnungen stehen.

In einer Zeremonie verbinden wir uns bewusst mit dem Anlass zu dem wir die Zeremonie abhalten und fokussieren unsere Intention darauf. Diese Bewusstheit verleiht unseren Gedanken, Wünschen, Hoffnungen und Träumen eine Gestalt, die sie zu Manifestationen werden lässt.
Hinzu kommt der Aspekt, dass wir als freie Menschen, unsere Wahl im Sinne der Zeremonie getroffen haben und aktiv geworden sind.

Zeremonien und Rituale können sowohl alleine als auch in der Gruppe abgehalten werden. In Gruppenzeremonien erfährt die Energie eine massive Potenzierung dadurch, dass viele Menschen ihre Intentionen und Energien in die gemeinsame Zeremonie geben.
Durch das Arbeiten mit Kristallschädeln haben wir zusätzlich den Vorteil, dass die Kristallschädel als Energieverstärker und Dimensionstore mitwirken und die gesamte energetische Situation anheben.
Über die Vernetzung unserer Kristallschädel untereinander werden wir in der Lage sein ein sehr hohes energetisches Gesamtniveau aufzubauen, da durch die Vernetzung nicht nur physisch anwesende Schädel energetisch präsent sind, sondern auch die mit ihnen vernetzten Schädel.

Zeremonien können formal festgelegten Regeln folgen, das richtet sich jeweils nach der Tradition in der wir stehen. Ein Maya-Ritual folgt anderen Regeln als ein keltisches Ritual (hierzu findet man ausführliche Anleitungen in spezieller Literatur).
Zeremonien können aber auch sogenannte freie Zeremonien sein, in denen sich der/die jeweiligen Personen ihren Ablauf selbst entwickeln bzw. diesen intuitiv aufnehmen.
Ich persönlich empfinde es als sehr wichtig in jeder Zeremonie eine Fürbitte zu integrieren, um die Verbindung zu unserem göttlichen Vater und zu Mutter Erde herzustellen, die geistige Welt um Führung zu bitten und am Ende der Zeremonie den Dank nicht zu vergessen.

Wir werden die Erfahrung machen, dass sich in Zeremonien und Ritualen nicht nur extrem hohe Energien aufbauen, sondern auch, dass wir gestärkt und kraftvoll und in absoluter Anbindung aus jeder Zeremonie herausgehen, egal ob es sich hierbei um eine Gruppenzeremonie zu einem bestimmten Anlass handelt, oder ob wir nur für uns eine Zeremonie im häuslichen Rahmen durchgeführt haben.

Unsere Vorfahren haben schon vor Tausenden von Jahren die Energien der Zeremonien für sich genutzt, es ist an der Zeit, dass wir uns selbst dazu ermächtigen dies heute für uns ebenfalls zu tun und die Energien für unser Leben nutzbar zu machen.

Ich wünsche Ihnen viel Freude dabei!!! Vielleicht treffen wir uns ja sogar einmal zu einer gemeinsamen Zeremonie.

87. Warum ist ein Kristallschädel in der Lage mit uns auf energetischem Wege Kontakt aufzunehmen, obwohl wir uns energetisch schützen?

Während der Schreibprozess dieses Buches schon in vollem Gange ist, erhalte ich die interessante Frage, warum ein Kristallschädel in der Lage ist uns auf energetischem Wege anzufunken, obwohl wir uns regelmäßig gut energetisch schützen.
Betrachten wir hierzu das Thema energetischer Schutz (Anleitungen dazu in meinem Buch zur Energiearbeit).
Im Idealfall haben wir es uns zur Gewohnheit gemacht uns regelmäßig energetisch zu schützen, bevor wir mit unserem Tagwerk beginnen. Die Art und Weise des Schutzes ist hierzu völlig unerheblich, jeder sollte sich so schützen, wie es sich für ihn oder sie am stimmigsten anfühlt, Möglich-

keiten gibt es viele. Kristallschädelhüter werden dazu tendieren sich mit einem ihrer Schädel zu schützen.
Energetischer Schutz dient kurz gesagt dazu, uns vor Fremdenergien aus dem Außen, vor energetischen Angriffen und vor Energien, die störend für unser energetisches System wären, zu schützen.
Keineswegs ist energetischer Schutz aber eine Abgrenzung, die uns von Energien, die positiv für uns sind, von Liebesenergien oder der universellen Lebensenergie abtrennt. Wäre dem so, wären wir energetisch von allem abgegrenzt und würden uns wie in einem luftleeren Raum bewegen, das würde auch heißen, dass wir keinerlei Energien, die für uns förderlich sind, aufnehmen könnten. Auch die Energien unserer Kristallschädel würden wir dann nicht aufnehmen können.
Dem ist aber natürlich nicht so, unser energetischer Schutz bezieht sich nur auf Störfrequenzen bzw. auf Fremdenergien, die uns schaden würden, in welcher Form auch immer.

Ein Kristallschädel, der versucht mit uns in Kontakt zu treten und uns deshalb seine Energien bzw. sein energetisches Muster sendet, befindet sich in einem Resonanzverhältnis zu uns. Er koppelt quasi energetisch an, um uns zu zeigen, dass er positiv für unsere Entwicklung ist. Seine Energien können uns dabei helfen unseren nächsten energetischen Schritt zu gehen, somit sendet er uns eine positive Energie und diese wird niemals durch unseren energetischen Schutz ausgefiltert werden.

88. Was sind Orgon-Schädel?

Der Begriff Orgon wurde von Dr. Wilhelm Reich, einem Lieblingsschüler von Freud, geprägt, der sich lange Jahre der Psychoanalyse gewidmet hat. Später galt sein Interesse der Erforschung von Lebensenergie, die er mit wissenschaftlichen Methoden untersuchte, um seine so gewonnenen Kenntnisse sodann in seinen Therapiemethoden einzusetzen.
Die Tatsache, dass wir von Lebensenergie durchdrungen werden, die alles Leben erst ermöglicht und aus der letztendlich alle anderen Energieformen auch die Materie selbst entstehen, ist weithin bekannt.
Diese Lebensenergie wird in den verschiedenen Kulturkreisen unterschiedlich benannt. Für die Inder ist es Prana, in den fernöstlichen Kulturkreisen spricht man von Chi oder Ki, die Germanen sprachen von Vril, in der Bibel findet die Lebensenergie unter der Bezeichnung Odem Erwähnung. In der heutigen Zeit sprechen wir gemeinhin von universeller Energie, kosmischer Energie oder göttlicher Energie.

In der Physik spricht man von Nullpunktenergie, genauer betrachtet handelt es sich hierbei um keine Energieform, sondern um eine Kraft, deren Wirkung sich nur indirekt, nämlich in ihrer Wirkung auf Materie nachweisen lässt. Reich hat sog. Orgon-Generatoren und Orgon-Akkumulatoren entwickelt, die in der Lage sind kosmische Energien zu konzentrieren. Grundlage hierfür war die Erkenntnis, dass organische Materie die Orgonenergie anzieht, anorganische Materie sie aber abstößt.

In der Orgon-Technologie stellt man Orgon-Generatoren her, die eine sehr hohe Konzentration von Orgon-Energie erreichen. Dazu wird in ihrer Herstellung eine Kombination aus organischem Harz, bekannt als Epoxidharz oder Polyesterharz, kleinen Metallteilchen (wie Kupfer, Messing, Eisen) und mindestens einem kleinen Bergkristall verwendet. Epoxidharz ist organisch und besitzt eine kristalline Struktur.
Durch die Verwendung von Metallteilchen werden zwei völlig gegensätzliche Materien miteinander vereinigt, diese Vereinigung der Polaritäten ist das Geheimnis der Energieerzeugung der Orgon-Generatoren.

Genau dieses Prinzip der Orgon-Generatoren macht man sich bei der Herstellung von Orgon-Schädeln auch zunutze, nur mit dem Unterschied, dass Schädel zusätzlich noch mit verschiedenen Heilsteinen bestückt werden, man kann ihnen zusätzlich Blattgold und Silber oder z. B. Kupferspiralen etc. hinzufügen.
Orgon-Schädel werden in liebevoller und langwieriger Handarbeit hergestellt. Man kann präzise und detailgenaue Schädel von unterschiedlichster Form erschaffen, in die natürliche Kristalle und Mineralien jeder Art eingearbeitet werden.
Besonders reizvoll macht Orgon-Schädel die Tatsache, dass man in ihnen unterschiedliche Kristalle und Mineralien kombinieren kann, wie sie so als gewachsene Kristallschädel nie vorkommen würden.
So kann man beispielsweise einen Orgon-Schädel herstellen, der Pyrit, schwarzen Turmalin und Malachit gleichzeitig in seinem Inneren enthält und mit Blattgold oder Silber zusätzlich angereichert ist.
Auf diese Art und Weise entstehen nicht nur einmalige Unikate, sondern auch optisch sehr ansprechende Schädel in höchst individueller Form, die in der Lage sind kraftvolle Energiefelder aufzubauen.
Somit ist ein Orgon-Schädel ein riesiger Orgon-Generator.
Sensitive Menschen werden die Energien der Orgon-Schädel schon beim Halten der bloßen Hände über den Kristallschädel spüren.

Ich persönlich empfinde die Energie der Orgon-Schädel als sehr sanft und liebevoll, aber kraftvoll zugleich.

Orgon-Schädel sind sicherlich energetisch und auch im Hinblick auf die Wirkung des Kristalls oder Minerals nicht mit einem normalen Kristallschädel, der aus einem Stück gewachsenem Kristall geschliffen wird, zu vergleichen. Sie sind aber eine wunderbare Bereicherung in jeder Kristallschädelfamilie und bieten uns bei ihrer Herstellung unzählige hochinteressante Kombinationsmöglichkeiten. Des Weiteren gibt es Menschen, die sich von Kristallschädeln angesprochen fühlen, aber mit ihren Energien nicht so gut zurechtkommen, für sie sind Orgon-Schädel eine echte Alternative.
Ich persönlich finde es spannend sowohl mit Kristallschädeln, als auch mit Orgon-Schädeln zu arbeiten, um ihre energetischen Unterschiede und ihre Gemeinsamkeiten zu erkunden. Natürlich erfreue auch ich mich sehr an den Gestaltungsmöglichkeiten, die sie uns bieten und verbunden damit finde ich sie optisch immer wieder reizvoll und zum Teil sehr mystisch.

Wir haben in Deutschland zudem das Glück Orgon-Schädel direkt vom deutschen Hersteller zu bekommen, die in ihrer Qualität weltweit ihresgleichen suchen.

89. Haben Kristallschädel, die zu Schmuck verarbeitet wurden, auch Kristallschädelenergien und wie sollte man mit ihnen umgehen?

Diese Frage lässt sich ganz klar mit „Ja“ beantworten. Jeder Kristallschädel, egal in welcher Größe, weist Kristallschädelenergien auf, auch Kristallschädel die in Ketten, Anhängern oder Ohrringen verwendet wurden. Man sollte nur darauf achten, dass es sich um echte Kristallschädel handelt und nicht um synthetisch hergestellte oder gar Glasschädel.

Wichtig, wie bei jedem Kristallschädel der uns erreicht, ist es auch bei Ketten und Anhängern etc., dass man sie sofort nach Ankunft einer gründlichen Reinigung unterzieht. Bei Schmuck ist dies generell sehr wichtig, da man ihn ja direkt am Körper trägt, oftmals über lange Zeiten und gerade Ketten und Anhänger hängen sehr oft auch direkt auf unserem Herzchakra oder vor dem Kehlkopfchakra.

Nach einer gründlichen Reinigung, freuen sich auch die in Schmuck verarbeiteten Kristallschädel über Aufmerksamkeit, man kann sie in einer

kleinen speziellen Willkommenszeremonie willkommen heißen, sie dann anlegen, um ihre Energien zu fühlen und eine energetische Verbindung herzustellen.
Ich empfinde es als sehr schön, die Schmuckstücke dann mit unseren anderen Kristallschädeln zusammenzubringen, damit sie sich vernetzen können, so werden wir durch das Tragen unseres Schmuck-Kristallschädels mit den Energien unserer gesamten Kristallschädelfamilie verbunden.
Schmuck-Kristallschädel erweisen sich als sehr angenehme und liebevolle Energien, die uns durch den Tag begleiten und nicht selten haben sie ebenfalls eine sehr hohe Schutzfunktion, schützen uns vor negativen Energien aus dem Außen.

Eine liebe Freundin von mir stellt wunderschöne hochenergetische Kristallschädelketten aus verschiedenen Kristallen und Mineralien her. Dazu verwendet sie Perlen aus unterschiedlichsten Mineralien, die sie mit Silber und mit kleinen Kristallschädeln kombiniert.
Je nach verwendeter Kristallart der Schädel ist natürlich auch die Energie völlig anders. Ich habe eine Kette aus Mookait mit Rauchquarzschädel, hier kann man eine besondere Schutzwirkung aber auch sehr viel Erdungsenergie spüren.
Meine Freundin macht Ketten in unterschiedlichen Varianten, von 1 bis 13 Kristallschädeln ist alles möglich. Der Unterschied zwischen einer Kette mit 2 Schädeln und einer Kette mit 7 oder 13 Schädeln ist sehr deutlich wahrnehmbar. Legt man sich mehrere Ketten gleichzeitig an, bekommt man einen richtiggehenden Energieflash ab und muss schon auf Erdung achten.

Ich rate Ihnen, Ihre Kristallschädelschmuckstücke nach jedem Tragen energetisch zu reinigen und sie hin und wieder zu ihren großen Kollegen zu legen, damit sie dort wieder aufgeladen werden und Energie tanken können. Einige meiner großen Schädel sind übrigens begeistert von Kristallschädelketten und lieben es damit auch einmal aufgehübscht zu werden.

Ich wünsche Ihnen viel Freude und viele magische Momente beim Tragen Ihres Kristallschädelschmucks!!!

90. Was sind „Magical Child Skulls“?

Seit einiger Zeit sind auf dem Markt Kristallschädel unter dem Namen „Magical Child“ zu finden. Sie wurden von dem brasilianischen Schleifer Leandro de Souza in Zusammenarbeit mit einem holländischen Ehepaar entwickelt. Seit 2012 kann man sie bei einigen Anbietern finden, wobei es in der Zwischenzeit auch Kopien dieser Schädel von anderen Schleifern auf dem Markt gibt.

Diese Schädel zeichnen sich durch einen auffällig großen und prominenten Vorderkopfbereich/Stirn aus, der in gewisser Weise einem Wasserkopf ähnelt. Über Geschmäcker lässt sich bekanntlich streiten und jeder muss für sich selbst entscheiden, ob er mit dieser Kopfform, die zugegebenermaßen an eine Missbildung erinnert, etwas anfangen kann oder sie eher abstoßend findet.

Laut Geert und Rita, der Nachname dieser Herrschaften taucht leider nirgends auf, deutet diese Kopfform auf gut entwickelte präfrontale Lappen hin, den Teil des Gehirns, der auch als „Gehirn der Liebe“ bezeichnet wird. Sind die präfrontalen Lappen voll funktionsfähig, korrespondieren sie in direkter Weise mit unserem „Master brain“ (Meister Gehirn), dieses Gehirn verbindet unser Herz mit unserem Verstand. Nach Angaben der Schöpfer des „Magical Child Skulls“ resultieren unsere heutigen Probleme alle daraus, dass wir entweder hauptsächlich mit unserem Herzen oder mit unserem Verstand, selten aber mit beiden gleichzeitig, in einem ausgewogenen Verhältnis agieren. Deshalb nutzen wir auch nur einen Teil unserer Intelligenz und jede Menge Potential bleibt ungenutzt. Würden wir unsere volle Kapazität nutzen, wären wir in der Lage auf das Einheits-Bewusstsein zuzugreifen und unsere einzige Begrenzung wäre das Universum selbst, so der Begleittext zu dem „Magical Child Skulls“. Um nun unser schlafendes Potential in den präfrontalen Lappen zu aktivieren, kommt der Schädel ins Spiel, der angeblich in der Lage ist durch seine eigenwillige frontlastige Form dies bei uns zu bewirken. Nach Meinung seiner Erschaffer repräsentiert der „Magical Child Skull“ die neuen Menschen, die in der Lage sind ihre volle Intelligenzkapazität zu nutzen. Er verhilft uns angeblich dazu, unsere Angst und Verteidigungsstrategien, die von unseren niederen Selbst geleitet sind, zu überwinden und führt uns zu Wachstum und Selbstentwicklung. Die „Magical Child Skulls“ sollen uns des Weiteren dazu verhelfen in Verbindung mit einem fortgeschrittenen Level der

Intelligenz zu kommen und mit Hilfe dieser Intelligenz werden wir dann zum sog. „New Human Being“. Ich möchte ausdrücklich darauf hinweisen, dass die vorangegangene Beschreibung sich nicht mit meiner Meinung deckt.
In Kristallschädel-Expertenkreisen hat der „Magical Child Skull“ nicht selten großes Gelächter geerntet und wird als guter Verkaufsgag angesehen.
Da ich mir immer gerne selbst eine eigene Meinung zu den Dingen bilde, habe ich vor einiger Zeit selbst einen solchen Schädel bei mir aufgenommen und seither mit ihm gearbeitet. Unter meinen Freunden geht der Witz „Na, Du bist ja immer noch nicht intelligenter geworden!“ – Das will ich jetzt mal unkommentiert lassen.
Ich persönlich habe für mich festgestellt, dass mir der Zugang zu diesem Schädel deutlich schwerer fällt, als dies bei allen meinen anderen Schädeln der Fall ist. Ich kann auch nicht behaupten, dass ich mich in all der Zeit an seine seltsame äußere Form gewöhnt hätte, vielmehr bereitet sie mir immer noch Schwierigkeiten, was auch dazu beiträgt, dass ich zwar mit ihm arbeite, weil mein Verstand diese Erfahrung machen möchte, aber nicht weil mein Herz für diesen Schädel schlägt.
Ich muss zugeben, er ist auch der einzige Schädel, der nicht mit bei mir im Bett schläft, was alle anderen regelmäßig tun.

Ich kann auch nicht behaupten, dass ich durch den „Magical Child Skull“ einen besseren oder schnelleren Zugang zu anderen Dimensionen bekommen hätte bzw. er mir Wissen eröffnet hätte, welches ich nicht im Vorfeld bereits durch meine anderen Schädel erhalten hätte.
Wir wissen, dass Kristallschädel deshalb so gut mit uns in Resonanz gehen, da gleiche Formen gleich schwingen, was erwiesen ist. Schaut man sich jetzt die Schädelform eines „Magical Child Skulls“ an, kann man nicht wirklich davon sprechen, dass uns mit ihnen die gleiche Schädelform verbindet und somit kann unsere Schwingungsfrequenz auch niemals gleich sein.

Meine Erfahrung mit diesen Schädeln stellt sicherlich keine Allgemeingültigkeit dar. Jeder, der sich von einem solchen Schädel gerufen fühlt, sollte selbst seine Erfahrungen machen, aber nicht der Hoffnung aufsitzen, dass er durch diese Art Schädel Zugang zu einer höheren Intelligenz bekommt, die er mit den herkömmlichen Schädeln nicht auch erreichen könnte.

91. Warum spricht man im Zusammenhang mit Kristallschädeln so häufig von Synergie-Energie?

Die Synergie oder der Synergismus bezeichnet das Zusammenwirken von Lebewesen, Stoffen und Kräften im Sinne von „sich gegenseitig fördern" bzw. einen daraus resultierenden gemeinsamen Nutzen.
Eine Umschreibung von Synergie findet sich in dem Ausspruch von Aristoteles „Das Ganze ist mehr als die Summe seiner Teile", auch als Holismus bezeichnet, so die Definition in der *Wikipedia*.

Bei Kristallschädeln liegt eine Synergie im doppelten Sinne vor. Zum einen sind unsere Kristallschädel untereinander vernetzt und arbeiten so in Synergie weltweit zusammen, auf der anderen Seite fördern die Kristallschädel aber auch das Zusammenwirken ihrer Hüter auf den unterschiedlichsten Ebenen, sei es in gemeinsamen Events, Seminaren, Sitzungen oder in weltweiten Projekten, wie Friedensmeditationen, Erdheilungen und vielem mehr.

Aber auch bei der praktischen Arbeit mit Kristallschädeln herrscht das Prinzip der Synergie vor, man kann Kristallschädel, wie wir erfahren haben, hervorragend mit anderen Kristallen, mit Erdenhütern, mit Trommeln, mit Klangschalen, mit Stimmgabeln, mit Ölen und Pflanzenessenzen etc. einsetzen, somit wird durch das Synergie-Prinzip die Energie nochmals verstärkt und gleichsam potenziert.

Bei der Arbeit mit Kristallschädeln kann man sehr oft feststellen, dass es zu sehr spontanem Zusammenarbeiten von Menschen aus den unterschiedlichsten Bereichen kommt, die durch die Kristallschädel initiiert wurden. Jeder bringt sich dabei voll mit seinen Fähigkeiten ein und gemeinsam entstehen wundervolle und hochenergetische Arbeiten. In meinen Seminaren habe ich sehr häufig erfahren dürfen zu welch spannenden und kraftvollen Ergebnissen diese Art der Synergie-Arbeit angeleitet hat.
Ganz nebenbei verhilft uns die Synergie-Arbeit mit Kristallschädeln dazu offen für Neues zu sein, andere Menschen und ihre Fähigkeiten anzuerkennen, vorurteilsfreie gemeinsame Projekte zu fördern und bringt jede Menge Spaß und Überraschungen in unser Leben.

Nicht umsonst heißt einer der wohl weltweit bekanntesten Ancient-Kristallschädel „Synergie" und er heißt nicht nur so, sondern er und seine Hüterin Sherry Whitfield leben diese Synergie auch in vielen Projekten auf weltweiter Ebene. Lassen Sie sich von Ihrem/n Kristallschädel/n leiten und werden Sie Teil dieser Synergie. Viel Freude dabei.

92. Warum kommt es bei der Kristallschädelarbeit so oft vor, dass man die Anwesenheit von Orbs dokumentieren kann?

In den vergangenen Jahren haben wir immer wieder von „Orbs" gehört, die auf Fotografien in der Regel als kreisrunde Lichterscheinungen auftreten. Orbs sind bis heute ein Phänomen, das in grenzwissenschaftlichen Kreisen sehr kontrovers diskutiert wird, es ist noch immer nicht gelungen zu erklären, wie diese Lichterscheinungen auf Fotos gelangen und wer sich hinter ihnen verbirgt.
Von Skeptikern hat es vielfache Hypothesen gegeben, in der Richtung, dass es sich bei Orbs um Dreck oder Staub auf dem Kameraobjektiv oder um natürliche Lichtreflexionen handeln würde, die jedoch in vielen Versuchen entkräftet werden konnten.

Wir können also feststellen, dass sich zwar das Auftreten der „Orbs" bis heute jeder rationellen Erklärung entzieht, ihr Erscheinen allerdings sehr zahlreich ist.
Es fällt auf, dass sich Orbs sehr häufig, aber nicht ausschließlich auf Nachtfotografien zeigen. Hinzukommt, dass spirituelle Menschen offensichtlich häufiger Fotos mit Orbs machen, als andere Menschen, wobei man sie mit dem bloßen Auge nicht sehen kann, sondern sie sich erst auf den Fotos zeigen.
Orbs-Fotos können überall entstehen, in Wohnungen, in Kellern, in freier Natur, auf Friedhöfen, an kulturhistorisch wichtigen Orten oder einfach nur auf der Straße. Sie sind sowohl auf Fotos zu finden, auf denen sich Menschen befinden, als auch auf Fotos ohne menschliche Abbildungen.
Sie können alleine, in größeren Gruppen oder sogar als wahre Invasion vorkommen. Ich habe vor Jahren in Ägypten Fotos gemacht, auf denen wimmelt es nur so von Orbs, in dieser Vielzahl habe ich sie nie wieder auf Fotos einfangen können. Dabei spielte es keine Rolle, ob die Fotos in den Tempelanlagen oder auf dem Nil entstanden sind, es war jedoch immer mindestens ein Kristallschädel bei mir.

Die Frage „wer oder was sind Orbs?" – konnte bis heute nicht eindeutig geklärt werden, grenzwissenschaftliche Forschungsgruppen haben dazu die unterschiedlichsten Hypothesen. Es gibt Hypothesen, die davon ausgehen, dass es sich bei den Orbs um Naturgeister handelt, die zufällig auf dem Foto sichtbar gemacht wurden, andere halten Orbs für Seelen Verstorbener, die uns besuchen und somit auf den Fotos in Erscheinung treten, wieder andere Theorien gehen davon aus, dass es sichtbar gemachte

Engelenergien sein könnten und natürlich gibt es auch Gruppen, die der Meinung sind, dass es sich um außerirdische Wesen handeln könnte.
Welche dieser Theorien nun tatsächlich zutrifft oder ob sie vielmehr alle nebeneinander gültig sind, konnte bis heute nicht belegt werden.
Es gibt jedoch mittlerweile vielfältige Veröffentlichungen zu diesem Thema für alle, die näher einsteigen möchten.

Ich denke, jeder von Ihnen hat sicherlich schon seine eigenen Erfahrungen mit Orbs machen dürfen und war jedes Mal erfreut darüber, dass sie sich gezeigt haben.

Mir selbst ist aufgefallen, dass je offener der Fotograf zum Zeitpunkt der Aufnahme ist und je höher die Energien sind, desto häufiger tauchen Orbs auf. Sehr häufig sind sie an Kraftplätzen, nach Zeremonien und Ritualen, bei Feiern mit ausgelassener, liebevoller Energie und bei den sog. Kindern der neuen Zeit anzutreffen. Für mich sind Orbs Wesenheiten, die uns zeigen wollen, dass sie uns begleiten, auch wenn sie für das bloße Auge nicht erkennbar sind.

Bei meiner Arbeit mit Kristallschädeln konnte ich auf meinen Fotografien häufiger Orbs aufnehmen, als wenn ich ohne Kristallschädel unterwegs war, was nur sehr selten der Fall ist.
In Zeremonien, wie z. B. Loslassens-Zeremonien oder Feuerritualen, die ich anlässlich meiner Seminare mit den Teilnehmern gemeinsam gemacht habe, haben wir ausnahmslos festgestellt, dass auf Fotos von unterschiedlichen Teilnehmern Orbs anzutreffen waren, nicht selten auch direkt auf oder an einem der beteiligten Kristallschädel.
Da die Arbeit mit Kristallschädeln mit hohen Energien einhergeht, wird meines Erachtens nach das Phänomen der Orbs verstärkt.

Ich wünsche Ihnen viel Freude beim Aufnehmen der Orbs und würde mich freuen, wenn Sie Ihre Erfahrungen mit mir unter Kirsten@horus-mystery-school.com teilen würden.

93. Stimmt es, dass es Kristallschädel gibt, die in Deutschland geschliffen wurden?

Ja, es gibt in der Tat Kristallschädel, die in Deutschland geschliffen wurden. Diese Tatsache wurde bereits von Chris Morton und Ceri Louise Thomas in ihrem Buch „Tränen der Götter“ angesprochen. Den Autoren ist es gelungen, ein Interview mit Hans Jürgen Henn, dem Eigentümer einer bekannten Edelsteinschleiferei in Idar-Oberstein zu führen.

Idar-Oberstein liegt im Nahetal, in Rheinland-Pfalz und ist weltweit bekannt als eines der besten Edelstein-Zentren auf der ganzen Welt.
Man findet hier nicht nur zahlreiche Geschäfte, die Edelstein und Halbedelsteinschmuck verkaufen, sondern auch eine Vielzahl von Edelsteinschleifereien. Wobei man leider sagen muss, dass Idar-Oberstein in den letzten Jahren schwere Zeiten durchmachen musste.
Bereits 1497 wurde in der Region um Idar-Oberstein Achat, Jaspis und Quarz abgebaut, was wahrscheinlich zur Ansiedlung vieler Schleifereien in dem Gebiet geführt hat. Nachdem die Minen dann zu Beginn des 19. Jahrhunderts geschlossen wurden, hat man Quarze aus Brasilien importiert und verarbeitet. Die Schleifer aus Idar-Oberstein erreichten zu Blütezeiten etwa 150 Schleifereien, die weltweit bekannt für ihre handwerklich kunstvollen und sehr präzisen Arbeiten waren, sowohl im Bereich Schmucksteinverarbeitung als auch für das Schleifen von Figuren, Schüsseln, Schnupftabakdosen und vielem mehr. Auch der ein oder andere Kristallschädel hat bereits damals die Schleifereien von Idar-Oberstein verlassen.
Neben der großartigen Handwerkskunst und der sehr realistischen, akkuraten und präzisen Arbeit durch die sich die Meisterschleifer Idar-Obersteins auszeichnen, ist es das oberste Gebot, die Anonymität der Auftraggeber und Kunden zu wahren. Somit sind weltweit auch nur wenige Schädel bekannt, von denen man weiß, dass sie aus Deutschland stammen.
Wir wissen jedoch, dass 1993 in der Schleiferei von Herrn Henn ein Kristallschädel hergestellt wurde. Georg Brandt, ein weiterer Meisterschleifer, hat ebenfalls in den letzten Jahren einen wundervollen Kristallschädel hergestellt und auch der Kristallschädel, der auf der „Schädel-Kult“ Ausstellung in den Reiss-Engelhorn-Museen in Mannheim gezeigt wurde, wurde eigens für die Ausstellung in Idar-Oberstein geschaffen. Auf der Ausstellung konnte man ein eindrucksvolles Video sehen, in dem die einzelnen Phasen seines Entstehungsprozesses dokumentiert wurden.

Alle in Idar-Oberstein gefertigten Kristallschädel sind in langwieriger Handarbeit mit höchster Präzision entstanden. Ihre Dimensionen sind die gleichen die man beim menschlichen Schädel vorfindet. Dem Schliff des Kieferbereichs wird größte Aufmerksamkeit gewidmet, die Zähne sehen absolut natürlich aus und sind mit höchster Detailgenauigkeit geschliffen, wie der gesamte Schädel.

Viele Kunden weltweit lassen sich ihre Wünsche und Vorstellungen durch die Schleifer aus Idar-Oberstein umsetzen, da sie als Meister ihres Handwerks bekannt sind, und die in der Lage sind einen unglaublichen Grad an Genauigkeit bei der Reproduktion von Objekten zu erschaffen. Eine derartig hochwertige Arbeit kostet nicht nur einen immensen Zeitaufwand, sondern hat natürlich auch ihren Preis. Ein in Idar-Oberstein als Auftragsarbeit gefertigter Kristallschädel wird für viele von uns ein unbezahlbarer Traum bleiben.

Es gab und gibt viele Vermutungen, dass einige der uns als alt oder Ancient bekannten Kristallschädel den Schleifereien Idar-Obersteins entstammen könnten, da man hier bereits im 16. Jahrhundert die Edelsteinschleiferei betrieben hat. Die Antwort auf diese Frage werden wir aber vermutlich nie erhalten.

Wie auch immer, auch wenn wir nicht wissen, wo auf der Welt die Kristallschädel aus Idar-Oberstein ihren neuen Wirkungskreis finden und wer ihre Hüter sind, ist es schön zu wissen, dass sie in unserem Heimatland entstanden sind, viele von ihnen sogar schon zu einer Zeit, in der die meisten von uns noch nicht an die Arbeit mit Kristallschädeln gedacht haben und sie auch lange noch nicht so verbreitet und anerkannt waren, wie in der heutigen Zeit.

94. Was ist der Unterschied zwischen den Kristallschädeln und den weißen Büffelschädeln?

Während einer Hungersnot erschien die Weiße Büffelfrau den Lakota. Am Ende ihrer Belehrungen über die „7 heiligen Riten" teilte sie ihnen auch eine Prophezeiung mit, die bis in unsere heutige Zeit Auswirkungen hat. Sie kündigte an, dass sie lange Zeit nicht mehr erscheinen werde und forderte die Indianer auf, bis dahin die heiligen Riten intensiv zu pflegen. Laut ihrer Vorhersage werde ihre Rückkehr in eine Zeit der großen Krisen und Umbrüche fallen, kurz bevor „die große Reinigung der Erde" beginnen werde. Sie werde den Naturvölkern und der Natur selbst helfend zu Seite stehen.

Die Prophezeiung der Weißen Büffelfrau deutet darauf hin, dass man den Zeitpunkt der Rückkehr der Weißen Büffelfrau daran erkennen werde, dass plötzlich weiße Büffelkälber geboren werden.

Und tatsächlich werden seit dem Ende der 90er Jahre in den USA weiße Büffelkälber geboren, bei denen es sich nicht um Albinos handelt, sondern um genetisch reinweiße Kälber. Dieses Phänomen hat bei den Ureinwohnern Amerikas bereits zu einer spirituellen Rückbesinnung auf ihre Wurzeln geführt und auch viele weiße Bewohner Amerikas haben auf diesem Wege von der Weißen Büffelfrau erfahren, was zu einem ersten Umdenken geführt hat.

Fast zeitgleich mit diesen außergewöhnlichen Ereignissen in den USA sind am anderen Ende der Welt, in Australien, weiße, natürlich entstandene kristalline Büffelschädel gefunden worden, die ebenfalls aufs Engste mit den Prophezeiungen der Büffelfrau verbunden sind. Durch die geistige Führung der Weißen Büffelfrau sind alle diese Büffelschädel nach Europa zu dem Erdheiler und spirituellen Lehrer Wolfgang Hahl gelangt, um von ihm an spirituelle Heiler/innen und Lehrer/innen weitergegeben zu werden. Somit soll dem mütterlichen Geist der Weißen Büffelfrau auf unserem Kontinent zum Durchbruch verholfen werden, indem so vielen Menschen wie möglich die Gelegenheit gegeben wird, sich mit Hilfe der Büffelschädel direkt mit der Energie der Büffelfrau zu verbinden.

In den letzten Jahren ging es insbesondere darum, dass alle Frauen (aber auch Männer) wieder ihr weibliches Ur-Potenzial entfalten und ihre Kraft, Liebe und Weisheit zum Wohle aller Wesen einzusetzen lernen, damit wir gemeinsam in ein neues Zeitalter übergehen können, in dem die Liebe die stärkste Kraft ist und wir die Einheit von allem was ist leben können.

Hierfür ist es allerdings notwendig, dass sich immer mehr Menschen mit dieser weiblichen Urkraft innerlich verbinden, diese durch sich wirken lassen und ihrer inneren Führung vertrauen.

In Meditationen mit den kristallinen Büffelschädeln wird man nicht nur deutlich den Segen der Weißen Büffelfrau empfangen und wahrnehmen, sondern es kann auch zu spontanen Selbstheilungsprozessen sowie Weckungen der Kundalini-Energie kommen, die verschüttete Potenziale und geistige Fähigkeiten freisetzen können.

Dies geschieht, damit mehr Menschen ihr Herz in Mitgefühl für die leidende Natur öffnen und sich verstärkt für den Erhalt und Schutz aller Wesen einsetzen, denn die Weiße Büffelfrau ruft nun alle Menschen, die reinen Herzens sind, auf, an ihrem großen Plan mitzuarbeiten.

Ihr großer Plan ist, die massive Zerstörung der Natur durch den Menschen zu stoppen und daran mitzuarbeiten, das Paradies auf Erden zu erschaffen, wo alle Wesen in Harmonie miteinander leben, aufblühen und gedeihen können.

Die Weiße Büffelfrau erschien Wolfgang Hahl in Visionen, in denen sie ihm mitteilte, dass sie zur leichteren Erfüllung des großen Planes kristalline Büffelschädel in einem Zeitraum von 35.000 Jahren erschaffen habe, damit diese als kraftvolle, energetische Katalysatoren und geistige Antennen für ihr Bewusstsein wirken können.

Den Menschen wird auf diese Art und Weise die einzigartige Chance gegeben, einen direkten und konkret erfahrbaren Zugang zu ihrem Geist zu bekommen, mit ihr zu kommunizieren und ihre Liebe und ihren Segen direkt zu empfangen.

Sämtliche dieser bisher gefundenen kristallinen Büffelschädel wurden ausnahmslos in einem ausgetrockneten Salzsee gefunden, der sich kilometerlang in Australien zwischen dem Ayers Rock (Uluru) und den Olgas befindet, die für die einheimischen Ureinwohner (Aborigines) als ihre heiligsten Plätze gelten und um die sich viele alte Mythen und Legenden ranken.

Wissenschaftlich gesehen handelt es sich bei den Schädeln um Auskristallisationen von Selenit und Halit, die sich im Laufe der letzten 35.000 Jahre auf Schädelknochen ehemals dort lebender Huftiere gebildet haben. Bereits beim Eintreffen des ersten Kristallschädels meldete sich über diesen der Geist der Weißen Büffelfrau und gab W. Hahl zu verstehen, dass diese nicht nur aufs Engste mit ihrem Geist verbunden seien, sondern auch durch ihr Zutun entstanden waren, um als kraftvolle Katalysatoren und Verbindungsglieder zwischen ihr und den Menschen zukünftig zu wirken und eingesetzt zu werden.

Die ersten sechs Schädel, die zu Wolfgang Hahl fanden und bei ihm in einem Altarraum ihre Bestimmung gefunden haben, repräsentieren nicht nur die vier Himmelsrichtungen sowie Himmel und Erde, sondern bringen jeder einzelne die unterschiedlichen Kräfte und Wesensanteile dieses großen mütterlichen Geistes zum Ausdruck und sind deshalb auch vollkommen unterschiedlich in ihrem Aussehen, ihrer Kristallform sowie der energetischen Ausstrahlung (sämtliche Fotos hierzu sind im Buch „Die Rückkehr der Weißen Büffelfrau“ abgebildet.)
Im Herbst 2006 geschah eine weitere Sensation. Die Weiße Büffelfrau hat Wolfgang Hahl noch weitere schneeweiße, kristalline Büffelschädel zugesandt, mit dem Auftrag, dass diese dafür bestimmt sind, an spirituell arbeitende Heiler und Lehrer weitergegeben zu werden, die sich für die Heilung der Natur und Mutter Erde engagieren.

Als ich bei Wolfgang Hahl die wunderbare Gelegenheit hatte, in seinem einzigartigen Erdenhüter-Museum den weißen Büffelschädel zu sehen, hat sich für mich urplötzlich der Kreis geschlossen. Es war wie „ankommen nach einem langen Weg". Da war sie wieder, diese ungeheure, kraftvolle, mütterliche und gleichzeitig liebevolle und geborgene Energie und Liebe, die mich in Empfang genommen hat.
Es gibt keine Worte, um zu beschreiben, was in diesem Moment mit mir passiert ist (und das, obwohl mir eigentlich nie die Worte fehlen, wie jeder bestätigen wird, der mich kennt), und ich denke, ich muss es auch nicht beschreiben, da dieser Moment ein ganz persönlicher Moment zwischen der Büffelfrau und mir war, dessen Energie und Präsenz ich mein ganzes Leben lang fühlen werde. Die Liebe, Sicherheit, Geborgenheit, Kraft und Zuversicht des Augenblicks, als ich den weißen Büffelschädel das erste Mal sah, sind präsent und werden mich tragen, was auch immer passieren wird.

Kurz darauf habe ich den mir von der Weißen Büffelfrau zugeführten, weißen Büffelschädel von Wolfgang Hahl in einem speziellen Ritual übergeben bekommen, „Sabah" ist bis heute ein großer Bestandteil meiner Arbeit und ich durfte seither viele Menschen in die Energien der Weißen Büffelfrau einführen.

Büffelschädel sind also natürlich entstandene kristalline Schädel aus Halit oder Selenitkristallen, die sich direkt auf dem Knochen von Huftieren gebildet haben, sie stehen in direkter Verbindung mit der Energie der Weißen Büffelfrau. Kristallschädel hingegen bestehen aus in Millionen Jahren in Mutter Erde gewachsenen Kristallen und Mineralien, die die Form eines menschlichen Schädels aufweisen.

Beide dienen der persönlichen Weiterentwicklung und der Selbsterfahrung, um ein Leben in Bewusstheit und Einheit zu allem was ist führen zu können.

Ich arbeite seit Jahren sowohl mit dem weißen Büffelschädel, als auch mit meinen Kristallschädeln und bin dankbar, dass ich diese beiden wunderbaren, unterstützenden und liebevollen Energien in meiner Arbeit nutzen darf. Ich stelle immer wieder fest, dass mein Büffelschädel und meine Kristallschädel sehr eng miteinander arbeiten, z. B. in Erdheilungsmeditationen potenzieren sich ihre Energien auf wunderbare Art und Weise.

Einige meiner Kristallschädel sind sehr eng mit meinem Büffelschädel verbunden und wollen auch immer in seiner Nähe sein.

Im vergangenen Jahr wurde ich erstmals von der geistigen Welt darum gebeten Seminare mit dem Büffelschädel und den Kristallschädeln gemeinsam anzubieten, die es den Menschen ermöglichen in beide Energien gleichsam einzutauchen. Bei den Teilnehmern wurden tiefgreifende Prozesse in Gang gesetzt, die ihnen dazu verholfen haben, ihren ureigenen Weg kraftvoll und liebevoll zugleich zu gehen und ihre ihnen gegebenen Fähigkeiten zu nutzen.

Fotos meines Büffelschädels und eine Botschaft, die mir durch sie übermittelt wurde, finden Sie in meinem Buch „Kristallschädel – Anleitung zur Energiearbeit mit Kristallschädeln".
Mehr Infos auf meiner Homepage: www.white-buffalo-calf-woman.com

95. Können Kristallschädel ihr Gewicht ändern und warum ist das so?

In den letzten Jahren ist mir immer wieder aufgefallen, dass meine Kristallschädel ihr Gewicht ändern, das geht von wenigen Gramm bis hin zu ca. 500 Gramm bei den lebensgroßen Schädeln. Anfänglich war ich mir natürlich nicht wirklich sicher, ob ich mir das einbilde oder ob ich mich einfach im Ursprungsgewicht vertan hatte, deshalb habe ich dies über einen Zeitraum von einem Jahr dokumentiert. Wobei ich die Schädel nicht in regelmäßigen Zeitabständen gewogen habe, sondern immer dann, wenn ich den Eindruck hatte ihr Gewicht habe sich verändert.
Und tatsächlich konnte ich feststellen, dass sich ihr Gewicht mal erhöht, aber auch mal abgenommen hatte.
Hin und wieder kamen auch Klienten zu mir, die dieselbe Feststellung bei ihren Schädeln gemacht zu haben glaubten, und fragten mich, ob dies denn tatsächlich möglich sei.
Nach wissenschaftlichen Angaben ist dies nicht möglich und es gibt auch keine wissenschaftlichen Erklärungen hierfür, aber Tatsache ist, dass Kristallschädelhüter dieses Phänomen beobachtet und dokumentiert haben.

Ich habe mit Andrea Hartmann, der Hüterin von Sir Henry, darüber gesprochen. Andrea hat mir bestätigt, dass sie ebenfalls bei Sir Henry und auch bei ihren anderen Kristallschädeln diese Beobachtung gemacht hat. Sir Henry ist mit 2,5 kg zu Andrea gekommen, heute hat er ein Gewicht das zwischen 1,9 kg und 2,2 kg pendelt.

Sir Henry verliert beispielsweise dann an Gewicht, wenn er über längere Zeit die Energien alleine hält, gehen dann seine Kinder energetisiert in die Welt hinaus zu ihren neuen Hütern, kann Andrea feststellen, dass er wieder an Gewicht zulegt und dies dann auch über einen längeren Zeitraum hält.
Bei anderen Schädeln, die Andrea an neue Hüter weitergegeben hat, machte sie die Entdeckung, dass die Schädel solange sie noch keinen Hüter gefunden hatten und ihr Lichtwesen noch nicht vollständig erwacht und aktiviert war, ihr Gewicht deutlich leichter war, als nach ihrer Ankunft bei ihren neuen Hütern.
Laut Andrea haben einige sogar auf der Reise bis zu 100 Gramm verloren.

Auch ich habe Fälle erlebt, in denen die Schädel bei ihrer Abreise bei mir schwerer waren, als bei der Ankunft bei ihrem neuen Hüter. Nach ein paar Tagen mit dem neuen Hüter hatten sie dann sogar wieder mehr an Gewicht, als vor ihrer Abreise.

Bei Kasper ist sehr häufig zu bemerken, dass zum Beispiel nach Sitzungen, in denen er sehr stark energetisch arbeitet, man zum Teil sogar sieht, dass er ganz feucht wird, deutlich leichter vom Gewicht her wird. Der Gewichtsunterschied kann dann innerhalb weniger Stunden bis zu 500 Gramm betragen.

Wie schon erwähnt, es gibt es keine wissenschaftliche Erklärung für das Phänomen. Ich gehe davon aus, dass es etwas mit den energetischen Verhältnissen zu tun hat, denen der Schädel gerade ausgesetzt ist, sowohl im Hinblick auf die energetische Arbeit, die der Schädel selbst gerade leistet, als auch im Hinblick auf die energetische Situation im Außen.
Als Energiearbeiter stellen wir ja selbst auch hin und wieder fest, dass es Situationen gibt, in denen es uns schwerer fällt die Energien zu halten. Diese Situationen kosten uns dann relativ viel Energie, sowohl mental als auch auf körperlicher Ebene.
Interessant ist es auch, dass an Seminarwochenenden, an denen sehr hoch energetisch gearbeitet wird, man manchmal ohne Ende Süssigkeiten zu sich nimmt und am Ende des Wochenendes doch abgenommen hat.
Ähnlich verhält es sich, meiner Meinung nach, auch mit dem Gewicht unserer Kristallschädel, welches sich je nach energetischer Situation und Energieeinsatz deutlich verändern kann.

Dieses Phänomen hat in meiner Kristallschädelfamilie übrigens nichts damit zu tun aus welchem Mineral die Schädel gefertigt sind, es tritt bei

allen Schädeln auf. Wobei mir auffällt, dass die Kristallschädel aus der Quarzfamilie mehr dazu neigen, als die anderen.
In diesem Zusammenhang fällt mir eine weitere Beobachtung auf, die ich so auch nur bei Kristallschädeln machen konnte und die mir viele meiner Klienten bestätigen werden. Setzt man Kristallschädel in Sitzungen am Klienten ein, scheinen sie in der Lage zu sein ihr wahres Gewicht für die betreffende Person zum Teil völlig unwahrnehmbar zu machen. Mir ist es schon passiert, dass ein 3 Kilo schwerer Schädel mir eindeutig die Anweisung gegeben hat, ihn bei einem Klienten direkt auf das Herzchakra oder den Solarplexus zu stellen. Meine erste Reaktion vom Kopf her war immer, das kann nicht gehen, er/sie ist viel zu schwer. Nachdem ich den Versuch dann trotz der rationellen Bedenken unternommen habe, konnte ich feststellen, dass der Schädel selbst über einen längeren Zeitraum auf dem betreffenden Chakra gestanden hat, ohne dass sich der Klient wegen des Gewichts beschwert hätte. Im Gegenteil, auf meine Frage nach der Sitzung betreffend des Gewichts, haben mir viele Menschen mitgeteilt, dass sie den Schädel als eher leicht und klein empfunden haben und von dem tatsächlichen Gewicht nichts gemerkt haben.

Etwas Ähnliches ist mir in all den Jahren, in denen ich mit Heilsteinen gearbeitet habe, nie passiert. Beim Einsatz von schwereren Heilsteinen haben sich die Klienten immer hinsichtlich des schweren Gewichts geäußert und dies auch nicht selten als unangenehm empfunden.

Wir sehen mal wieder, unsere Kristallschädel tragen noch jede Menge ungeklärte und unerklärliche Mysterien in sich, die es für uns zu entdecken gilt. Ich würde mich freuen von Ihnen über Ihre Erfahrungen in diesen Bereichen zu hören oder zu lesen. Lieben Dank schon an dieser Stelle.

96. Woher weiß ich, dass die Botschaft, die ich von meinem Kristallschädel erhalten habe, auch richtig ist?

Auf die Frage nach der Richtigkeit der übermittelten Botschaft habe ich einiges davon schon in Frage 67 beantwortet, aber ich werde nochmals näher darauf eingehen. Diese Ungewissheit scheint viele Kristallschädelhüter zu beschäftigen und ich werde häufig um Aufklärung gebeten. Andrea Hartmann, die ich auf das Thema angesprochen habe, hat mir bestätigt, dass auch sie die gleiche Erfahrung gemacht hat.
Grundsätzlich möchte ich dazu anmerken, dass die Tatsache, dass man nach der Richtigkeit der erhaltenen Botschaft fragt, darauf hinweist, dass

man entweder nicht im Vertrauen *ist,* oder dass man sich bereits unsicher über die durchgegebenen Botschaften ist und deshalb eine Bestätigung von einer anderen Person haben möchte.

Wie kommt das?

Mir fällt immer wieder auf, dass gerade Menschen, die gerne Botschaften erhalten möchten ein immenses Erwartungspotential in dieses Thema legen und fast schon einen Ehrgeiz diesbezüglich entwickeln. Unsere Erwartungshaltungen und unser Ehrgeiz entspringen allerdings ausschließlich unserem Ego. Nicht selten tun das die so erhaltenen Botschaften dann natürlich auch.

Egomotivierte Botschaften sind oftmals nichts anderes als mehr oder weniger schlechte Kopien von Botschaften, die man bei anderen Channeln gelesen hat, das geht zum Teil soweit, dass diese Leute sogar den Wortlaut und den Satzbau der kopierten Botschaft imitieren.

Botschaften, die mit Angst arbeiten, uns oder andere unter Druck setzen oder auch schulmeisterhaft daherkommen, uns verunsichern oder uns genau sagen wollen, was wir zu tun haben, sind ebenfalls niemals Botschaften aus der göttlichen Quelle oder dem Kristallschädelbewusstsein, sondern entspringen unserem Ego oder kommen von anderen niederen Energien.

In diesem Zusammenhang sind auch die Botschaften anzuführen, die jemand glaubt für einen anderen, der ihn nicht einmal darum gebeten hat, zu empfangen. Natürlich kann jeder von uns Botschaften für andere empfangen, dafür ist es allerdings in der Regel notwendig, dass die Person, die die Botschaft haben möchte uns bzw. unsere Schädel darum bittet.

Menschen, die glauben ständig andere mit den von ihnen angeblich erhaltenen Botschaften nerven zu müssen, handeln egomotiviert bis hin zu manipulativ.

Übersteigertes Sendungsbewusstsein und ständiges Missionieren sind Projektionen unseres Egos, sonst nichts.

Warum sollte eine Botschaft, die für mich gedacht ist, bei jemand anderem durchkommen, wenn ich ihn nicht mal darum gebeten habe für mich eine Botschaft zu empfangen? Und lassen Sie sich hier nicht verunsichern, auch wenn Sie selbst eine an Sie durchgegebene Botschaft nicht empfangen oder überhört haben, dann wird sie Ihnen solange gesendet werden bis sie bei Ihnen ankommt, nicht aber an jemanden anderen.

Generell kann ich allen Kristallschädelhütern nur empfehlen, die gerne Botschaften empfangen möchten, sich nicht unter Druck zu setzen, um

dies zu tun, sondern stattdessen vielmehr offen zu sein und zu hören, was tatsächlich durchkommt. Man muss sich nicht extra hinsetzen, um bewusst eine Botschaft zu bekommen, Botschaften kommen durch, wann immer sie durchkommen sollen. Eine beim Staubsaugen erhaltene Botschaft mit der man nicht gerechnet hat, ist eine echte Botschaft, während die geplant erhaltene Botschaft, für die ich mich zum Channeln extra hingesetzt habe, es in einigen Fällen nicht sein wird.
Ich muss immer schmunzeln, wenn mir Leute sagen „heute Abend werde ich mal channeln". Botschaften kommen dann durch, wenn ihr Zeitpunkt gekommen ist und nicht, wenn wir wollen, dass wir sie erhalten.
Ich kann aus langjähriger Erfahrung mit Kasper nur sagen, dass die Botschaften dann kommen, wenn ich am wenigsten damit gerechnet habe bzw. nicht selten auch, wenn ich sie eigentlich gar nicht gebrauchen kann, weil ich gerade auf der Autobahn unterwegs oder in der Badewanne bin.

Machen Sie also nicht den Fehler Botschaften erzwingen zu wollen und verpassen dabei die Gelegenheit wirkliche Botschaften zu hören.

Es gibt zwei Grundvoraussetzungen, die für das Empfangen von echten Botschaften essentiell wichtig sind: zum einen müssen wir zum Zeitpunkt des Empfangens von Botschaften einen freien Kanal haben, dass heißt unser ständiger Gedankenfluss muss zum Erliegen gekommen sein und zum anderen ist es von größter Notwendigkeit ausreichend geerdet zu sein, denn ohne Erdung geht gar nichts.

In diesem Sinne wünsche ich Ihnen viele spannende, liebevolle, ermutigende, unterstützende und wunderbare Botschaften, die Sie auf Ihrem Weg voranbringen werden.

Ganz lieben Dank an Andrea Hartmann und ihren Kristallschädel Sir Henry, die für uns am 12.12.12 die folgende Botschaft gechannelt haben.

Ihr Lieben,

nun ist die Zeit gekommen, dass die unsichtbaren Energien nicht nur um Euch schwingen, sondern mit Euch. Die Lichtkörper werden nun in einer Schnelligkeit erhöht werden, so dass Ihr Meister und Schöpfer Eurer selbst werdet und in der nun kommenden Zeit, sag ich Euch, seid wachsam auf Eure Gedanken, denn schneller als jetzt werden sie sich nicht realisieren und die Schöpfung die unsichtbaren Energien erfüllen jeden wirklich jeden Gedanken. Lasst die unsichtbaren Energien für Euch arbeiten und Ihr mit ihnen, die momentanen Lichtwesen sind bereit, wenn Ihr Euch öffnet sich zu offenbaren, so dass jeder sein eigenes Wesen hat mit dem er alles erlernen kann und auch erarbeiten. Ihr werdet sehen was nun geschehen wird. Ich, Henry und meine Schädel Brüder und Schwestern sind bereit Euch zu empfangen und Ihr uns, so wird jedes Menschenkind sein eigenes haben und mit dem Licht arbeiten können, denn nur durch das Licht und Liebe seid Ihr in der Lage endlich zu erschaffen und neue Schöpfergötter zu werden. Ich, Henry, freue mich jeden einzelnen mit seinem Wesen zu verbinden und in loveeeeeeeee für die nun kommende Zeit zu bringen. Dein Mitgefühl hinein, dieses ist die erste Stufe für das neue Bewusstsein und dann geschieht es von selbst, dass Liebe fließt und nun sei Meister Deiner selbst und gehe voran gemeinsam mit uns Licht und Kristallwesen

loveeeee
Euer Sir Henry

97. Welche Aufgaben hat mein Kristallschädel?

Die Antwort auf diese häufig gestellte Frage muss uns als Kristallschädelhüter gar nicht interessieren, schon gar nicht in dem Moment, in dem wir einen neuen Schädel bei uns aufnehmen.
„Wie darf man das denn jetzt verstehen?" werden Sie jetzt fragen.
Ganz einfach, wir haben erfahren, dass ein Kristallschädel, den wir in unsere Leben einladen, mit uns in Resonanz gehen und eine energetische Verbindung zu uns aufbauen sollte. Der Kristallschädel kennt unser energetisches Muster und weiß welches Thema bzw. welche Themen bei uns zunächst bearbeitet werden wollen. In der Regel laufen mehrere Themen parallel nebeneinander ab, die zum Teil ineinander spielen und sich gegenseitig bedingen, d. h. die Aufgaben, die unser Kristallschädel bei uns bearbeiten wird, sind miteinander verzahnt und laufen auf mehreren Ebenen gleichzeitig ab.
Wenn die ersten Themen, die wir gemeinsam mit unserem Schädel bearbeiten durften, aufgearbeitet sind, heißt das aber nicht, dass unser Schädel keine weiteren Aufgaben bei uns übernehmen wird, sondern vielmehr, dass wir uns nun mit dem nächsten Bereich, der ansteht beschäftigen werden, so entsteht ein immerwährender gemeinsamer Entwicklungsprozess.

Menschen, die genau wissen wollen, welche Aufgabe ihr Schädel bei ihnen hat, sind zum einen sehr unsicher und brauchen eine Sicherheit aus

dem Außen, die ihnen die Benennung einer fiktiven Aufgabe liefern würde. Dazu kommt, dass viele Menschen dazu tendieren ihre Schädel wegen einer bestimmten Aufgabe, die sie gerne bearbeiten wollen, zu kaufen.
Hierin verbirgt sich eine große Egofalle, da wir dann dazu tendieren Schädel zu kaufen, die unsere Wunschaufgabe erfüllen.
Keiner von uns kennt alle seine Themen, die zum augenblicklichen Zeitpunkt bearbeitet werden wollen. Dazu kommt, dass wir als Menschen gelernt haben logisch zu denken, unser Entwicklungsprozess folgt aber keinen Gesetzen, die wir mit unserer Logik erklären könnten.
Ich möchte das mal an einem Beispiel verdeutlichen: Herr Mustermann ist der Meinung, dass bei ihm als nächstes seine Finanzlinie bearbeitet werden muss und sucht deshalb verständlicherweise nach einem Schädel, der die Aufgabe hat finanzielle Themen zu bearbeiten, um so wieder Wohlstand in sein Leben zu bringen und im Fluss des Universums zu leben.
Herr Mustermann geht hierbei allerdings davon aus, dass sein Problem bzw. seine Blockaden in der finanziellen Thematik liegen, in Wirklichkeit liegt bei Herrn Mustermann allerdings ein Problem bezüglich seiner Selbstliebe und seines Selbstwertes vor, was natürlich auch seine finanzielle Situation zur Stagnation gebracht hat.
Kauft Herr Mustermann nun einen Schädel, der für finanzielle Themen gedacht ist und gibt zusätzlich noch seine volle Intention in dieses Thema, dann wird sich seine Situation nicht lösen lassen, sondern weiterhin stagnieren.
Hätte Herr Mustermann aber einen Kristallschädel gekauft, über dessen Aufgaben ihm nichts bekannt ist, der aber mit ihm in Resonanz geht und ihn tief berührt, dann hätte er mit Hilfe seines Schädels seinen nächsten Entwicklungsschritt erreicht und auch seine Finanzlinie wäre geklärt worden.

Kristallschädel haben ungeahnte und vor allem unendliche Potentiale, die sie für uns mitbringen. Warum sollten wir diese dadurch reduzieren und beschneiden, indem wir sie mit bestimmten Aufgaben belegen wollen. Kristallschädel sind so vielfältig und vielschichtig wie ihre Hüter. Erlauben wir es uns, uns dazu zu ermächtigen unsere unendlichen Potentiale in ihrer Fülle zu leben und diese Chance in Dankbarkeit und Liebe anzunehmen.

98. Seit wann gibt es Aufzeichnungen zum Thema Kristallschädel und welche sind die wichtigsten Eckdaten?

Uns liegen ungefähr seit dem 18. Jahrhundert genaue Aufzeichnungen zur Geschichte der Kristallschädel vor, die uns Informationen zu Kristallschädelfunden auf der ganzen Welt geben. Die Geschichte der Kristallschädel ist dem e-Book von Joshua und Desy Shapiro entnommen (mehr Info dazu finden Sie auf der Seite www.crystalskullexplorers.com), sowie dem Buch „Tränen der Götter“ von Chris Morton und L. C. Thomas.

Ich bin mir sicher, dass es, abgesehen von den bekannten Eckdaten und Funden, weitere Aktivitäten in dem Bereich Kristallschädel gegeben hat, die bislang nicht dokumentiert wurden, sei es um deren Funde bewusst nicht öffentlich preisgeben zu wollen oder um damit weiterhin im Verborgenen arbeiten zu können.

Wir wissen außerdem, dass es weltweit sowohl Ancient als auch alte Kristallschädel in Privatsammlungen gibt, von deren Existenz der Öffentlichkeit bis heute nichts berichtet wurde. Ob sie sich eines Tages der Öffentlichkeit enthüllen werden bleibt ungewiss.

Kommen wir nun zu einigen wichtigen geschichtlichen Eckdaten der Kristallschädelgeschichte der letzten 300 Jahre.

Im frühen 18. Jahrhundert wurde in Russland, nahe Luv, ein großer Rosenquarzkristallschädel von einem Mönch in einem Erdhügel gefunden. Man geht davon aus, dass sowohl der Schädel, als auch die mit ihm zusammen gefundenen Artefakte aus Russland stammen und ca. 1000 Jahre alt sind.

Der Schädel befindet sich heute im Besitz von Joky van Dieten und trägt den Namen „Luv“.

Seit ca. 1840 befindet sich ein kleiner klarer Bergkristallschädel mit einem Kreuz aus Gold und Bergkristall, das auf der Oberseite des Schädels in eine runde Öffnung eingefügt ist, im Besitz der Familie Redo in Mexiko. Auf dem Kreuz befindet sich eine Gravur mit der Jahreszahl 1571. Wie genau der Schädel in den Familienbesitz gelangt ist, ist unklar.

1878 schenkt Alphonse Pinart dem Musée de l`Homme in Paris einen klaren Bergkristallschädel, den er von Eugène Boban erhalten haben will. Boban befand sich zu dieser Zeit in Mexiko, wo er in der wissenschaftlichen Kommission Frankreichs arbeitete. Es wird angenommen, dass er in dieser Zeit Zugang zu Kristallschädeln hatte, die in diversen Ruinen gefunden wurden, sowie Kontakte zu örtlichen Kristallschleifern hatte.

In 1881 listet Boban in seinem Verkaufskatalog einen lebensgroßen Kristallschädel aus Bergkristall auf. Es wird vermutet, dass es sich hierbei um den Schädel handelt, der sich heute im Britischen Museum befindet.

Im Jahre 1886 wird in der New Yorker Zeitung über Mr. Ellis berichtet, der einen lebensgroßen Kristallschädel von Boban gekauft haben soll.

1897/98 verkauft Tiffany & Co in New York einen ebenfalls lebensgroßen Bergkristallschädel für umgerechnet 200 Britische Pfund an das Britische Museum in London. Im Januar 1898 wurde er erstmals öffentlich präsentiert und man kann ihn dort bis heute in der ständigen Ausstellung bewundern.

Im Jahre 1906 findet eine Maya-Familie in Guatemala auf ihrem Grundstück einen lebensgroßen Rauchquarzschädel, er findet seinen Weg in die Privatsammlung von Joky van Dieten und wird unter dem Namen „ET" weltweit bekannt.

Im Januar des Jahres 1924 wird in den Ruinen der Maya-Stadt Lubaantun, im heutigen Belize, von der Adoptivtochter des Archäologen F. A. Mitchell-Hedges an ihrem 17. Geburtstag ein lebensgroßer Bergkristallschädel mit abnehmbarem Unterkiefer gefunden.

Man sagt, dass die Mayas in dem Gebiet den Schädel als eines ihrer heiligen Objekte aus der Vorzeit wiedererkannten und ihn sehr verehrten und verbunden waren. Mitchell-Hedges soll ihnen ihren heiligen Ritualgegenstand wiedergegeben haben, den er seinerseits bei seiner Abreise von den Maya zurückbekam, als Anerkennung für alles, was er für die Maya getan hat.

Der Schädel ging bei seinem Tod an seine Adoptivtochter Anna über, die ihn als seine Hüterin der Öffentlichkeit zugänglich machte und viel mit ihm auf Reisen war. Anna Mitchell-Hedges und ihrem Schädel ist es zu verdanken, dass Kristallschädel heute eine so große Beachtung in der Öffentlichkeit haben und so viele Menschen den Zugang zu ihnen gefunden haben.

Seit ihrem Tod im Jahre 2007 ist ihr Partner Bill Homann der Hüter des Schädels und führt ihre Tradition fort.

Ein weiterer 8,1 kg schwerer Kristallschädel bei dem sich die Experten einig sind, dass es sich bei ihm um einen Ancient Skull handelt, ist „Max" oder auch der „Texas Crystal Skull" genannt. Seine derzeitige Hüterin, die keine Mühen scheut Max der Öffentlichkeit zugänglich zu machen und ihre eigenen Erfahrungen zu teilen, ist JoAnn Parks. Man sagt, dass Max zwischen 1924 und 1926 in einem Maya-Grab in Guatemala gefunden wurde. JoAnn hat Max 1980 von dem tibetischen Lama Norbu Chen erhalten, der ihn wiederum in den frühen 70ern von einem Maya-Schamanen in Mexiko erhalten haben soll und ihn in Heilritualen und Zeremonien eingesetzt hat.

José Iniquez findet im Jahre 1942 bei einem Klassenausflug in einer Maya-Ruine zwei Kristallschädel, sein Lehrer erlaubt es ihm einen davon für sich zu behalten.

1944 erscheint in dem Magazin „The Shadow" der Artikel „Das Geheimnis des Kristallschädels", das Titelbild ziert ein Kristallschädel.

In den USA gründet Nick Nocerino 1944/45 eine internationale Gruppe „Crystal Skull Society International" zur Erforschung der Kristallschädel. 1980 hält er seinen ersten öffentlichen Vortrag zum Thema Kristallschädel.

1970 werden bei Hewlett Packard in Kalifornien zahlreiche Untersuchungen am Mitchell-Hedges-Kristallschädel durchgeführt.

1973 wird das Buch „Der Kristallschädel" von Richard Garvin veröffentlicht, das sich mit den Untersuchungen von Frank Dorland am Mitchell-Hedges-Schädel beschäftigt und großes öffentliches Interesse für die Kristallschädel hervorruft.

Um 1985 entstehen die ersten modernen Kristallschädel in Schleifereien in Brasilien und werden der breiten Öffentlichkeit zugänglich gemacht.

Ebenfalls um diese Zeit gelangt „Synergy", ein Ancient Kristallschädel, dessen Herkunft unbekannt ist, als Geschenk von einem eingeborenen Stammesältesten in den Besitz eines europäischen Geschäftsmannes namens George. Ihm wurde gesagt, dass der Schädel in der Obhut einer vielgeliebten katholischen Nonne in Peru gewesen sei. Sie war ziemlich alt, als sie im Jahr 1720 starb und sie gab den Schädel, den sie „das Erbe einer verlorenen Zivilisation" nannte, an einen jungen Eingeborenen und seinen Vater weiter. Sie bat sie, ihn zu hüten bis die „richtige" Person käme, um ihn an sich zu nehmen und seine Botschaft mit der Welt zu teilen. Ein Nachfahre dieses Jungen gab ihn fast drei Jahrhunderte später an George weiter.

Im Jahr 2001, während einer Geschäftsreise in den USA, gab George den Schädel plötzlich an eine amerikanische Frau, Sherry Whitfield, weiter, die er kaum kannte, mit dem Hinweis, dass er selbst zu kopflastig sei, um dem Schädel gerecht zu werden. Sherry Whitfield ist seit dieser Zeit weltweit mit „Synergy“ unterwegs, um ihn den Menschen zugänglich zu machen.

1989 erscheint das Buch „Mysteries of the Crystall Skulls Revealed“ von Nick Nocerino, Sandra Bowen und Joshua Shapiro.

1995 bei der Ausgrabung einer Maya-Stätte in Mexiko verbindet sich Nick Nocerino mental mit einem Kristallschädel, der ihn bittet „Sha-Na-Ra“ genannt zu werden, und tatsächlich findet er den Schädel, der heute von seiner Tochter gehütet wird.

Ebenfalls in 1995 erhält das Smithsonian Institut in Washington D.C. einen großen, innen hohlen Kristallschädel von einem anonymen Spender per Post zugeschickt.

Das Britische Museum in London führte im Jahre 1996 Untersuchungen an mehreren Schädeln durch, um deren genaues Alter zu bestimmen. Begleitet wurden diese Untersuchungen von der BBC. (Mehr zu Untersuchungen und Ergebnissen in „Tränen der Götter“ von Morton und Thomas, das 1997 erschienen ist.)

Zur gleichen Zeit erwacht weltweit ein immer reger werdendes Interesse an den Kristallschädeln und der Arbeit mit ihnen, was sich erfreulicherweise bis heute fortgesetzt hat. Ich gehe davon aus, dass auch in den nächsten Jahren weitere interessante Details zu den Kristallschädeln und ihrer wahren Herkunft zutage treten werden, wir dürfen sicherlich gespannt sein.

99. Kann man Kristallschädel auch verschenken?

Diese Frage wird gerade um die Weihnachtszeit oft an mich gestellt.
Grundsätzlich kann man die Frage mit „Ja“ beantworten. Wichtig hierbei ist, dass man Kristallschädel nur an Menschen verschenkt, die sich auch von Kristallschädeln angesprochen fühlen und gerne Hüter eines eigenen Kristallschädels sein möchten. Der Idealfall wäre es, dass man weiß, dass sich zum Beispiel die Freundin von einem bestimmten Schädel sehr angezogen fühlt und mit ihm in Resonanz geht, vielleicht haben Sie den Schädel gemeinsam gesehen oder Ihre Freundin hat Ihnen von diesem speziellen Schädel erzählt. In diesem Fall wird dem Schädel durch den Akt des Schenkens und die mit ihm verbundene Liebe und Dankbarkeit eine weitere wunderbare energetische Komponente hinzugefügt.

Hat der zu Beschenkende nie sein besonderes Interesse an einem speziellen Schädel geäußert, Sie möchten aber trotzdem einen Schädel für sie oder ihn aussuchen und verschenken, dann achten Sie unbedingt darauf, dass Sie keinen Schädel verschenken von dem Sie glauben, dass er gut zu der betreffenden Person passen würde, nach dem Motto „mein Mann sollte sich mal ein bisschen ändern, also schenke ich ihm einen Amethystkristallschädel".
Machen Sie sich gedanklich von jeder Intention frei. Der Kristallschädel sollte mit dem Beschenkten in Resonanz gehen und für sie oder ihn heilsam und stimmig sein, nicht mehr und nicht weniger.
Sind Sie sich bei der Auswahl nicht sicher, lassen Sie sich von dem Verkäufer helfen, er sollte im Zweifelsfall in der Lage sein, den Schädel energetisch für seinen neuen Hüter auszutesten.

Kinder und Jugendliche wünschen sich sehr häufig einen kleinen Pocket-Kristallschädel als ständigen Begleiter, gehen Sie auch hier so vor, dass Sie den Schädel nicht nach eigenem Geschmack und Vorlieben aussuchen, sondern nach dem jeweiligen Resonanzmuster mit seinem neuen Hüter.
Eine sowohl einfache als auch effiziente Methode des Austestens ist es, hintereinander die infrage kommenden Schädel in die Hand zu nehmen, dabei ganz intensiv an die zu beschenkende Person zu denken und zu schauen welcher Schädel dabei am intensivsten reagiert. Das kann sich darin äußern, dass der entsprechende Schädel anfängt warm zu werden, zu vibrieren, zu schwitzen, zu kribbeln oder Ihnen ein direktes Bild von seinem neuen Hüter zuspielt.
Lassen Sie sich Zeit, wählen Sie den Schädel in Ruhe aus, Sie werden den richtigen Schädel finden und der Beschenkte wird Ihnen ewig dankbar für dieses großartige, lebensbereichernde Geschenk sein.

Bei dem ein oder anderen Kristallschädelhüter in spe klappt natürlich auch der kleine Trick, ihm oder ihr einige Fotos von den infrage kommenden Schädeln zu zeigen, mit dem Hinweis man trage sich mit der Absicht einen dieser Schädel zu kaufen, welcher ihr oder ihm denn am besten gefallen würde. Jeder Kristallschädelfreund wird Ihnen gerne bei der Auswahl behilflich sein und wuups haben Sie Ihre Antwort.

Ich persönlich finde es sehr wichtig, wenn man einen Kristallschädel verschenkt, dem Beschenkten immer die Möglichkeit zu geben den Schädel abzulehnen oder ihn umzutauschen, für den Fall, dass er ihr oder ihm, aus welchen Gründen auch immer, nicht gefällt.

Wir haben vor allem den Kristallschädeln gegenüber eine Verantwortung und wollen ja nicht riskieren, dass ein Kristallschädel bei jemandem ein trauriges Dasein fristen muss, weil dieser ihn aus irgendwelchen Gründen nicht mag, für die der Schädel nichts kann.

Und sollte der Beschenkte wirklich den von Ihnen liebevoll ausgesuchten Schädel ablehnen, nehmen Sie es bitte nicht persönlich oder sind gekränkt. Sie haben durch den Wunsch einen Kristallschädel zu schenken Ihre Liebe und Verbundenheit gezeigt, sollte der andere damit nicht umgehen können ist das sein Thema, nicht Ihres.

Schlusswort

Ich bedanke mich ganz herzlich bei allen Lesern dafür, dass sie mich auf dieser spannenden Reise durch die Welt der Kristallschädel begleitet haben.

All denjenigen unter Ihnen, deren Herz bereits für die Kristallschädel entflammt ist, wünsche ich auf ihrem gemeinsamen Weg mit den Kristallschädeln allzeit Inspiration und Bereicherung durch ihre Kristallschädelfreunde, mögen Sie den Klang Ihrer Seele hören und dem Weg Ihres Herzens und der bedingungslosen, unendlichen Liebe folgen, damit Frieden, Harmonie und Liebe in Ihr Leben und damit verbunden auf dem gesamten Planeten Erde einkehren kann.

Denjenigen unter Ihnen, die in Zukunft einen Kristallschädel in ihr Leben einladen werden, kann ich versprechen, dass sich Ihr Leben grundlegend ändern wird, Sie werden die Überraschungen lieben, die Ihr neuer Freund für Sie bereithält, Lebensfreude und Synergie werden einkehren.

Allen anderen wünsche ich auf ihrem Weg ebenfalls viel Licht und Liebe.

Ich wünsche uns allen, dass das nun angebrochene, lang erwartete neue Zeitalter mit seinen einmaligen Energien unser aller Erwartungen übertrifft, auf dass sich viele unserer Wünsche, Träume und Visionen in die Tat umsetzen lassen und das Leben auf dieser wundervollen Erde wieder geehrt wird, von Gemeinsamkeit und Verständnis gekennzeichnet sein wird, damit sich jeder einzelne seinem Schöpfungsplan gemäß entwickeln kann und seine Fähigkeiten zum Wohle aller einsetzen wird.
Wir sind Verbindungsglieder zwischen Himmel und Erde, lasst uns unseren Platz im Universum erkennen und unsere grenzenlosen Potentiale in Freiheit leben.

Herzengrüße, Licht und Liebe

Kirsten und Kasper

Danksagung

An dieser Stelle möchte ich die Gelegenheit nutzen, mich bei allen aus tiefstem Herzen zu bedanken, die an der Entstehung dieses Buches direkt oder indirekt beteiligt waren und mich tatkräftig unterstützt haben. Die Namen folgen keiner bestimmten Reihenfolge, da Ihr mich alle auf Eure wundervolle Art unterstützt habt.

Beginnen möchte ich mit „Kasper", meinem Hauptschädel, meiner großen Liebe, meinem Begleiter in allen Lebenslagen, meinem Berater, meinem Unterstützer und so manchmal auch meinem Antreiber, der mich immer wieder mit neuen Aufgaben überrascht, meist dann, wenn ich am wenigsten damit rechne. „Ich danke Dir von Herzen mein Süßer, ohne Dich würde es dieses Buch definitiv nicht geben, mit dem Du mich zugegebenermaßen schon ziemlich überrascht hast. Eigentlich wollte ich gemütlich an die Weihnachtsvorbereitungen gehen, als Du mit Deinem Wunsch kamst dieses Buch zu schreiben und mir dann keine Ruhe mehr gelassen hast. Das traut sich bei mir kein anderer und dafür liebe ich Dich, aber nicht nur dafür."

Ein riesiges DANKE geht an meine gesamte Kristallschädelfamilie „Ihr seid einfach alle super, ich danke Euch für Eure Unterstützung auf allen Ebenen. Ein Leben ohne Euch könnte ich mir nicht mehr vorstellen".

Meiner geistigen Führung, vor allem Horus, danke ich für die Geduld, die sie mit mir haben, um mich immer wieder erkennen zu lassen, wo der Weg meiner Seele liegt, für ihren Schutz und für ihr Vertrauen in mich und meine Fähigkeiten. Ganz besonders danke ich Horus, dass er immer an meiner Seite steht, mir Liebe und Unterstützung gibt und mich wissen lässt, wo mein wahres zu Hause ist und was dies für meinen Weg bedeutet. „Ich danke Euch dafür, dass ich diesen Weg in Liebe, Erfüllung und Vertrauen gehen darf und mir diese wundervolle Arbeit zugedacht worden ist, die ich über alles liebe."

Kommen wir nun zu den physischen Personen. Hier möchte ich mich ganz besonders bei meiner lieben Verlegerin Johanna Bohmeier für ihr immer offenes Ohr und ihre Aufgeschlossenheit dem Thema Kristallschädel gegenüber bedanken. „Es ist eine riesige Freude mit Dir arbeiten zu dürfen, so macht Teamwork wirklich Freude, dafür danke ich Dir aus tiefstem Herzen."

Ein großes Dankeschön geht natürlich auch an das gesamte Team des Bohmeier Verlags. „Ich bin immer wieder begeistert über das Ergebnis der gemeinsam umgesetzten Buchprojekte. Die Bücher haben nicht nur ein fantastisches Cover, sondern eine super schöne Energie und dafür danke ich allen Beteiligten von Herzen."

Von Herzen danken möchte ich meiner lieben Freundin und Herzensschwester Barbara Hofstetter. „Deine Liebe und tiefe Verbundenheit begleiten mich durch alle Lebenslagen, Du bist immer mit Rat und Tat für mich da und unterstützt mich wo immer es möglich ist, dafür danke ich Dir von ganzem Herzen."

Ich danke meiner lieben Freundin, Annett Ausic, und ihrer lieben Tochter Lisa, von Herzen für ihre Liebe und Freundschaft. „Ihr habt mir immer gezeigt wie wichtig wahre Freundschaft ist. Ich bin sehr dankbar, dass es Euch für mich gibt."

Ich bedanke mich von Herzen bei Andrea Hartmann und Sir Henry für ihre Freundschaft und ihre Unterstützung. „Du warst immer da, wenn ich Dich gebraucht habe und ich konnte Dir jede noch so unmögliche Frage stellen, dafür gilt Dir mein großer Dank. Toll, dass es Dich und Sir Henry in unserem Leben gibt."

Mein Herzensdank geht ebenfalls an meine Seelenschwester und liebe Freundin Stefanie Schweda. „Du hast mich nicht nur mit Deinen Fragen inspiriert, sondern immer Freude und Liebe in mein Leben gebracht. Ich bin dankbar, dass wir uns wiedergefunden haben. Danke Dir von Herzen für Dein So-Sein."

Mein ganz besonderer Dank und all meine Liebe geht an meinen geliebten Sohn, Luca Elias Juan Olsson, dass er in der Entstehungsphase dieses neuen Buches mal wieder auf mich und meine Aufmerksamkeit verzichtet hat und sogar noch versucht hat mich zu unterstützen, wo es ihm möglich war. „Mein Schatz, Du bist der Beste, ich bin so stolz auf Dich. Du bist und bleibst der wichtigste Mensch in meinem Leben, ich bin Dir unendlich dankbar für Dein Sein und liebe Dich über alles."

Ich danke meinem lieben Vater, Karl Mielke, für all seine Hilfe und Unterstützung bei meiner Arbeit. „Ohne Dich wäre vieles in 2012 nicht möglich gewesen, dafür danke ich Dir von ganzem Herzen. Luca hat die Zeiten mit Dir sehr genossen. Ein riesiges Danke, dass Du immer an mich geglaubt hast und mich immer unterstützt und ermutigt hast meinen Weg zu gehen. Ich hab Dich lieb."

Ich bedanke mich bei allen Menschen, die mich auf meinem Weg begleitet haben bzw. die mich auf meinem Weg begleiten, bei all meinen Seminarteilnehmern, Klienten, Teilnehmern auf meinen spirituellen Reisen, Freunden und Bekannten. „Ihr seid ein wichtiger Teil meines Lebens, wir haben viele spannende, interessante, inspirierende, wundervolle und magische Momente gemeinsam erlebt und dafür danke ich Euch von Herzen, ebenso wie für das Vertrauen, dass Ihr in mich und meine Arbeit habt."

Ich danke auch allen, die hinter den Kulissen tätig waren und immer noch sind, die mir zum Teil gar nicht persönlich bekannt sind, die Menschen, die für den Druck und die Drucklegung verantwortlich waren, alle die für den Versand und die Auslieferung tätig sind und vielen anderen mehr.

Sollte ich jemanden vergessen haben, war das keine Absicht und ich entschuldige mich hierfür schon vorab mit einem ganz lieben Danke.

Außerdem möchte ich es nicht versäumen ein riesiges Dankeschön an die Kristallschädelschleifer in aller Welt zu senden, ohne sie wäre es uns nicht möglich, mit diesen wundervollen Wesen zu arbeiten. „Wir danken Euch allen für Eure fantastischen Arbeiten und den damit verbundenen Nutzen für Mutter Erde und all ihre Bewohner. Unsere tiefe Dankbarkeit an Euch alle."

Ein ganz großes Dankeschön geht natürlich an all meine Leser, die dieses Buch in den Händen halten, dafür dass sie sich auf ihren Weg gemacht haben, sich den wunderbaren Energien der Kristallschädel zu öffnen und ihre Herzen dem Einheitsbewusstsein zuzuwenden, um ihr Licht in Liebe scheinen zu lassen.

Außerdem ein riesiges DANKE an alle Leser meiner beiden ersten Bücher bzw. des Kristallschädelkartendecks. „Ich danke Euch für Euer Vertrauen in meine Arbeit und die Inspirationen, die mir die vielen begeisterten Kommentare und Feedbacks beschert haben. Euer Weg mit den Kristallschädeln ist einzigartig, geht ihn in Liebe, Vertrauen und Dankbarkeit."

Kirsten Hilling, im Dezember 2012

Informationen zur Autorin Kirsten Hilling

Kirsten Hilling ist eine international bekannte Heilerin, spirituelle Lehrerin und Autorin.
Eines ihrer Hauptarbeitsgebiete ist die Arbeit mit Kristallschädeln. Kirsten ist Hüterin einer ständig wachsenden Kristallschädelfamilie, deren Oberhaupt ihr Kristallschädel und ständiger Begleiter „Kasper“ ist.
Außerdem ist Kirsten Hilling Hüterin eines kristallinen weißen Büffelschädels, der in direkter Verbindung zur Energie der Weißen Büffelfrau steht.

Seit „Kasper”, ihr erster lebensgroßer Rauchquarz-Kristallschädel, in ihr Leben gekommen ist, ist nichts mehr wie zuvor. Große Veränderungen und Transformationen haben stattgefunden und viele wunderbare Menschen sind in ihr Leben getreten.

Die Kristallschädel sind nicht nur Teil ihres privaten Lebens, sondern auch der Hauptteil ihrer Arbeit. Heute kann sich Kirsten ein Leben ohne Kristallschädel nicht einmal mehr vorstellen.

Kirsten hält regelmäßig Work-Shops und Kristallschädel-Seminare an Kraftorten in ganz Europa ab, gibt Kristallschädel-Ausbildungsseminare und ist Referentin auf internationalen Kristallschädel-Events. Des Weiteren verhilft sie Menschen dazu mit ihrem persönlichen Kristallschädeln in Kontakt zu kommen und gibt Kristallschädel an ihre neuen Hüter weiter.

In 2009 hat sie die Horus-Mystery-School gegründet, um Menschen die Möglichkeit zu geben mit den Energien des alten Ägyptens in Verbindung zu kommen und leitet Horus-Energy-Healing-Ausbildungen.

Anfang 2010 hat ihr Kristallschädel „Kasper” sie darüber informiert, dass die geistige Welt und das Kristallschädelbewusstsein sie bitten mit anderen Kristallschädelhütern auf der ganzen Welt ein Kristallschädel-Kartendeck zu kreieren, um die Botschaft der Kristallschädel für alle Menschen verfügbar zu machen. Im Februar 2011 wurde das „Kirstallschädel-Kartendeck” als Resultat einer wunderbaren synergetischen Arbeit in deutscher und englischer Sprache veröffentlicht (Elraanis Verlag ISBN 978-3-934063-70-9).

Im September 2011 ist ihr Buch „Kristallschädel – Anleitung zur Energiearbeit mit Kristallschädeln”, in dem sie in die praktische Arbeit mit

Kristallschädeln einführt, erschienen (Bohmeier Verlag ISBN 978-3-89094-695-5).
Im März 2012 folgte dann wieder eine Synergie-Arbeit mit anderen weltweit bekannten Kristallschädelhütern, die sich mit dem Thema der Kristallschädel in Hinblick auf ihre Wichtigkeit für das neue Zeitalter beschäftigt. Das Buch ist unter dem Titel „Crystal Skulls – A Journey of Experience, Wisdome and the Divine" erschienen (Bohmeier Verlag, ISBN 978-3-89094-705-1).

Kirsten Hilling steht Ihnen für alle Fragen zum Thema Kristallschädel gerne jederzeit zur Verfügung.

www.horus-mystery-school.com
www.white-buffalo-calf-woman.com
Kirsten@horus-mystery-school.com

Literaturverzeichnis

Etten, Jaap van: *Crystal Skulls, Interacting with a Phenomenon,* Light Technology Publishing, Flagstaff 2007

Hahl, Wolfgang: *Die Rückkehr der Weißen Büffelfrau,* Neue Welt Verlag, 2006

Hilling, Kirsten: *Kristallschädel – Anleitung zur Energiearbeit mit Kristallschädeln,* Bohmeier Verlag, Leipzig, 2011

Hilling, Kirsten and others: *Crystal Skulls – A Journey of Experience, Wisdom and the Divine,* Bohmeier Verlag, Leipzig 2012

Hilling, Kirsten: *Kristallschädel – Crystal Skulls, Kartendeck mit Begleitbuch,* Elraanis Verlag, Reit im Winkl. 2011

Holst, Walter von und Kühni, Werner: *Enzyklopädie der Steinheilkunde,* AT Verlag, München 2003

Melody: *Love is in the Earth – A Kaleidoscope of Crystals,* Earth-Love Publishing House 1995

Molyneaux, Brian Leigh: *Heilige Plätze – Magische Orte,* Taschen Verlag, 2002

Morton, Chris und Thomas, Louise Ceri: *Tränen der Götter – Die Prophezeiung der 13 Kristallschädel,* Scherz Verlag, Bern, München

Tag, Karin: *Mysterium Kristallschädel: Ein Rätsel der Menschheit entschlüsselt,* Heyne Verlag, 2009

Weitere Bücher von Kirsten Hilling

Kristallschädel
Anleitung zur Energiearbeit mit Kristallschädeln

von Kirsten Hilling

ISBN 978-3-89094-695-5, 184 Seiten, Softcover, Format DIN-A5,
mit 8 Seiten Farbfotos zu den Kristallschädeln

Kristallschädel begleiten uns auf unserem Weg in das Neue Zeitalter!

Seit Jahrtausenden begleiten Kristallschädel die Menschen und viele Legenden und Mythen sind direkt mit ihnen verbunden.

Die Autorin Kirsten Hilling, international bekannte spirituelle Lehrerin, Autorin und Heilerin, zeigt in diesem Buch, wie wir heute Kristallschädel in unser Leben und in unsere Arbeit integrieren können, um so ihre einzigartige, kraftvolle Energie auf unserem spirituellen Weg nutzen zu können.

Kristallschädel verhelfen uns zu einer Transformation unseres Bewusstseins und ermöglichen uns im Einklang mit dem göttlichen Plan, dem Weg unserer Seele, zu bewegen.

Neben den Grundlagen der Kristallschädelarbeit – Schädelform, Eigenschaften der Kristallschädel, Altersklassifizierung, Reinigung, Aktivierung, Vorstellung diverser Kristallarten mit ihren Anwendungsgebieten – erfahren Sie vieles über den praktischen Einsatz von Kristallschädeln, für sich selbst und für andere: z. B. wie Sie Kristallschädelsitzungen und ein Channeling mit Kristallschädeln abhalten. Auch Botschaften von international bekannten Kristallschädeln und deren Hütern werden übermittelt.

Das Buch wendet sich sowohl an interessierte Laien, als auch an erfahrene Kristallschädelhüter.

Schon während des Lesens werden Sie Lust verspüren sofort loszulegen, um auch Ihr Leben durch die Energie der Kristallschädel zu bereichern.

Crystal Skulls
A Journey of Experience, Wisdom and the Divine

von Kirsten Hilling

ISBN 978-3-89094-705-1, 176 Seiten, Softcover, Format DIN-A5, - English Edition (IN ENGLISCH!) with 8 photo-pages of the Crystal Skulls and her owner.

Once again "Kasper" informed Kirsten Hilling that the spiritual world and the crystal skull consciousness asked her to co-create a new unique project to bring the energy of the crystal skulls to the world.

Together with world-famous crystal skull experts (and co-autors), like *Lisa Ausic, Joseph Bennett, Sylvia van Dinter, Barbara Hofstetter, Star Johnsen-Moser, Rhian Kivits, Jolanda Klaassen, Jerry Koestal, Kathleen Murray, Bart Peters, Jan Prins, Richard van Rijswijk, Andrew Robson, Wijnand Veldhuizen, Sherry Whitfield,* each author shares with the reader his own very special path with crystal skulls, shares unique experiences, offers suggestions and opens new perspectives to all of us. We get to know about the importance of the crystal skulls for the unfolding new age.

The reader will go together with our crystal skull experts on a exciting, interesting and unique journey to never ending self-experience, awareness, oneness and unconditional love.

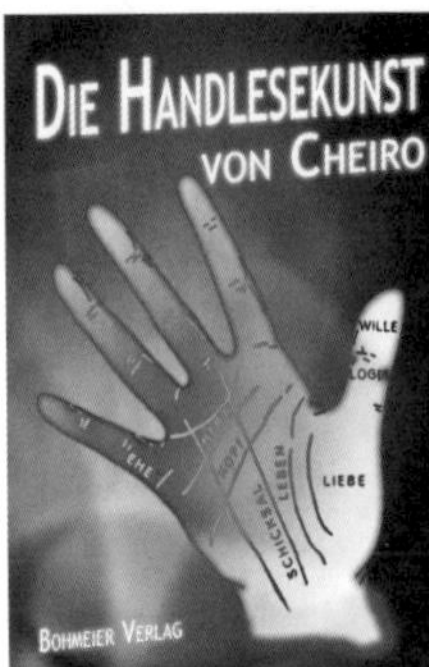
Die Handlesekunst
von Cheiro
Bohmeier Verlag

High werden ohne Drogen
Ein Bewusstseinserweiterndes Handbuch
von Frederick E. Dodson
Bohmeier Verlag

KRAFTTIERE
Die unsichtbaren Begleiter
von Tanja Schröder
Bohmeier Verlag

Das Geheimnis der Dualseelen,
Seelengefährten und Seelengeschwister
von Sandra Ruzischka
Bohmeier Verlag

Des Teufels Apokryphen
Zu jeder Geschichte gibt es zwei Seiten
von John A. De Vito
Bohmeier Verlag

Sternentore
Die rätselhafte sechste Dimension

Die Entsäuerung des Körpers
in 10 Schritten
Der ultimative Jungbrunnen und Schlankmacher!
Das Säure-Basen-Gleichgewicht
Anleitung zur Ausschwemmung krankmachender Säure
Bohmeier Verlag
von Patrizia Pfister

Die geheimen Botschaften,
Manuskripte und Schätze der Templer
in RENNES - LE - CHATEAU
Die Auflösung des kosmischen Geheimnisses
das bisher nur Eingeweihten vorbehalten war
von Monika Hauf

Das Buch der
Werwölfe
von Sabine Baring-Gould
Bohmeier Verlag

Küchenmagie
von Sor. Conata
Bohmeier Verlag